Edition Delius

Jane Sterndale-Bennett

DER WINTERLICHE GARTEN

Delius Klasing Verlag

Inhalt

Einleitung 7

Der winterliche Garten – eine Einführung 11
Geschichte der Wintergärten 12
Für das Publikum geöffnete winterliche Gärten 15
Durchs Fenster gesehen 18
Im Haus 21
Gartenarbeiten im Winter 24
Die Sprache der Botaniker 29

Ein winterlicher Garten für das ganze Jahr 33
Langer Abschied vom Herbst 34
Der Frühling naht 46
Planen für die ganze Saison 49
Der globale Klimawandel 57

Immergrüne Pflanzen 61
Klassische Immergrüne 62
Nadelgehölze 71
Gerüstbildende Pflanzen 74
Wintergrüne Stauden 77

Winterblüher 87
Zwiebelpflanzen 88
Blütenstauden 97
Blütensträucher und Bäume 107

Winterlaub 117
Grün 118
Weiß, cremefarben und silbrig panaschiert . . 125
Immergold 132
Gold panaschiert 135
Braun, Hellbraun und Orange 138
Rot, Purpur und Schwarz 141
Immersilber und Immerblau 144

Standorte 151
Lehmböden 152
Saure Böden 155
Kalkböden 162
Sandige Böden 165
Nasse Bedingungen 168
Waldland 171
Mauern und Zäune 174
Töpfe und Container 180

Der Garten der Sinne 187
Licht 188
Duft 191
Textur 203
Bewegung 212
Geschmack 216

Empfehlungen der Autorin 219

Register 223

Einleitung

Seit mittlerweile 25 Jahren bin ich dabei, Pflanzen für meinen Garten in Nordhampshire zu sammeln. Während dieser Zeit gelangte ich mehr und mehr zu der Auffassung, dass es zu einem gelungenen Garten gehört, das ganze Jahr über ein attraktives Bild zu bieten - ganz besonders in den Wintermonaten. Allerdings gestattet es mir die begrenzte Fläche meines Gartens nicht, spezielle Bereiche für Saisonanpflanzungen auszuweisen. Meine Pflanzen sind daher gezwungen, in enger Nachbarschaft durch alle Jahreszeiten hindurch miteinander zu wachsen und zu harmonieren. Mit dem vorliegenden Buch möchte ich Wege aufzeigen, wie man einen Garten gestalten kann, der nicht nur im Sommer, sondern auch im Winter Freude bereitet.

In den langen Jahren meiner gärtnerischen Tätigkeit habe ich auch den großen Wert schönen Laubes schätzen gelernt. Blüten kommen und gehen; Laub in all seiner Vielgestaltigkeit und seinen ungezählten Farbnuancierungen ist dagegen bedeutend länger präsent. Hinreißende Pflanzenkombinationen sind möglich, um den Garten durch die Jahreszeiten zu tragen. Nimmt man die Vielgestaltigkeit der Rinden und Stämme, die faszinierenden Formen getrockneter Gräser und immergrüner Sträucher hinzu, ist die Verlockung groß, den Garten auch zur Winterzeit und bei jeder Witterung aufzusuchen. In diesem Buch finden Sie Beispiele von Blumenbeeten, die das ganze Jahr über Blüte zeigen und darüber hinaus auch solche Pflanzen beinhalten, die über lange Perioden attraktiv bleiben. Die Pflanzvorschläge sind darauf abgestimmt, dass sie der Gartenfreund auch in seinem Garten und auf seinem spezifischen Boden realisieren kann. In einem Werk wie diesem habe ich selbstverständlich den ausgewiesenen Winterblühern großen Platz eingeräumt und ihren betörenden Duft, ihre anmutigen Blüten und die verschiedenen Blattfarben und -strukturen beschrieben.

Obgleich ich mich auf die Wintermonate konzentriert habe, habe ich auch das Thema der Herbst- und Vorfrühlingsblüher mit einbezogen. Mit den wohl unaufhaltsam voranschreitenden Klimaveränderungen scheinen die Unterschiede der Jahreszeiten zu verwischen - wenngleich ich hoffe, dass wir nicht gänzlich auf schneebedeckte Szenen und klare Frostnächte, die so charakteristisch für den Winter sind, verzichten müssen.

Ich wünsche mir, dass dieses Buch dazu anregt, neue Ideen in Ihren Garten zu bringen, und Sie ermutigt, mit beiden Pflanzenkategorien zu experimentieren - mit ihren alten, wohlvertrauten Lieblingen und mit gänzlich neuen Pflanzen. Dann, so bin ich überzeugt, werden Sie dem Winter mit Spannung entgegensehen, die erste Blüte der Christrose oder des Schneeglöckchens kaum erwarten können.

Jane Sterndale-Bennett

Jane Sterndale-Bennett verstarb am 24. Dezember 2005, kurz nach Fertigstellung des Manuskripts.

März-Kirsche *Prunus incisa* ›Praecox‹
(Seite 2 oben)

Bunte Frühlings-Schneerose *Helleborus* x *hybridus*
(Seite 2 unten)

Weißer Hartriegel *Cornus sericea* ›Flaviramea‹
(Seite 4 oben)

Vorfrühlings-Rhododendron *Rhododendron* ›Praecox‹ (Seite 4 unten)

China-Schilf *Miscanthus* nach dem Schneefall (links)

Zur Philosophie des winterlichen Gartens

Der Hochsommer ist die Hauptsaison für Beet- und Rabattenanlagen aller Art. Lupinen, Mohn, Rittersporn und Phlox wetteifern zusammen mit Rosen um Aufmerksamkeit, und der Duft der Blütensträucher hängt schwer in der Luft. Im Frühjahr erfreuen Narzissen, Tulpen und Hyazinthen den Betrachter. Im Herbst beeindruckt das prächtige Farbenspiel vieler Laubgehölze. Im Winter schließlich kehrt Ruhe ein. Sie müssen die wenigen Blumen schon suchen, die tapfer dem Wetter trotzen, und sich tief bücken, um die kleinen, gelben Winterlinge mit ihren grünen Halskrausen zu bewundern und um den zuweilen sehr charmant gemusterten Innenkelch der Christrosenblüten zu betrachten. Sorgen Sie dafür, dass die Zaubernuss ihre Zweige ungehindert ausbreiten kann, damit ihre flockigen Blüten den Duft voll zur Entfaltung bringen können. In beengten Verhältnissen nämlich verliert sie ihren Duft. Betrachten Sie die anregenden Formen und Strukturen sommergrüner Gehölze, bewundern Sie die interessanten Texturen und Farbnuancen der Stämme, und freuen Sie sich bei dem Anblick des ersten hervorspitzenden Grüns der Blattknospen.

Auf dem Weg durch den winterlichen Garten werden Sie zuweilen von einer unerwarteten Duftfülle umgeben. Sie werden sich vielleicht fragen, was die Quelle des Wohlgeruchs sein mag – es könnten die kleinen, zarten Blüten der Duftenden Fleischbeere *Sarcococca humilis* sein. Oder denken Sie an die Freude, wenn Sie die ersten Knospen der Schneeglöckchen sprießen sehen. Vom Haus aus können Sie beobachten, welche wunderbaren Effekte das Sonnenlicht erzeugt – zum Beispiel auf dem stilisierenden Laub der Aralie, auf den wie mit Mahagoniwachs polierten Bergenienblättern und auf den schneeweiß oder im zartesten Rosa gefärbten Blüten einer frühen Kirsche. Der auch für winterliche Freude ausgelegte Garten belohnt die wache Aufmerksamkeit des Gartenfreundes. Und jene, die nur während der Sommerjahreszeit ihren Garten nutzen, bringen sich damit um eines der schönsten Naturerlebnisse.

 Der Gartenpreis der Royal Horticultural Society (RHS) »Award of Garden Merit«

Viele Pflanzennamen in diesem Buch sind durch ein Pokalsymbol gekennzeichnet. Es bezeichnet Pflanzen, die mit dem Award of Garden Merit (AGM) der Royal Horticultural Society ausgezeichnet wurden. Für die Zuerkennung dieses Preises muss der Qualifikant im Handel verfügbar sein sowie einzigartige Eigenschaften besitzen. Das heißt, die betreffende Pflanze sollte einfach in Kultur und Pflege, von robuster Konstitution und vielseitig im Garten verwendbar sein. Dies bedeutet aber nicht, dass Pflanzen ohne AGM nicht eingesetzt werden können. Meist ist es ein Hinweis darauf, dass die RHS bis jetzt keine Wertung vornehmen konnte oder dass die Pflanze nicht alle diese Kriterien erfüllt.

Obwohl diese RHS-Auszeichnung bei uns noch nicht üblich ist, liefert sie für den deutschsprachigen Gartenliebhaber gleichermaßen Richtwerte für die Verwendung der betreffenden Pflanzen.

1 | Kleines Immergrün *Vinca minor* ›Illumination‹   2 | Purpurglöckchen *Heuchera*

Der winterliche Garten – eine Einführung

Der Garten muss im Winter durchaus nicht in Vergessenheit geraten und bis zum Erscheinen der ersten Frühlingsboten in den einstweiligen Wartestand versetzt werden. Einige Pflanzen zeigen sich gerade in den Wintermonaten von ihrer besten Seite, entweder aufgrund ihrer Blütenpracht oder wegen ihres attraktiven Laubes. Integriert man diese Pflanzen mit Bedacht in den Garten, lässt sich mit ihnen die Gartensaison über das ganze Jahr ausdehnen – einerlei ob Sie diese winterliche Naturszene vom Fenster aus erfreut oder ob Sie selbst durch den Garten gehen. Grazile Blütenstände und Zweige mit farbiger Rinde können geschnitten und ins Haus gebracht werden. Vorbereitende Arbeiten lassen sich die meiste Zeit im Winter durchführen. Winterliche Gärten, die in wachsender Zahl einem breiten Publikum zugänglich werden, liefern viele Anregungen und Beispiele gelungener Pflanzkompositionen.

Der Garten der Autorin in White Windows, Longparish, Hampshire

Geschichte der Wintergärten

Früher kannten Gärtner Pflanzen und Pflanzkompositionen, die auch im Winter attraktive Szenen lieferten, doch diese Winterblüher mussten frosthart und robust sein und waren daher in den gemäßigten und kälteren Zonen Europas heimisch. Erst im frühen 19. Jahrhundert entstanden die ersten Glashäuser. Wohlhabende Besitzer versuchten sich gegenseitig mit einer möglichst großen Anzahl exotischer Pflanzenarten zu übertrumpfen, mit denen sie ihre Glashäuser im Übermaß füllten. Viele dieser Pflanzen blühten wie in ihrer tropischen Heimat erst im Winter. Kamelien wurden zuerst auf diese Art eingeführt, und meistens fanden sie ein schnelles Ende in den überhitzten Räumen der Gewächshäuser. Schließlich fanden sie ihren Platz in den kühleren Orangerien und überdauerten sogar in geschützten Bereichen des Gartens. Selbst Kleingärtnern, die nicht über einen luxuriösen Winterschutz wie ein Glashaus verfügten, gelang plötzlich die Haltung von Kamelien. Viele Veranden waren mit Winter-Jasmin ausgeschmückt, und Christrosen blühten an der Hauswand im Hinterhof.

1

Öffentliche Wintergärten

Während der viktorianischen Ära errichteten viele Städte große bis sehr große, dekorativ ausgestattete Gewächshäuser als Ort der Unterhaltung und Erholung. Diese Glaspaläste bezeichnete man bald als Wintergärten. Dort fanden Konzert-, Tanz- und andere unterhaltsame Veranstaltungen statt. Zur Steigerung der Attraktivität wurden sie mit allerlei exotischen, häufig reich duftenden Gewächsen ausgestattet. Viele Städte wie beispielsweise Brighton, Bournemouth, Edinburgh, Glasgow und Belfast besaßen solche Glaspaläste. Das berühmteste Glashaus Großbritanniens war der Crystal Palace (Kristallpalast). Ursprünglich für die Weltausstellung im Hyde Park 1851 konstruiert, hatte man ihn 1854 in vergrößerter Form in Sydenham, Süd-London, wiederaufgebaut. In ihm war auch ein Wintergarten mit Pflanzen aus wärmeren Klimazonen untergebracht, die das Querschiff und die Gänge im Mittelschiff füllten. Das Gebäude brannte 1936 bis auf die Grundmauern nieder.

Diese Winterpaläste gerieten nach dem Ersten Weltkrieg zunehmend ins Abseits, da sich kaum noch jemand deren Beheizung und Unterhalt leisten konnte. Erst moderne Technologien ermöglichten in jüngster Zeit ein Comeback der Gewächshäuser. Die Stadt Sheffield etwa errichtete mutig ein wintergartenartiges Glashaus neuester Bauart, das 2002 mit großem Beifall eröffnet wurde.

Für die Ausweisung von Quartieren, die speziell Winterpflanzen gewidmet sind, fehlt es in unseren heutigen, tendenziell eher beengten Gärten einfach an Platz. Botanische und andere öffentliche Gärten bieten natürlich deutlich mehr Raum, und viele präsentieren inzwischen ausschließlich den Winterpflanzen gewidmete Rabatten oder weisen sogar größere Bereiche für diese aus – allerdings nicht mehr mit Glas überdacht, sondern als Teil der allgemeinen Gartenlandschaft. Diese speziell für den Winter konzipierte Gartenkategorie wird mit den immer milderen Wintermonaten zunehmend populär und erlaubt darüber hinaus die Kultur einer größeren Anzahl von Pflanzenarten. Der botanische Garten der Universität Cambridge war einer der Vorreiter, denn hier wurde schon 1979 ein separater winterlicher Garten angelegt.

Winterbilder im eigenen Garten

Die Art und Weise, wie wir unsere privaten Gärten heute nutzen, hat sich während des 20. Jahrhunderts drastisch geändert. Nach dem Zweiten Weltkrieg war das Interesse an dekorativen Pflanzen neu entflammt, und wir begannen, zusätzlich zum Obst und Gemüse mehr Blumen und Blütengehölze zu pflanzen. Traditionell war der Garten auf die Sommermonate fokussiert, mit dem Ergebnis, dass die bunten Beete und Rosenrabatten allzu häufig einen ziemlich kahlen und trostlosen Eindruck im Winter hinterließen. Während die Häuser komfortabler und die Fensterflächen größer wurden, entdeckten die Printmedien, Hörfunk und Fernsehen in zunehmendem Maße den Garten als Thema, weckten ein wachsendes Interesse am Garten als Erweiterung des Hauses und damit auch an seinem Erscheinungsbild im Winter.

Gleichzeitig vergrößerte sich auch das Pflanzenangebot, ursprünglich ein Vermächtnis der berühmten Pflanzenjäger, die ab Mitte des 19. Jahrhunderts eine beträchtliche Anzahl dekorativer Pflanzen nach Europa brachten, die allerdings erst ein Jahrhundert später in der zweiten Hälfte des 20. Jahrhunderts vermehrt Eingang in private Gärten fanden.

In den 70er- und 80er-Jahren des 20. Jahrhunderts schienen winterliche Gartenbilder aus dekorativen

---

1 | Das harmonisch abgerundete frühviktorianische Palmenhaus mit Kuppelgewölbe im botanischen Garten von Belfast

2 | Exotische Sträucher wie Kamelien *(Camellia japonica* ›Nobilissima‹*)* wurden zuerst in Großbritannien in Glashäusern kultiviert.

Nadelbäumen über blühenden Heidekrautteppichen zu bestehen. Attraktiv zur Winterzeit, wirkten sie in den Sommermonaten statisch und uninteressant. Nach etwa einer Dekade flaute das anfängliche Interesse ab. Heute werden nach wie vor Nadelbäume und Heidekraut verwendet, jedoch in Verbindung mit sommergrünen Gehölzen, Stauden und Zwiebelpflanzen, die zu einer wesentlichen Aufwertung der Gartenszene führen. Winterblühende und immergrüne Pflanzen lassen sich beispielsweise leicht in Rabatten ziehen, während andere, ganzjährig attraktive Pflanzen in Töpfen gehalten werden können. Heute schenken wir den Formen und den Texturen der Pflanzen, den Farben der Stämme und der Rinde mehr Aufmerksamkeit. Die Pflanze wird in ihrer Erscheinungsform, Höhe und Struktur deutlich bewusster in das Gesamtkonzept eines Gartens integriert.

Der Vordergarten eignet sich ganz besonders für Winteranpflanzungen. In diesen meist beengten Bereichen können Pflanzen und ihr Duft von jedem besonders gut wahrgenommen werden. Die Hauswand bietet dort häufig einen zusätzlichen Schutz für empfindliche Gehölze, der gleichermaßen den Vorfrühlingsblühern unter den Zwiebelpflanzen zugutekommt.

Der formale Garten

Schon seit den ersten »Paradies-Gärten« Persiens definiert sich der Garten durch Zäune, Mauern und Hecken, die ihn von der umgebenden Landschaft trennen. Im Mittelalter kultivierten die Mönche Kräuter und Gemüse in ummauerten Gärten. Auf den prächtigen herrschaftlichen Anwesen des 18. und 19. Jahrhunderts war der Gemüsegarten häufig ummauert und befand sich in einiger Entfernung vom Haus. Elisabethanische Gärtner arbeiteten mit einer stark reduzierten Auswahl an Pflanzenarten und gestalteten damit formale Parterres und Knotengärten, deren Zwischenflächen überdies häufig nur mit farbigem Kies statt mit Pflanzen ausgefüllt wurden.

Alle diese Gärten besaßen die Eigenschaft, über das ganze Jahr ein gleichbleibendes Bild zu liefern. Heute zeichnen sich formale Gärten durch Schnitthecken und Formgehölze aus, oft akzentuiert durch eine spiegelnde Wasserfläche oder eine Skulptur, die für eine ruhige Szene im Winter sorgen. Die Wirkung der Ornamentik und der strengen Symmetrie formaler Gärten, die übrigens auf einer sehr sorgfältigen und aufwendigen Pflege beruht, wird im Winter durch Frost oder eine Schneedecke noch gesteigert.

3 | Diese Gartengestaltung aus Nadelbäumen und Heidekraut war in den 80er-Jahren des 20. Jahrhunderts populär und lieferte das ganze Jahr über einen weitgehend gleichbleibenden Eindruck. Adrian Blooms Garten Foggy Bottom im Jahre 1989.

Für das Publikum geöffnete winterliche Gärten

Schon eine größere Anzahl von Gärten präsentieren einem breiten Publikum inzwischen recht großzügig ausgestattete Pflanzensammlungen für schöne winterliche Gärten. Ein Besuch lohnt sich, möchte man Ideen und Inspirationen sammeln und erleben, wie ästhetisch, farbenfroh und vital sich der Garten im Winter zeigen kann. Einige Gärten sind mit ihren imposanten Teppichen aus Schneeglöckchen oder anderen Vorfrühlingsblühern mittlerweile wahre Publikumsmagnete für Kenner und Laien gleichermaßen. Formale Gärten mit ihren Parterres, Formschnitten und ihrer Ornamentik wirken im Winterlicht magisch und laden zu frostigen Spaziergängen ein. Für Winterbesuche erfreuen sich die großen Glashäuser, die an die Glaspaläste der frühen viktorianischen Ära erinnern, wachsender Beliebtheit.

Die *Sir Harold Hillier Gardens* (früher bekannt als *Hillier Arboretum*) nahe Romsey, Hampshire, umfassen eine Fläche von etwa 65 Hektar und beherbergen eine der größten Gehölzsammlungen der Welt. In den 50er-Jahren des vorigen Jahrhunderts wurde durch Sir Harold Hillier mit den Arbeiten begonnen. Gegenwärtig werden die Gärten vom Hampshire County Council verwaltet. Sie sind der ideale Ort, um Gehölze, deren Borkentextur und -farbe und eventuell immergrüne Belaubung auch im Winter zu betrachten. Besonders stolz ist man auf die umfangreiche Zaubernuss-Sammlung des Parks, die sogenannte »National Collection of Hamamelis«. Der integrierte winterliche Garten entstand 1996

1 | Die Sir Harold Hillier Gardens verfügen über den größten nicht überglasten winterlichen Garten Europas.

nahe dem Besucherzentrum. Er umfasst Pflanzen aller Kategorien, die sich in den Wintermonaten an Attraktivität geradezu übertreffen und dem Besucher eine gute Vorstellung davon vermitteln, wie schön eine solche Gartenanlage die ganze Saison über aussehen kann.

Der prächtige Garten von *Anglesey Abbey*, einer Anlage des National Trust nahe Cambridge, hat ebenfalls viel zum Thema Winter zu bieten: mehr als 100 Schneeglöckchen-Varietäten, ein Pinetum (botanischer Nadelbaum-Garten) und einen kilometerlangen »Winterweg« begleitet von Bäumen und Sträuchern, die wegen ihrer Borke, ihrer Kätzchen oder farbigen Stämme ausgewählt wurden. Der winterliche Garten des *Botanischen Gartens der Universität Cambridge* wurde als flaches, am Nachmittag sonnendurchflutetes Tal gestaltet. Hier erstrahlen Reihen aus Hartriegel- und Weidenstämmen inmitten eines Meers aus Winterblühern und farbigem Laub in der tief stehenden Sonne.

Ham-House in Surrey ist ein Anwesen aus dem 17. Jahrhundert an den Ufern der Themse mit einem Garten, der für seine mit Skulpturen und Urnen geschmückten Eiben-, Buchs- und Lavendel-Parterres berühmt ist.

Der *Royal Botanic Garden Edinburgh*, an einem sanften Abhang gelegen, besitzt eine recht große Sammlung an Gehölzen und Pflanzen. Mit 450 Koniferenarten und -varietäten sowie einem viktorianischen Palmenhaus lockt er zu jeder Jahreszeit und besonders auch im Winter viele Besucher an.

Schneeglöckchen

Es gibt viele Gärten, die in der »Schneeglöckchen-Saison« einen Besuch lohnen. In einigen dieser Anlagen können Sie große Teppiche des Schneeglöckchens *Galanthus nivalis* bewundern; andere beherbergen in seltener Vielfalt Raritäten mit all ihren Eigen- und Besonderheiten. Empfehlenswerte Gärten dieser Typologie sind in Großbritannien: Audley End, Essex; Benington Lordship, Hertfordshire; Cambo Gardens, Fife; Chirk Castle, Clwyd; East Lambrook Manor, Somerset; Fountains Abbey, North Yorkshire; Heale Garden, Wiltshire; Hodsock Priory, Nottinghamshire; Lacock Abbey, Wiltshire; Painswick Rococo Garden, Gloucestershire.

Galanthophilia – der Schneeglöckchen-Rausch

Echte Liebhaber des Schneeglöckchens besuchen Gärten mit umfangreichen *Galanthus*-Sammlungen wie Colesbourne Park in Gloucestershire. Andere kleinere Gärten wie Brandy Mount in Hampshire sind dank der Bemühungen der britischen Gartenorganisation National Garden Scheme zu bestimmten Zeiten im späten Winter geöffnet. Hier können Besucher die feinen Unterschiede in Gestalt und einmaliger, zarter Zeichnung der Schneeglöckchen-Blüten vergleichen.

Die *Royal Botanic Gardens, Kew*, in London können mit einer Anzahl schöner Gewächshäuser sowohl für tropische als auch mediterrane Pflanzen aufwar-

ten, die Pflanzen aus aller Welt zeigen. Die Orchideen sind hier von der Mitte bis zum Ende des Winters eine Attraktion.

Der *RHS Garden Harlow Carr*, Harrogate, North Yorkshire, ist ein schöner, ruhiger Garten, in dem 2006 ein Winterweg gestaltet wurde.

Der *RHS Garden Rosemoor*, Great Torrington, Devon, wurde von der Royal Horticultural Society 1990 eröffnet. Eines der hier gestalteten Themen ist der winterliche Garten, der gezielt Pflanzen präsentiert, die wegen ihres Laubes und ihrer Textur sowie aufgrund ihrer Blüte und des Duftes ausgewählt wurden.

Der *RHS Garden Wisley*, Woking, Surrey, der zentrale Garten der Royal Horticultural Society, überrascht im Winter mit seinen Pinetum- und Heidekrautgärten, seinen Weiden- und Hartriegelstämmen am Wasser, den Zaubernüssen auf dem Battleston Hill und auf beinahe drei Hektar Fläche Schneeglöckchen im Überfluss.

Der *Savill Garden,* Surrey, ist ein faszinierender Waldlandgarten auf saurem Boden: Birken, Erlen, Rhododendren, Zaubernüsse und Exemplare des Rotnervigen Streifen-Ahorns *Acer rufinerve* übertreffen sich im Winter an Schönheit, und die Beete nahe des

Besucherzentrums zeigen sich in leuchtender Farbenpracht.

Der *Sheffield Winter Garden* ist eines der größten modernen Glashäuser, die in den letzten Jahren errichtet wurden. Es beherbergt 2000 Pflanzen aus subtropischen und mediterranen Zonen der ganzen Welt, einschließlich Baumfarnen und Palmen.

Threave Garden, Dumfries & Galloway, vom National Trust for Scotland besitzt eine schöne Sammlung buntrindiger Gehölze, Stechpalmen, winterblühender Sträucher und Heidekrautgewächse.

---

2 | Der winterliche Garten des RHS (Royal Horticultural Society) Garden Rosemoor

3 | Schneeglöckchen – Vorboten des Frühlings

4 | Vorfrühlings-Alpenveilchen *Cyclamen coum* im RHS Garden Wisley

Durchs Fenster gesehen

Es ist der Blick aus dem Fenster Ihres Hauses, durch den Sie während des Jahres überwiegend in Kontakt mit Ihrem Garten treten. Besonders in den rauen Tagen der Wintermonate bietet sich Ihnen so die einzige Perspektive. Vielfalt ist also gefragt, und eine umsichtige Platzierung der Pflanzen und anderer Gartenelemente, gleichgültig ob groß oder klein, schafft rasch Veränderungen in der Szene während des fortschreitenden Winters. Und gelegentlich zeigt die Aussicht aus einem Fenster im oberen Stockwerk einen Aspekt des Gartens, der vom Erdgeschoss aus nicht wahrgenommen werden kann. Im Spätherbst, wenn die Laubgehölze ihre letzten Blätter abwerfen, eröffnen sich Blickachsen in die Ferne, und das nackte Gerüst eines Gartens tritt wieder in den Vordergrund.

Immergrüne und sommergrüne Sträucher und Bäume sind die wichtigsten Elemente des Gartens während des Jahres. Sie bilden das Gerüst für die Pflanzung im Sommer und dominieren die Struktur der Anlage im Winter. Eine Varietät der Himalaja-Birke *Betula utilis* var. *jacquemontii* ♛ mit ihrem glänzend weißen Stamm erzeugt einen ebenso markanten Blickpunkt im Garten, der das Auge gezielt führt, wie

zum Beispiel die schmale Krone einer Irischen Eibe *Taxus baccata* ›Fastigiata‹ ♛.

Von laubabwerfenden Rankpflanzen überwachsene Wände und Zäune treten ab Spätherbst wieder in Erscheinung. Grellfarbige Holzzäune können dann aufdringlich wirken. Werden sie allerdings mit natürlichen Konservierungsmitteln in gedeckten Farbtönen behandelt, fügt sich der Zaun harmonischer in die Bepflanzung ein. Eine von einer Hecke verdeckte Wand oder ein Zaun tritt selbst hinter einem Riegel laubabwerfender Sträucher nach dem Laubfall plötzlich mehr oder weniger deutlich in Erscheinung. Dekorative immergrüne Pflanzen wie die Efeuaralie x *Fatshedera lizei* ♛ mit groß gelapptem, ledrig glänzendem Laub können die Aufmerksamkeit ebenso binden wie die vielen Varietäten des panaschierten Efeus – die besonders prägnant hervortreten, wenn Frostkristalle ihre Blattkonturen deutlich weiß nachzeichnen.

Immergrüne Hecken erzeugen eine stets mehr oder weniger gleichbleibende Grundstruktur im Garten und sind deshalb auch in den Wintermonaten von besonderer Bedeutung. Dennoch können sie durchaus mit laubabwerfenden Gehölzen ergänzt werden, so zum Beispiel mit Buche oder Hainbuche, deren vertrocknetes Laub an den Ästen verbleibt. Ihre zu warmem Kastanienbraun verblassenden Blätter tragen an grauen Tagen zu einer willkommenen farblichen Abwechslung im winterlichen Garten bei.

Auch eine Auswahl an Gartenornamenten hilft, die Winterszene zu beleben. Pflanzen wie Klematis oder andere Rankpflanzen akzentuieren diese ornamentalen Elemente auf fantasievolle Weise, sobald sie sich ihres Laubes entledigt haben; Metallbögen wiederum rahmen den ferneren Hintergrund. Eine im Sommer mit Pelargonien oder Fuchsien bepflanzte große Steinurne wirkt im Winter auch ohne Bepflanzung. Skulpturen setzen Akzente und bringen Form in einen Garten. Alle Gärten sollten Sitze oder Bänke anbieten. Sind sie überlegt und einfühlsam gewählt, steigern sie sowohl den Nutzwert als auch den ästhetischen Wert eines Gartens erheblich. Sogar Alltagsgegenstände lassen sich zur Dekoration eines Gartens verwenden – denken Sie nur an eine Sammlung aus verzinkten Kannen oder alten Tontöpfen!

In direkter Nachbarschaft des Hauses sorgen winterblühende Sträucher und Stauden für Farbtupfer. Etliche immergrüne Pflanzen besitzen silbern oder purpurn getönte Blätter, andere zeigen ein Laub, das von creme- bis goldfarben variiert. Getrocknete Gräser bringen Abstufungen von Strohgelb und Hellbraun in die Szene, und Stämme und viele Sträucher präsentieren eine reiche Palette an Braun- und Grautönen, während Stauden mit überwinterndem Laub mit Schattierungen von Bronze, Weinrot und Purpur glänzen. Alle diese Farben beenden den Mythos vom winterlichen Garten, der nichts als tristes Grau hervorbringe und auch sonst nichts zu bieten habe. Ein formaler Garten dagegen ergibt mit sorgfältig geschnittenen Formgehölzen selbst in monochromen Tönen ein befriedigendes Bild und wirkt schneeüberdeckt noch kontrastreicher und lebendiger. Strenge Buchshecken, eine rechteckige Wasserfläche, die das schwache Winterlicht reflektiert, und eine akzentuiert gesetzte Plastik vor einer Formschnitt-Eibenhecke bedürfen kaum der Pflege

1 | Winterliches Licht scheint auf das Laub der immergrünen Pflanzen und die lederfarbenen Blätter der Buche. Zusammen mit den pergamentartig gefärbten Gräsern kreiert diese Komposition eine ständig wechselnde Szene vor den Fenstern des Hauses.

2 | Das speckig glänzende, rötliche Laub der Bergenienstaude sowie eine hölzerne Gartenbank sorgen für einen Blickpunkt vor dem Fenster des Wohnhauses.

Der Rasen im Winter

Rasenflächen treten im winterlichen Garten wirkungsvoller hervor. Im Sommer, wenn die Farbe Grün in Beeten und Hecken dominiert, erscheinen Rasenkanten nur undeutlich und gehen meist nahtlos in die Pflanzung über. Im Winter dagegen wird ein Rasenstück durch seine Umrisse deutlich definiert, und seine Proportionen im Verhältnis zum Rest des Gartens treten klar zutage. Jetzt bietet sich die beste Gelegenheit, Linienführung und Konturen des Rasens nachzuziehen und nötigenfalls zu korrigieren, um ein zufriedenstellendes Erscheinungsbild während der ganzen Saison zu garantieren.

im Winter und gestalten eine wunderbar ruhige Gartenkulisse, ideal für den Blick aus dem Wohnzimmerfenster.

Eine der schönsten Winterfreuden ist das Erscheinen der ersten Blumen. Die kleinen Zwiebelgewächse – die reinweißen Schneeglöckchen, die pinkfarbenen Alpenveilchen und der butterblumengelbe Winterling – sollten nahe am Haus in die Erde eingebracht werden, damit Sie ihren Anblick auch vom Haus aus genießen können. Sie werden dann von der frühblühenden Christrose *Helleborus niger* ♛ mit ihren zauberhaften cremefarbenen Blütenbechern und ausgeprägten gelben Staubblättern abgelöst, bevor die Bunten Frühlings-Schneerosen *Helleborus x hybridus* ihre einfachen oder gefüllten Blüten in einer breiten Palette aus Rot-, Weiß- und Grüntönen öffnen. Eine Etage höher erfreuen winterblühende Gehölze das Auge und oft auch die Nase: rosafarbener Schneeball *Viburnum*, gelber Winter-Jasmin *Jasminum nudiflorum* ♛ und der zarte Blütenflor einer gelb blühenden Zaubernuss *Hamamelis* in fahler Wintersonne.

Eine Kollektion an Töpfen in unterschiedlichen Größen in Hausnähe gruppiert, hält zusätzlich das Interesse am Gartengeschehen wach. Größere Töpfe mit Formschnitt-Buchs und der unentbehrlichen Skimmie *Skimmia japonica* ›Rubella‹ ♛ mit ihrem glatten, dunkelgrünen Laub und ihren langlebigen karminroten Knospen bilden eine gute Grundlage hierfür. Fügen Sie anschließend kleinere Töpfe mit sich sukzessive öffnenden Winterblühern hinzu – Schneeglöckchen, Winterlinge, Alpenveilchen und Stiefmütterchen. Dieses reizvolle Arrangement hält den ganzen Winter über, und bald erscheinen vor seinem Hintergrund auch die weißlichen, zart duftenden Blütenstände der Skimmie *Skimmia*.

Im Haus

Der Garten kann im Winter auch in die Wohnung geholt werden, beispielsweise mit eingetopften Schneeglöckchen, Winterlingen und Primeln, die Sie auf Fensterbänke oder Tische stellen. Achten Sie aber darauf, dass der Raum für die Winterblüher möglichst kühl und ausreichend hell sein sollte. In Moos gebettete und ausreichend gewässerte, blühende Christrosen in Schalen entfalten eine erstaunliche Wirkung. Blühende Zweige von duftenden Sträuchern sorgen für ein unübertreffliches Raumparfüm, und die bunten Triebe und Ruten von Gehölzen bilden eine hübsche Winterdekoration.

Winterblüher im Haus

Schneeglöckchen ins Haus gebracht, sind nicht nur ein reizender Zimmerschmuck, sondern verlocken dazu, eingehend betrachtet zu werden. Dazu reicht schon ein kleines Büschel eingetopfter Schneeglöckchen im Knospenstadium aus dem Garten. An der Fensterbank lässt sich beobachten, wie sich die Schneeglöckchen in die Höhe schieben und die Blütenknospen die schützenden Hochblätter durchbrechen. Die zunächst nach oben gerichteten Blütenknospen neigen sich wegen des schwachen Stiels stetig nach unten und öffnen die weißen, dreizähligen Kelchblätter, um ihre filigran grün geränderten, zu einem Becher verwachsenen Kronblätter zu zeigen. Der Behälter sollte ausreichend tief sein, um über dem Boden- oder Nährsubstrat die lange Stammbasis der Schneeglöckchen mit ausreichend Moos oder trockenem Laub zu stabilisieren. Wenn die Blüten verwelkt sind, kann das Büschel geteilt und an geeigneten Stellen in den Garten gepflanzt werden. Andere Zwiebelpflanzen wie Krokus, Traubenhyazinthe und Schachblume können in einer ähnlichen Weise wie Winterlinge und frühblühende

---

1 | Traubenhyazinthen aus dem Garten blühen vorzeitig, wenn sie ins Haus geholt werden.

Primeln behandelt werden. Zum Ausklang des Winters trifft man draußen häufig Wildveilchen an. An eine passende Stelle des Gartens gebracht, bieten sie mit ihren violetten, manchmal auch weißen und rosa gefärbten Blüten bald einen bezaubernden Anblick.

Schnittblumen

Winterblumen sind im Garten ziemlich knapp und können nur wenig zur Innendekoration beitragen. Kleine Bündel dieser kostbaren Blumen machen sich gut in kleinen Vasen oder mit Moos gefüllten flachen Schalen. Christrosen halten sich nicht, wenn man sie mit Stiel in die Vase stellt. Lässt man die Blüten in einer mit Wasser gefüllten Glasschüssel schwimmen oder steckt sie in einen moosgefüllten Teller, sehen sie ganz reizend aus (siehe Seite 98). Diese Behandlung liefert nebenbei eine gute Gelegenheit, die wundervollen Veränderungen der Punkt- und Fleckenmuster im Inneren der Blüte einmal genauer zu betrachten.

Schon wenige Zweige eines duftenden Strauchs genügen manchmal, einen ganzen Raum mit Duft zu erfüllen, was entschieden zur Stimmungsaufhellung in dunkler Jahreszeit beiträgt. Besonders eignen sich hierfür beispielsweise die Blütenzweige des gewürznelkenartig intensiv duftenden Seidelbast *Daphne*, der unglaubliche Honigduft der männlichen Blüten der Fleischbeere *Sarcococca* oder das Veilchenaroma einiger Heckenkirschenarten *Lonicera*. Die Zaubernuss *Hamamelis*, im braunen Knospenstadium geschnitten, wird sich langsam öffnen und ihren besonderen würzigen bis fruchtigen Geruch verströmen. Die Balearen-Waldrebe *Clematis cirrhosa* var. *balearica* duftet köstlich nach Zitrone und der Winter-Schneeball *Viburnum farreri* ♕ nach Mandeln.

Viele erst im Frühling blühende Sträucher können vorgetrieben werden, schneidet man sie im Knospenstadium und stellt die Zweige im Haus in eine Vase. Bekannt sind die sogenannten Barbarazweige, die man meist von Obstgehölzen (Apfel, Kirsche, Mandel etc.) nach altem Brauch am 4. Dezember – am St.-Barbara-Tag – schneidet, um sie auf diese

Mistelzweige

Die Mistel *Viscum album* wird in manchen Regionen Europas und vor allem in England als Wintergrün verwendet, um Glück und Kindersegen herbeizuwünschen oder das Haus vor allerlei Unbill zu schützen. Als Halbschmarotzer sitzt die Mistel auf Ästen von Obst- und anderen Laubgehölzen wie Pappeln und Linden, befällt aber auch manche Nadelbäume. Wegen ihrer halbschmarotzenden Lebensweise und ihres besonderen Äußeren wurde ihr schon seit der Antike eine besondere Bedeutung zugeschrieben, sodass sie auch bei religiösen Zeremonien eine Rolle spielte. Die Druiden zum Beispiel glaubten an eine ihr innewohnende wundersame energetische Kraft und benutzten goldene Zeremoniensicheln, um sie zur Wintersonnenwende von den Bäumen zu schneiden. Die Römer hielten die Misteln für Friedensstifter, und in Nordeuropa wurde sie auch von Kelten und Goten verehrt. Die aus vorchristlicher Zeit stammenden Mistelkulte wurden bald von der Kirche verboten und die Mistel aus den Gotteshäusern verbannt. In England landete sie daraufhin in der Küche, wo sie, über der Tür aufgehängt, jeden anwesenden jungen Mann dazu berechtigte, von dem weiblichen Wesen, das gerade darunter auf der Schwelle stand, einen Kuss für jede gepflückte Mistelbeere, die sogenannte Kusskugel, einzufordern. Heute werden gebündelte Mistelzweige in den Eingangsbereichen des Hauses angebracht, unter denen man Gäste mit einem Kuss empfängt. Seit einiger Zeit werden auch bei uns Extrakte dieser Pflanze zu medizinischen Zwecken verwendet.

Weise vorzubereiten. Auch die Forsythie, wie zum Beispiel *Forsythia ovata* ›Tetragold‹, reagiert besonders positiv auf diese Behandlung. Gepflückte Schneeglöckchen passen gut in kleine Vasen – vor allem zusammen mit den marmorierten Blättern des Italienischen Aronstabes *Arum italicum* ssp. *italicum* ›Marmoratum‹ ♀. Die Kretische Schwertlilie *Iris unguicularis* ♀ öffnet ihre festen Knospen zu einem Blütenkelch mit elegantem Muster aus Blau, Weiß, Lila und Gelb und zartem Duft.

Zweige, Äste und Ruten

Die bunten Zweige des Hartriegels eignen sich gut zur Innendekoration. Das Arrangement aus gelben, roten, purpurfarbenen, braunen oder grünen Zweigen oder Ruten in einer eleganten Vase aus Glas oder Porzellan ist ausgesprochen haltbar; ja, oft wurzeln sogar einige der Triebe, die später als Pflanzmaterial im Garten weiterverwendet werden können. Auch Weiden mit farbiger Rinde lassen sich gut zu diesem Zweck verwenden, und wenn sie dabei Kätzchen bilden – umso besser. Die Korkenzieher-Hasel *Corylus avellana* ›Contorta‹, in England auch als »Harry Lauders Spazierstock« bekannt, fällt durch spiralig gewundene Zweige auf, von denen im späten Winter dicke gelbe Kätzchen baumeln. Die Korkenzieher-Weide *Salix babylonica* var. *pekinensis* ›Tortuosa‹ ♀ hat dünne, bizarr in sich gedrehte und gekrümmte Äste, die entweder allein oder mit immergrünen Gehölzen (zum Beispiel Efeu) kombiniert werden können.

Kränze und Gebinde

Die uralte Sitte, Kränze an die Haus- oder Gartentür zu hängen, erfährt heute in der Weihnachtszeit eine Renaissance. Viele Gartencenter und Märkte verkaufen Kränze aus dem immergrünen Laub von Stechpalmen, Buchs oder Nadelbäumen, die sich gut mit panaschiertem Laub, Beeren, Zapfen von Nadelbäumen und sogar den silbrigen Samenständen der Echten Waldrebe *Clematis vitalba* ausschmücken lassen. Zeitgemäße Kränze können auch aus Zweigen des buntrindigen Hartriegels und der Weide geflochten werden.

Die Beeren der Stechpalme sind oft schon durch die Vögel abgeerntet, wenn wir sie verwenden möchten. Aber die fleischigen Beeren der weiblichen Skimmie, die sich ebenso gut in Kränze einflechten lassen, werden häufig bis zum Winterende ignoriert. Hagebutten sind ebenfalls sehr dekorativ, und viele Strauchrosen produzieren Hagebutten in schönen Formen und Farben. Stecken Sie die vom Laub befreiten Hagebuttenzweige in den Kranz. Ein paar Ruten der *Skimmia japonica* ›Rubella‹ ♀ mit rubinroten Knospen und Blütendolden des Efeus lassen sich gleichermaßen verwenden wie Zieräpfel, kleine Orangen, Zitronen oder Lindennüsschen.

---

2 | Die bizarr geformten Zweige der Korkenzieher-Hasel *Corylus avellana* ›Contorta‹ in eleganter Vase

3 | Ein schlichter Kranz aus biegsamen Weiden- und Hartriegelruten, garniert mit eingeflochtenem Efeu und Stechpalmenzweigen, an der Haustür

Gartenarbeiten im Winter

Auf die Gärtner, die sich im Winter nicht damit begnügen, am Kamin zu sitzen und von den Annehmlichkeiten des Sommers zu träumen, wartet in der kalten Jahreszeit ausreichend Arbeit. Wege, Hofflächen und Rasen müssen vom Laub befreit, Hecken aus sommergrünen Gehölzen sowie spätblühende Sträucher können geschnitten und zurückgeschnitten, Rankpflanzen müssen gesäubert werden. Unkräuter gedeihen auch in kalter Jahreszeit, und vorbereitende Arbeiten wie Umgraben fallen ebenso an, möchte man den Garten für Frühling und Sommer optimal vorbereiten.

Laub sammeln

Da viele Gehölze ihr Laub erst im Winter verlieren, fällt das Wegrechen und -fegen nicht nur im Spätherbst, sondern auch in dieser Jahreszeit an. Blätter sollten vom Rasen so bald wie möglich entfernt werden, da die nassen Blätter nicht nur das Tageslicht abhalten, sondern auch die Konkurrenzkraft des Rasens schwächen. Ist das Wetter einigermaßen trocken, lässt sich das Laub am saubersten mit einem Sichelrasenmäher einsammeln, der das Laub aufsaugt und in den angekoppelten Korb schleudert. Die Einstellhöhe der Rasenmähersichel richtet sich dabei nach der Mächtigkeit der Laubschicht. Überdies hat diese Methode den Vorteil, dass das Laub zusammen mit Grasresten klein gehäckselt wird und sich deshalb auf dem Komposthaufen schneller zersetzt.

1

Bei sich schwerer zersetzendem Laub kann der Kompostierungsprozess beschleunigt werden, indem man es in große schwarze Plastiksäcke füllt und befeuchtet. Pressen Sie das Laub schichtweise in den Sack und befeuchten Sie es, wenn das Laub zu trocken ist, bevor Sie die nächste Schicht auftragen. Binden Sie den Sack zu und stechen Sie mit der Forke einige Löcher in die Unterseite. Lagern Sie die Säcke an einem schattigen, schwer zugänglichen Ort. Nach ungefähr einem Jahr findet man je nach der Zersetzbarkeit des Laubes häufig nur noch die wundervoll verästelten Blattgerippe. Eichenblätter verkompostieren am schwersten und bleiben lange elastisch – ihre Haltbarkeit ist geradezu berüchtigt.

Umgraben

Leer geräumte Beete und Gemüseparzellen sollten im frühen Winter umgegraben werden, das gilt vor allem für Böden mit hohem Lehmanteil. Bearbeiten Sie die mit dem Spaten gewendete Erdscholle nicht weiter. Zerkleinern und rechen Sie sie nicht. Auf diese Weise setzt man den Boden der Frosttätigkeit aus, die wiederum hilft, den festen Boden aufzulockern. So vorbereitete Beete können im frühen Winter gedüngt werden; dabei sollten Sie allerdings besonders auf die Zusammensetzung (Kali, Magnesia) und Dosierung achten, denn überschüssiger Stickstoff im Düngemittel wird durch den Winterregen ausgewaschen, was wiederum zur Belastung des Grundwassers beiträgt.

Säubern und mulchen

Traditionell wurden Staudenrabatten und -ränder im Herbst bearbeitet, indem die Pflanzen ausgegraben, geteilt und wieder mit reichlich Düngergaben eingepflanzt wurden. Abgesehen von der mühseligen Arbeit, sehen diese Partien danach recht nackt aus. Außerdem ist die Methode auch aus ökologischen Gründen nicht sinnvoll. Es ist viel vernünftiger, viele mehrjährige Pflanzen wie Stauden und Gräser im Herbst nicht zu bearbeiten und damit Form, Fruchtstände und die oft sehr attraktiven Farben der verblassenden Blätter zur eigenen Freude zu erhalten. Erst im Spätwinter kann man sie bis zum Boden zurückschneiden, um Platz für das nachwachsende Grün zu schaffen. Streuen Sie gleichzeitig eine Schicht guten Gartenkompost über das Beet, aber achten Sie darauf, dass Sie den frischen Austrieb der Stauden nicht ersticken. Führen Sie diese Arbeit nicht durch, wenn der Boden gefroren ist, denn sonst wird der Frost im Boden eingeschlossen. In gemischten Rabatten und zwischen Sträuchern ist es praktisch unmöglich, den Boden zu kultivieren und organisches Material wie Kompost einzumischen. Wenn der Kompost im Frühwinter etwa wie Falllaub über den Boden ausgestreut wird, sollten Regenwürmer die Hauptarbeit für Sie erledigen, wie zum Beispiel die Vermischung des Komposts und des Laubes bis in die tieferen Bodenschichten hinein. Mit der Zeit wird mit dieser Methode unabhängig von der Bodenart der Humusgehalt des Substrats aufgebaut.

Staudenvermehrung und Pflanzarbeiten

Unter den derzeitigen Verhältnissen mit unseren milden, nassen Wintern ist es vermutlich am ratsamsten, das Teilen der Staudenpflanzen bis zum frühen Frühling aufzuschieben, da diese dann unverzüglich mit ihrem Wachstum beginnen. Das Teilen der Stauden im Herbst kann unter nassen Bedingun-

---

1 | Vertrocknete Gräser und Stauden wie das Brandkraut *Phlomis* bilden auch in diesem Stadium interessante Strukturen und liefern Nahrung für Vögel, wenn man die abgestorbenen Pflanzenreste bis zum späten Winter nicht entfernt.

2 | Gut verrotteter Kompost, der im Winter in Beete und Rabatten eingemischt wird, unterdrückt das Unkraut und wird durch Regenwürmer in tiefere Bodenschichten verfrachtet.

3 | Praktisch alle Böden profitieren im Frühwinter durch Beimischung organischen Materials. Nutzen Sie die Winterzeit, um möglichst reichlich Laub, Zweige und Schnittabfälle zur Kompostproduktion zu sammeln.

Planung einer Rabatte

Der Winter bietet die beste Gelegenheit, ungehindert durch den sommerlichen Bewuchs, das Aussehen des Gartens kritisch zu überprüfen. Hierbei lässt sich überlegen, ob die Form, die Ausdehnung und Anordnung der Beete und Rabatten den eigenen Wünschen noch gerecht werden. Erscheint die Anlage neuer Beete oder Wege erforderlich, ist ein Gartenschlauch ein praktisches Hilfsmittel. Man kann mit ihm die zukünftige Linienführung anschaulich und exakt auslegen. Auch lässt sich mit einem Kantenschneider eine schmale Grabenlinie in den Rasen fräsen. Lassen Sie diese Linien für eine Weile stehen. Erst wenn Sie mit der Linienführung völlig einverstanden sind, beginnen Sie mit der eigentlichen Ausführung. Machen Sie sich im Sommer Notizen über die Gehölze, die gebändigt beziehungsweise völlig entfernt werden müssen, und führen Sie diese Arbeiten im folgenden Winter aus.

gen zum Verfaulen der Pflanzen führen, vor allem wenn sie nicht genügend Wurzeln ausgebildet haben. Dasselbe gilt für im Topf oder Container gezogene Staudenpflanzen, die in schweren Lehmboden gesetzt wurden.

Container-Gehölze können jederzeit gepflanzt werden, obgleich das Einpflanzen im Herbst und im frühen Winter die Wurzeln im Boden besser regenerieren lässt, bevor das Wachstum im folgenden Frühling einsetzt. Wurzelnackte Pflanzen können während milderer Perioden vom frühen Winter bis Anfang Frühling gepflanzt werden. Bäume sollten sicher an Pfostengestellen gestützt und angebunden werden. Zuweilen ist es auch notwendig, Äste frisch gepflanzter Sträucher zu fixieren. Sträucher, deren Zweige im Wind hin und her peitschen, etablieren sich selten.

Winterschutz

Empfindlichere Sträucher und Stauden profitieren von einer Abdeckung mit Gartenvlies während der Frostperioden. Dieses Material sollte locker um die Pflanzen gelegt, jedoch so gesichert werden, dass ein Wegwehen verhindert wird. Es gibt verschiedene Vliesausführungen und -qualitäten, die etwas schwerere, stärkere Ware gewährt auch besseren Schutz. Achten Sie besonders auf die weniger robusten, immergrünen Gewächse wie Keulenlilie *Cordyline*, Neuseeländer Flachs *Phormium*, Säckelblume *Ceanothus* und Großblättrige Strauchveronika *Hebe*. Exoten wie Bananen und Baumfarne werden am besten in Drahtbehälter verbracht, die man mit zerkleinerten und getrockneten Adlerfarnwedeln oder Stroh als Isoliermaterial auffüllt. Topfpflanzen sind besonders im Wurzelbereich sehr frostempfindlich. Diese Behälter lassen sich mit Stroh, Vlies oder mit mehreren Lagen aus grobem Sackleinen isolieren. Transportable Topfpflanzen werden nahe an die Hauswand gerückt, wo sie durch den Dachüberstand gut geschützt sind. Keines der Materialien, die als Schutz benutzt werden, sieht im Garten besonders attraktiv aus; bedenken Sie jedoch, dass die Pflanzen das Vlies oder den Sack nur während der schlechtesten Wetterperiode benötigen.

4 | Der Teich in den Sir Harold Hillier Gardens, Hampshire

4

Teiche

Fische haben in den Wintermonaten einen sehr niedrigen Stoffwechsel und verschwinden häufig zwischen und unter dem Unterwasserbewuchs. Entfernen Sie mit einem Netz regelmäßig das Falllaub von der Wasseroberfläche und die von den angrenzenden Gehölzen ins Wasser gefallenen Zweige. Diese Arbeit sollte bis Wintermitte durchgeführt werden, damit Frösche und andere Amphibien bei milder Witterung im Spätwinter Ihren Teich für die Laichablage ungestört nutzen können.

Pflanzenetiketten

Pflanzenetiketten in einem Garten können zu einem lästigen Problem werden – speziell im Winter, wenn weiße oder farbige Anhängsel sinnlos und unansehnlich im Garten verstreut zu sein scheinen. Dennoch brauchen die Pflanzen eine Markierung mit ihrem Namen. Hier bieten sich beispielsweise schwarze Etiketten an, die mit wetterfester Farbe beschriftet werden (z. B. mit einem Silbermarker mit feinem Strich). Andere sehr gut geeignete Materialien für eine Markierung sind Tonkeramik oder Holz. Diese unaufdringlichen Informationshilfen können neben der Pflanze in den Boden gesteckt werden und halten viele Jahre.

Winterschnitt

Bäume: Der Schnitt im Winter kann das Aussehen im Sommer verbessern. Für Bäume in gemischten Hecken empfiehlt es sich, die unteren Äste zu beschneiden, um das Kronendach anzuheben, damit die Pflanzen im Unterstand und in der Nachbarschaft genügend Licht erhalten. Sich überkreuzende Äste im Inneren des Baumes sollten entfernt werden, um gegenseitige Verletzungen durch Scheuern zu vermeiden. Gleichzeitig wird damit auch die Krone ausgelichtet und somit durchlässiger für Regenwasser. Diese Arbeit wird zweckmäßigerweise um die Wintermitte herum ausgeführt.

Sträucher: Sträucher mit Blütenentwicklung auf dem Neuaustrieb sollten zum Ausgang des Winters stark zurückgeschnitten werden. Dies fördert die Entwicklung fester, neuer Triebe und zugleich die Blütenbildung. Die meisten Sommerfliedersorten *Buddleja* sollten dieser Behandlung ebenso unterzogen werden wie die Bartblume *Caryopteris*, Bleiwurz *Ceratostigma* und Blauraute *Perovskia*; Sorten der Rispen-Hortensie *Hydrangea paniculata* erfordern gleichermaßen einen Schnitt, möchte man vermeiden, dass sie eine lückenhafte, schwache und unausgewogene statt einer kräftigen, rundlichen Form ausbilden. Die Triebe werden dabei auf zwei Drittel der ursprünglichen Länge oder bis über das niedrigste Knospenpaar zurückgeschnitten. Die kleinblütigen, winterharten Fuchsien *Fuchsia* vertragen einen Rückschnitt bis zum Boden.
Hartriegel *Cornus* und Weiden *Salix* haben Triebe mit farbiger Borke. Schneiden Sie im Spätwinter ungefähr die Hälfte der Triebe bis auf Bodenniveau zurück, das regt den Austrieb kräftiger, intensiv gefärbter Triebe für den folgenden Winter an. Junger Holunder *Sambucus* mag einen kräftigen Rückschnitt zur Förderung des Wachstums.
Ebenso vitales Wachstum erreicht man bei einigen Straucharten wie Fingerkraut *Potentilla* und Spierstrauch *Spiraea*, indem man sie alle drei Jahre stark einkürzt. In den anderen Jahren sollten sie nur leicht getrimmt, die Blütenstände und unschön herausragende Zweige entfernt werden.
Immergrüne Gehölze wie Ölweide *Elaeagnus* und Glanzmispel *Photinia* werden im Spätwinter in Form

geschnitten, bevor das Wachstum im zeitigen Frühjahr einsetzt. Vermeiden Sie unnatürliche Formen. Rosen können zur Wintermitte beschnitten werden. Alte Strauchrosen und Englische Rosen werden nur leicht getrimmt, um möglichst viele der Blüten produzierenden Seitenäste im oberen Stammbereich zur Blütenanlage anzuregen. Starker Schnitt fördert kräftiges Wachstum, sollte aber in der Regel auf Teehybriden und Floribundarosen begrenzt werden; diese können bis auf einige Knospen über dem Boden zurückgeschnitten werden. Entfernen Sie unbedingt totes und krankes Holz, und schneiden Sie auf Außenknospen zurück, um eine offene Strauchform zu begünstigen.

Kletterpflanzen: Die spätblühenden Sorten der Italienischen Waldrebe *Clematis viticella* werden bis 30 Zentimeter über dem Bodens zurückgeschnitten und alle abgetrennten Ranken entfernt. Weinreben wie die der Rostroten Weinrebe *Vitis coignetiae* ♀ und der purpurblättrigen Echten Weinrebe *Vitis vinifera* ›Purpurea‹ ♀ müssen unbedingt im frühen Winter eingekürzt werden – geschieht das später, bluten die Schnittwunden (sie verlieren zucker- und mineralhaltigen Wassersaft), was letztendlich zum Absterben der Pflanze führen kann. Schneiden Sie dünne Nebenäste auf drei Knospen vom Hauptstamm zurück. Bei Blauregen *Wisteria* ist zweimal jährlich ein Schnitt nötig. Jeder überschüssige Trieb wird im August entfernt, während man im Winter die langen, dünnen Triebe bis auf einige gut entwickelte Knospen (etwa 30 Zentimeter vom Haupttrieb entfernt) einkürzt. Diese Methode regt die Blütenbildung an.
Die Rankhilfen von Kletter- und Ramblerrosen müssen überprüft und gegebenenfalls neu angebunden werden. Verwenden Sie junge, elastische Rosentriebe, und leiten Sie diese an einem Zaun oder einer Wand entlang; ältere, rückgängige Triebe werden entfernt, um die Bildung neuer, kräftiger Triebe anzuregen. Kletterrosen blühen bedeutend üppiger, wenn sie auf diese Art erzogen werden.

Ruhezeit für Sträucher

Eine Vielzahl von Sträuchern blüht im Frühjahr und Frühsommer. Diese Gehölze benötigen im Winter Ruhe. Mit einem Schnitt würden auch die bereits fertig ausgebildeten Blütenknospen entfernt und somit eine Blüte verhindert. Solche Sträucher sind: Flieder *Syringa,* Falscher Jasmin *Philadelphus,* Forsythie *Forsythia,* Deutzie *Deutzia,* Weigelie *Weigela* und Zier-Johannisbeere *Ribes.*

A, B | Sowohl Sommerflieder *Buddleja* (A) als auch Blauraute *Perovskia* (B) müssen stark eingekürzt werden, die Haupttriebe auf zwei Drittel ihrer ursprünglichen Länge.

C | Bei dem wegen seiner farbigen Rinde gezogenen Hartriegel *Cornus* wird die Hälfte aller Triebe knapp über dem Boden entfernt.

Die Sprache der Botaniker

Lateinische Namen können für einen Laien recht verwirrend sein. Dennoch sind sie für eine präzise, von Verwechslungen und Missverständnissen freie Kommunikation unentbehrlich. Die Volksnamen für eine Pflanzenart sind von Land zu Land und innerhalb der Länder oft von Region zu Region völlig verschieden. Botanisches Latein ist somit eine internationale Sprache, die von den Gärtnern und Botanikern auf der ganzen Welt verstanden wird und darüber hinaus auch zusätzliche und nützliche Informationen über die betreffende Pflanze liefert.

Das beliebte Schneeglöckchen ist ein ausgezeichnetes Objekt, um die Zweckmäßigkeit der normierten Pflanzennamen in Latein zu demonstrieren. In Großbritannien wird diese Pflanze als Snowdrop (Schneetropfen), in Frankreich als Perce-Neige (Schneebohrer), in Holland als Sneeuwklokje (Schneeglöckchen) bezeichnet – und es gibt zweifellos bedeutend mehr Namen, da das Zwiebelgewächs weit über Europa und den Mittleren Osten verbreitet ist. Der botanische Name *Galanthus* (abgeleitet aus dem Griechischen *gala* = Milch und *anthos* = Blume) vermeidet einen derartigen babylonischen Sprachenwirrwarr bei einer einzigen Pflanzenart.

Gattung und Art Das binominale Nomenklatursystem (Zweinamensystem) der botanischen Namensgebung wurde erstmals von Carl von Linné in seinem Buch »Species Plantarum« (1753) festgelegt. Die Gattung ist der erste Name, dessen Anfangsbuchstabe groß geschrieben wird, gefolgt von dem Art-Epitheton in Kleinschreibung; beide Namen zusammen werden gewöhnlich kursiv geschrieben. Der Gattungsname definiert die Gruppenzugehörigkeit einer Pflanze. Obgleich es bedingt durch neuere Erkenntnisse Veränderungen innerhalb einer Gattung geben kann, teilen sie gewisse Eigenschaften. So sind alle Vertreter der Gattung *Galanthus* kleine

1, 2| Die botanische Gattungsbezeichnung *Galanthus* ermöglicht die eindeutige Identifikation dieses wundervoll weiß und grün blühenden Zwiebelgewächses.

Zwiebelgewächse. Aber während die meisten im Winter blühen, gibt es auch eine Art, die im Spätherbst ihre Blüten zeigt. Der Artname hilft daher, etwa das winterblühende Gewöhnliche Schneeglöckchen *Galanthus nivalis* vom Herbstblühenden Schneeglöckchen *Galanthus reginae-olgae* zu unterscheiden.

Der Artname bezieht sich häufig auf die Herkunft oder den Lebensraum der betreffenden Pflanze. So deutet zum Beispiel das Art-Epitheton *nivalis* von *Galanthus nivalis* an, dass die Pflanze in der Nähe des Schnees zu finden ist, und *ikariae* von *Galanthus ikariae* weist auf die Herkunft von der griechischen Insel Ikaria hin. Der Artname kann auch charakteristische botanische Merkmale beschreiben wie die Blüte von *Galanthus gracilis* (schlank, zierlich *gracilis*) oder die Form der Blätter wie *Galanthus platyphyllus* (breit *platy*, blättrig *phyllus*). Ebenso kann er sich auf einen Botaniker beziehen, der die Pflanze als Erster beschrieb, oder auf einen Pflanzenjäger, der sie entdeckte. *Galanthus elwesii* ist beispielsweise nach dem berühmten Forschungsreisenden, Sportler und Pflanzensammler Henry John Elwes benannt.

Sorten und Hybriden Während der Artname die Wildpflanze beschreibt, gibt es eine zusätzliche Bezeichnung für all jene Pflanzen, die Gärtner und Pflanzenzüchter schon früh durch Selektion und Zucht mit ganz bestimmten, vorteilhaften Eigenschaften hervorgebracht haben. Hierfür wurde ein dritter Name notwendig – der Name der Varietät, Sorte, beziehungsweise Kultursorte. Die geltende Schreibweise der Varietät erfolgt in Normalschrift mit groß geschriebenem Anfangsbuchstaben, die in Anführungszeichen eingefasst wird, wie bei der Schneeglöckchensorte *Galanthus nivalis* ›Viridapice‹, wobei ›Viridapice‹ hier für eine Form mit grünen Blütenblätterspitzen steht. Seit 1959 ist die Lateinisierung des Sortennamens nicht mehr zugelassen. Neuere Sorten heißen z. B. *Galanthus nivalis* ›Tiny‹. Zuweilen ist die verwandte Art auch unbekannt, sodass die exakte Zuordnung unklar bleibt und nur der Gattungsname sowie der Name des Züchters genannt werden wie im Fall *Galanthus* ›S. Arnott‹. Einige Züchtungen sind aus der Einkreuzung zweier Arten entstanden. Solche Sorten werden durch ein x zwischen der Gattung und dem neuen Namen der Hybride gekennzeichnet, wie bei *Galanthus* x *hybridus* ›Merlin‹, einer Kreuzung zwischen den beiden Schneeglöckchenarten *Galanthus elwesii* und *Galanthus plicatus*.

Namensänderungen Änderungen alteingeführter Namen werden vielfach als Plage empfunden, da der Grund hierfür nicht für jeden nachvollziehbar ist. In der Regel gibt es jedoch triftige Gründe für derartige Eingriffe. Die wesentlich differenziertere Einschätzung der Verwandtschaftsverhältnisse unserer Pflanzen, bedingt durch die rasante Entwicklung der Genforschung, erfordert in vielen Bereichen der Pflanzentaxonomie und damit auch der Benennung der Pflanzen mehr oder weniger große Korrekturen. Heute wird zum Beispiel angenommen, dass das frü-

3 | Christrose *Helleborus niger* mit Schneeglöckchen

her als eigene Art ausgewiesene Schneeglöckchen *Galanthus caucasicus* nur eine besondere Form von *Galanthus elwesii* ist, mit nur einer grünen Markierung auf jedem Blütenblatt anstelle von zwei.

Hinweise auf den Winter in botanischen Namen

Die nachfolgende Tabelle listet einige von vielen lateinischen Adjektiven auf, die für »Winterliches« in den Pflanzennamen stehen. Wie Substantive haben lateinische Adjektive männliche, weibliche und sächliche Endungen, und ihr Geschlecht leitet sich im Allgemeinen vom Geschlecht des dazugehörigen Substantivs ab. So ist *Helleborus* (Christrose) ein männliches Substantiv, also sind die begleitenden Adjektive ebenfalls männlich wie bei *Helleborus niger* oder *Helleborus viridis* (die femininen Formen sind *nigra*, *viridis* und das Neutrum *nigrum*, *viride*). Alternative, das Geschlecht bezeichnende Endungen der Adjektive stehen in Klammern.

Winterbezogener lat. Terminus	Übersetzung	Beispiel
arcticus (-a, -um)	arktisch, aus der Arktis stammend	*Rubus arcticus*
chionanthus (-a, -um)	mit schneeweißen Blüten	*Primula chionantha*
frigidus (-a, -um)	kalt, aus kalten Regionen	*Cotoneaster frigidus*
glacialis (-is, -e)	Gletscher-, Gletscher liebend	*Ranunculus glacialis* *Geum glaciale album*
hiemalis oder *hyemalis* (-is, -e)	winterlich, im Winter blühend	*Eranthis hyemalis*
nivalis (-is, -e)	Schnee, schneeweiß, in Schneenähe	*Galanthus nivalis* *Podocarpus nivalis*
niphophilus (-a, -um)	Schnee liebend	*Eucalyptus pauciflora** ssp. *niphophila*
nudiflorus (-a, -um)	mit nackten Blüten	*Jasminum nudiflorum*

* Das Genus (grammatikalische Geschlecht) der Bäume ist im Lateinischen fast immer feminin.

Das faszinierende Gebiet der Pflanzennamen und ihrer Bedeutung wird im Buch von Elvira Groß »Pflanzennamen und ihre Bedeutung«, DuMont Verlag, oder im »Handwörterbuch der Pflanzennamen«, Verlag Eugen Ulmer, eingehend erläutert.

Ein winterlicher Garten für das ganze Jahr

Ein Garten sollte ganzjährig eine reizvolle Kulisse für alle möglichen Tätigkeiten und ein Ort der Entspannung sein. Bei der Planung eines auch im Winter interessanten Gartens ist es unumgänglich, die restlichen drei Jahreszeiten mit einzubeziehen. Das bedeutet, dass neu hinzukommende Winterpflanzen in die bestehende Pflanzung integriert werden müssen und sich aufgrund ihrer Eigenschaften ganzjährig mit den anderen Pflanzen in einem rhythmischen und dynamischen Verhältnis ergänzen und abwechseln sollten. Winter ist nicht mehr die Jahreszeit, in der das Leben ruht. Mit der globalen Klimaveränderung bleiben Herbstpflanzen länger aktiv, blühen Frühlingspflanzen früher, und immer mehr Pflanzenarten zeigen ihre Blüten sogar den ganzen Winter hindurch.

Fetthenne *Sedum* ›Herbstfreude‹ im Winterlicht

Langer Abschied vom Herbst

Der Übergang vom Herbst zum Winter geschieht langsam und schleichend: Einige Blütenstände verbleiben an den Sträuchern, etliche Rosen blühen noch, und Herbstbeeren retten sich in den Winter, wenn sie nicht vorher durch Vögel und andere Tiere abgeerntet wurden. Die Gerippe vieler Stauden, jetzt bloße Stängel, vertrocknetes Laub und Fruchtstände entfalten so ihren ganz eigenen Reiz. Die ersten Fröste verändern die Farbe so manchen Laubes und beschleunigen den Blattfall, wodurch Struktur und Borken von Bäumen und Sträuchern plötzlich in den Vordergrund zu treten beginnen.

Sträucher und Bäume

Einige Sträucher blühen im Herbst und behalten ihren Flor fast den ganzen Winter hindurch. Die Abelie *Abelia* x *grandiflora* ♀ ist ein eher unterschätzter, halbimmergrüner, kompakter Strauch mit kleinen, glatten Blättern an überhängenden Zweigen mit Kaskaden trompetenförmiger, blassrosa Blüten. Letztere werden von bronze-rosafarbenen Blütenkelchen gehalten, die noch lange, nachdem die Blütenblätter abgefallen sind, an den Zweigen verbleiben und die Attraktivität der Pflanze – bei milder Witterung – fast bis zur Wintermitte garantieren. Dieser mittelgroße Strauch kann in einer geschützten Ecke in der Nähe der Hauswand oder Mauer wachsen. Vor einer Ziegelmauer wirkt das Rosa der Abelienblüten besonders vorteilhaft. Es gibt buntlaubige Sorten wie *Abelia grandiflora* ›Francis Mason‹. Die Hybride *Abelia* ›Edward Goucher‹ ist ein kleinerer Strauch mit ebenfalls reichlich erscheinenden fliederfarbenen Blüten.

Die Blütenstände einiger Hortensien verblassen zu einer milchkaffeebraunen, warmen Farbtönung und fügen dem winterlichen Garten interessante Strukturen hinzu. Ihre getrockneten Blütenstände können zur Dekoration im Haus verwendet werden.

Rosen

Rosen, die noch bis in den Spätherbst blühen, bereiten viel Freude. Bedingt durch die heute milderen Witterungsbedingungen, tun dies einige remontierende Rosen sogar bis in den frühen Winter. *Rosa* ›Felicia‹ ♀, eine Moschusrosen-Hybride des berühmten Rosenzüchters aus den 20er-Jahren des letzten Jahrhunderts, Reverend Joseph Pemberton, ist eine langlebige, zuverlässig mehrfach im Jahr blühende, ungefähr eineinhalb Meter hohe Strauchrose, die besonders hübsch als Überwurf an einem Pfostenzaun wirkt. Die Blütenknospen zeigen ein warmes Apricot-Rosarot. Sie öffnen sich zu silbrig getönten, pinkfarbenen, gefüllten und duftenden Blüten zu Beginn des Frühsommers. Wenn die verblühten Blütenbüschel zurückgeschnitten werden, blüht ›Felicia‹ ab Frühherbst erneut und wird erst durch strengere Fröste gestoppt (siehe Seite 59). Von Thomas Hilling stammt eine weitere bis zu zwei Meter hohe Moschus-Hybride, die *Rosa* ›Will Scarlet‹, mit leuchtend scharlachroten Blüten und gelben Staubblättern. Diese modernen Strauchrosen blühen den ganzen Sommer über und zeigen noch bis in den Spätherbst vereinzelt Blüten. Hagebutten schmücken ›Will Scarlet‹ bis in die Winterzeit. Und es gibt noch eine große Auswahl an remontierenden modernen Strauchrosen, die ihre Blüte erst einstellen, wenn sie durch sehr unwirtliches Winterwetter dazu gezwungen werden. Viele Rosen tragen schöne Hagebutten, und die robusteren Kartoffelrosen schmücken sich mit diesen Früchten bis tief in die Winterzeit. Die Kartoffelrose *Rosa rugosa* bildet dicht belaubte Sträucher mit dunkelgrünen, grob gemaserten Blättern und wächst auch auf ärmeren Böden ausgezeichnet.

Darüber hinaus existiert eine Rose praktisch für alle

---

1 | Viele sommergrüne Gehölze behalten Laub und Früchte im Winter und bieten wohltuend warme Farbkontraste zu den Grüntönen der benachbarten immergrünen Pflanzen.

2 | Abelie *Abelia* x *grandiflora*

3 | Rispen-Hortensie *Hydrangea paniculata*

Jahreszeiten: die aus Nordamerika stammende Virginische Rose *Rosa virginiana* ♀. Diese dickichtbildende Rose eignet sich am besten zur Pflanzung in Einzelstellung im Gras, wo sie weit über eineinhalb Meter Höhe erreichen kann. Zur Sommerzeit trägt sie über einen langen Zeitraum einzelne hellrosafarbene Blüten auf rötlichen Trieben, gefolgt von großen hellroten Hagebutten. Die Blätter zeigen ein frisches, glattes Grün im Frühjahr. Im Herbst bietet sie uns ein Laubfeuerwerk in Farben, die von sattem Grün über Purpurrot, Karminrot und Orange zu Gelb und Braun übergehen. Der ganze Busch scheint dann in Flammen zu stehen. Wenn das Laub fällt, treten die jungen, oft rötlich getönten Triebe und Hagebutten deutlicher hervor. Die unterschiedlich rot, orange und schwarz gefärbten, kleinen bis großen, ovalen bis runden Hagebutten werden erstaunlicherweise von der Vogelwelt verschmäht, sodass der Schmuck zur Freude des Gartenfreundes während der Winterzeit erhalten bleibt. Eine leichte Schneedecke steigert den Reiz. Um den Rosenstrauch zu frischem Wachstum anzuregen, ist ein Rückschnitt etwa alle fünf Jahre bis über den Boden ratsam.

4 | Verspätete Rosenmotive wie diese apart mit Frostkristallen überzogenen Knospen sind im Winter nicht selten.

5 | Virginische Rose *Rosa virginiana*

Herbst- und Winterfrüchte

Viele Bäume tragen bunte Herbstfrüchte, die bis tief in den Winter am Ast hängen. Die Vogelbeere *Sorbus aucuparia* produziert diese in manchen Jahren in Massen, wobei die gelben Früchte überwiegend von den Vögeln ignoriert werden, während sie die roten und orangefarbenen oft komplett vertilgen. *Sorbus* ›Joseph Rock‹, eine ausgezeichnete, kleine Sorte mit reizenden bernsteingelben Beeren, ist eine gute Wahl. Die Früchte einiger Holzapfelsorten *Malus* halten sich gut und bieten einen dekorativen Anblick bis weit in den Winter. Werden die Fröste allerdings zu heftig, verschrumpeln sie in unansehnlichem Braun. *Malus* x *zumi* ›Golden Hornet‹ erleidet dieses Schicksal, aber am zierlichen, kleinwüchsigen Wildapfelbaum aus Zentralasien *Malus transitoria* ♛ halten sich die traubengroßen, sanft aprikosenfarbenen Früchte sehr gut über eine Periode von vielen Wochen.

Die immergrünen Felsenmispeln *Cotoneaster* sind Sträucher mit sehr auffälligen, beerenartigen Früchten im Winter. Sie bilden oft einen ausgesprochen dichten Behang aus gewöhnlich leuchtend roten, langlebigen Früchten, der der überreichen weißen und rosa Blüte im Frühsommer folgt. Einige wachsen zu großen Sträuchern wie *Cotoneaster frigidus* ›Cornubia‹ ♛ heran. Dieses halbimmergrüne, dunkelgrün belaubte Gehölz mit bogiger Aststruktur

---

6 | Stechpalme *Ilex aquifolium* ›J.C. van Tol‹
7 | Wildapfel *Malus transitoria*
8 | Zwerg-Mispel *Cotoneaster lacteus*
9 | Immergrüner Feuerdorn *Pyracantha* ›Orange Glow‹

trägt schwere, auffällig rote Fruchtdolden. Die Früchte von *Cotoneaster lacteus* ♛ reifen später. *Cotoneaster franchetii* ist ein mittelgroßer immergrüner Strauch mit lang gebogenen, schilfrohrartigen Zweigen und großen hellroten Früchten (siehe Seite 152). Alle zuvor erwähnten Sträucher sind ein guter Winterschmuck und kommen mit fast jedem Boden zurecht. *Cotoneaster* ›Hybridus Pendulus‹ bildet nach unten gerichtete Äste mit leuchtend rotem Fruchtbehang aus. Diese Sorte lässt sich als Trauerbaum auf einem Stamm erziehen. Die niedrigwüchsige Felsenmispel-Hybride *Cotoneaster* x *suecicus* ›Coral Beauty‹ wächst in dichter, kugeliger Strauchform und eignet sich besser als Bodendecker als der Elternteil *Cotoneaster dammeri* ♛, dessen kriechende Zweige sich zuweilen recht ungestüm ausbreiten können. ›Coral Beauty‹ verlangt nach Sonne und wirkt besonders reizvoll in Gesellschaft von Gräsern und anderen lichten und eleganten Pflanzen, die zu ihrem glänzenden immergrünen Laub und den Massen korallenroter Früchte kontrastieren.

Die Stechpalme *Ilex* bildet eine große Pflanzengattung mit ungefähr 400 Baum- und Straucharten und sehr vielen Kulturvarietäten, die bei uns aufgrund ihrer attraktiven Belaubung und der beerenartigen Scheinfrüchte gezogen werden. *Ilex aquifolium* ›J. C. van Tol‹ ♛ ist eine zuverlässige Sorte mit leuchtend roten Früchten (Näheres dazu siehe Seite 62). Der Immergrüne Feuerdorn *Pyracantha* lässt sich gut an einer Mauer ziehen, wo sein überreicher Fruchtbehang in Scharlachrot, Orange und Gelb besonders gut zur Geltung kommt.

Die immergrüne, sauren Boden liebende Scheinbeere *Gaultheria* liefert sehr helle, beerenartige Fruchtkapseln von feurigem Pinkrosa bis zu einem satten Purpur (siehe Seite 160).

Der laubabwerfende Strauch Schönfrucht *Callicarpa bodinieri* zeigt hellpurpurrote Beerenbüschel, die besonders dann am Strauch beeindrucken, wenn das Laub gefallen ist. Die Gemeine Schneebeere *Symphoricarpos albus* produziert kleine Büschel von Beeren in reinem Weiß, die an den Zweigen wie eine Handvoll Murmeln aussehen. Die Vögel scheinen diese Beeren bis zuletzt aufzuheben, sodass wir die Früchte meist den ganzen Winter hindurch am Strauch bewundern können. Sie sind in Kränzen und zur Innendekoration zu verwenden, obgleich der Strauch selbst ziemlich unauffällig wirkt. Dennoch ist er mit seinen drahtigen Stämmen und der lockeren Belaubung eine gute Ergänzung in Mischhecken und -gehölzpartien. Die Schneebeere wird am besten in einem weniger genutzten Gartenteil im Schatten eines Baumes gepflanzt. Die Schneebeeren-Hybride *Symphoricarpos* x *doorenbosii* formt eine kompaktere Strauchgestalt und trägt größere Beeren. Rosa Beeren hingegen hat die Sorte ›Magic Berry‹.

Es gibt auch einige Stauden mit auffälligen, farbigen Früchten. Die Stinkende Schwertlilie *Iris foetidissima* ♛ ist eine völlig anspruchslose, sehr frostharte, wintergrüne Staude. Sie gedeiht auf vielen Standorten, von sumpfigen bis zu trockneren und überschatteten Partien. Wo sonst nur wenig wächst, akzeptiert sie so ziemlich alles. Die blassmalvenfarben getönten, innen weißgelblichen Blüten sind im Sommer vergleichsweise unscheinbar. Sobald jedoch die derben Samenkapseln platzen, geben sie die leuchtend orangefarbenen, runden Samen frei. Die Samen bleiben fast den ganzen Winter an der Pflanze, obgleich sie leicht dazu verlocken, sie als Zimmerschmuck zu verwenden. Es gibt eine panaschierte Sorte mit cremeweiß gestreiften Blättern, die zur Aufhellung trüber Wintertage beiträgt. Da sie jedoch selten blüht, bildet sie entsprechend wenig schmückende Samenkapseln aus. In den letzten Jahren wird diese Irisart von einem Virus heimgesucht, der die Blätter im Sommer verdorren lässt. Die überlebenden Pflanzen produzieren scheinbar gesundes Saatgut, doch die sich daraus entwickelnden Schwertlilien sterben später ab. Einige Pfingstrosen wie die frostempfindliche Balearen-Pfingstrose *Paeonia cambessedesii* ♛ und *Paeonia broteroi* aus Spanien präsentieren leuchtend magentarote Anhängsel und glänzend schwarze Samen in den geöffneten Balgfrüchten. Und bei dem Italienischen Aronstab *Arum italicum* ssp. *italicum* ›Marmoratum‹ ♛ reift ein kolbenartiger Fruchtstand aus glänzend orangefarbenen Beeren heran (siehe Seite 131).

Mehr Bäume und Sträucher mit Früchten Hartriegel *Cornus alba* ›Siberian Pearls‹ • Scheinbeere *Gaultheria mucronata* ›Mulberry Wine‹ • Sanddorn *Hippophae rhamnoides* • Wildapfel *Malus bhutanica* • Himmelsbambus *Nandina domestica* • Feuerdorn *Pyracantha* ›Golden Charmer‹ • Rose *Rosa* ›Geranium‹

---

10 | Vogelbeere *Sorbus* ›Joseph Rock‹

11 | Stinkende Schwertlilie *Iris foetidissima*

12 | Schönfrucht *Callicarpa bodinieri* var. *giraldii* ›Profusion‹

13 | Balearen-Pfingstrose *Paeonia cambessedesii*

14 | Italienischer Aronstab *Arum italicum* ssp. *italicum* ›Marmoratum‹

15 | Schneebeeren-Hybride *Symphoricarpos* x *doorenbosii* ›Magic Berry‹

Vögel im Garten

Vögel sind sehr willkommene Gäste im winterlichen Garten und bereiten viel Freude, beobachten wir sie durchs Fenster. Allerdings wollen sie durch ein möglichst großes Nahrungsangebot angelockt werden, während der Garten ihnen gleichzeitig Schutz und Versteckmöglichkeiten offerieren soll – ganz besonders, wenn dort Katzen herumstreichen.

Bäume und Sträucher sollten den Vögeln daher in ausreichendem Maße eine Vielzahl von Lebensräumen wie Nistplätze, Gesangsreviere und vor Raubtieren geschützte Bereiche sowie Futter bieten. Berücksichtigen wir bei der Planung auch solche Überlegungen, leistet ein Garten einen kleinen, aber durchaus nicht zu unterschätzenden Beitrag zum Artenschutz und zur ökologischen Vielfalt – vor allem in Hinblick auf die Landwirtschaft und ihre Tendenz zur Monokultur im Ackerbau. Ebenso wichtig ist es, Insekten und deren Larven als potenzielle Vogelnahrung in den Garten zu locken. Diese wiederum benötigen nektarreiche Pflanzen wie Wasserdost *Eupatorium*, Fetthenne *Sedum* und Sommerflieder *Buddleja*.

Fruchtgehölze sind wertvoll für den Garten. Dennoch müssen Sie sich an den Gedanken gewöhnen, einen Teil der Ernte den Vögeln zu überlassen. Wenn Sie die Früchte der Stechpalme für die Weihnachtsdekoration benötigen, dann ist es ratsam, einige Zweige zu ernten und sie an einem kühlen Platz aufzubewahren, bevor die Vögel beginnen, die Äste abzuernten. Gehölze wie die Mehlbeere *Sorbus* und Felsenbirne *Amelanchier* liefern im Herbst eine große Menge attraktiver Früchte, und im Frühjahr locken Blütenknospen und das frische Laub Blattläuse und andere Insekten an, die wiederum als Nahrungsquelle für nistende Vögel dienen. Geißblatt *Lonicera*, Kletterrosen und andere blühende Kletterpflanzen sind ebenfalls beliebte Nahrungsspender. Samenliebhaber unter den Vögeln sind glücklich über Stauden und Kräuter, die im Winter stehen gelassen werden. Die steifen, quirlständigen Samenköpfe des Klebrigen Brandkrauts *Phlomis russeliana* ♀ bieten nicht nur dem Wintergärtner ein interessantes Bild, sondern sind gleichzeitig eine gute Futterquelle für Vögel. Zahlreiche Gräser produzieren reichlich Samen, und kleine Vögel erweisen sich als Meister im Auffinden des ultimativen Leckerbissens am schwankenden Halm.

Es ist häufig überraschend, wie viele Vögel in einem Garten, und dort vor allem in laubabwerfenden Sträuchern nisten, wobei wir die Nester meist erst dann entdecken, wenn die Blätter abgefallen sind. Nadelbäume und immergrüne Gehölze sind als Unterstand und Sichtschutz ebenso unentbehrlich. Efeu ist für viele Vögel ein Paradies. Er dient nicht nur als probates Versteck und guter Nistplatz, sondern mit seinen reichlich vorhandenen schwarzen Beeren an den älteren Pflanzen auch als willkommener Nahrungslieferant.

Vogelfutter, Nüsse und Fettknödel locken noch mehr Vögel an, und es gibt darüber hinaus ein breites Angebot an Futterhäuschen. Haben Sie sich einmal zur Fütterung entschlossen, dann sollten Sie diese auch regelmäßig durchführen, da sich die Vögel schnell darauf einstellen und sich auf diese Nahrungsquelle verlassen. Vögel schätzen ebenso eine Versorgung mit Wasser, welches zu Trink- und Badezwecken eisfrei gehalten werden sollte.

Ein Garten mit reichlich Vogelbesatz benötigt kaum den Einsatz von Schädlingsbekämpfungsmitteln, die ohnehin nur im Notfall eingesetzt werden sollten. Kleine Vögel fressen eine erstaunliche Anzahl von Blattläusen und anderen Schädlingen, und einige Vogelarten halten sogar Schnecken in Zaum. Zusätzlich erfüllen sie mit ihrem Gesang und Gezwitscher den Garten und bereichern die Winterszene mit Leben und Farbe.

Pflanzen mit schönen Früchten

- Felsenbirne *Amelanchier*
- Erdbeerbaum *Arbutus*
- Hartriegel *Cornus*
- Zwerg-Mispel *Cotoneaster* (16)
- Weißdorn *Crataegus*
- Gewöhnliches Pfaffenhütchen *Euonymus europaeus*
- Efeu *Hedera*
- Stechpalme *Ilex*
- Karamell-Beere *Leycesteria formosa*
- Heckenkirsche *Lonicera*
- Mahonie *Mahonia*
- Zierapfel, Holzapfel *Malus*
- Feuerdorn *Pyracantha*
- Blutrote Rose *Rosa moyesii*
- Mäusedorn *Ruscus aculeatus*
- Holunder *Sambucus*
- Skimmie *Skimmia*
- Mehlbeere *Sorbus*
- Schneebeere *Symphoricarpos*
- Heidelbeere *Vaccinium*
- Gemeiner Schneeball *Viburnum opulus*

Stauden mit Samenständen

- Schafgarbe *Achillea*
- Aster *Aster*
- Flockenblume *Centaurea*
- Montbretie *Crocosmia*
- Wilde Karde *Dipsacus fullonum*
- Purpur-Sonnenhut *Echinacea purpurea*
- Kugeldistel *Echinops ritro*
- Edeldistel *Eryngium*
- Blutweiderich *Lythrum salicaria*
- Brandkraut *Phlomis* (17)
- Pracht-Fetthenne *Sedum spectabile*
- Königskerze *Verbascum*

Samenstände

Die Samenstände vieler Stauden sind häufig sehr auffallende und charakteristische Gebilde. Zudem robust genug, um scharfe Winterwinde zu überstehen und trotzig oft für Monate auf der Pflanze zu verharren. Verzögert man das Zurückschneiden der abgestorbenen Pflanzenteile einiger Stauden, überdauert der Winterschmuck für lange Zeit. Kleinblütige Asterarten wie *Aster lateriflora* und *Aster ericoides* zum Beispiel sehen bezaubernd aus, wenn sich ein feiner Frost über die verblassenden Blütenkörbchen legt. Die fedrigen, rostroten Samenstände der Prachtspiere bieten noch im Februar einen reizvollen Anblick, und die wuchtigen, mahagonibraunen Samenstände einiger Schaublattstauden *Rodgersia* sind attraktive Blickpunkte; die Sorten des Gefiederten Schaublattes *Rodgersia pinnata* ›Buckland Beauty‹ und ›Maurice Mason‹ konservieren den schönen Farbton der Samenstände besonders lange. Die flachen Blütenstände der Fetthenne verblassen zu einem warmen Braun und bleiben noch auf den Stängeln, wenn die Blätter längst verwelkt sind (siehe Seite 32). Die stacheligen Samenstände der Verschiedenblättrigen Edeldistel *Eryngium variifolium* bilden einen reizvollen Kontrast zur grünen, weiß geäderten Winterbelaubung.

Das Klebrige Brandkraut *Phlomis russeliana* ♛ ist eine gut verwendbare Staude mit großen, herzförmigen, sich weich anfühlenden Blättern, die auch mit ziemlich trockenem Boden fertig wird und Sonne

---

16 | Zwerg-Mispel *Cotoneaster*

17 | Brandkraut *Phlomis*

18 | Gebleichte Samenstände und Staudenstängel sorgen für warme Farbtöne in Rabatten und zeigen spektakuläre Effekte bei Frostwitterung.

wie auch Halbschatten verträgt; mit der Zeit kann sie eine ausgedehnte Matte bilden. Im Sommer entwickelt sie bis zu einem Meter hohe, steife Blütenschäfte mit mehreren Etagen gelber Blütenquirle, die allmählich verblassen. Die Samenstände verfärben sich keksbraun und verbleiben auf der Pflanze. Über dem bodennah überwinternden grünen Laub sehen die trockenen Samenstände sehr attraktiv aus – ein Bild, das nur durch eine zuckergussartige Haube aus Schnee noch übertroffen werden kann (siehe Seite 40). Das Brandkraut ist so robust, dass selbst das raueste Winterwetter ihm nichts anhaben kann. Aus diesem Grund fällt auch die Entscheidung über den Zeitpunkt eines Rückschnitts schwer, denn es kann noch als Schutz- und Schmuckgerüst für Frühlingsblüher dienen, wie zum Beispiel für das Goldflattergras *Milium effusum* ›Aureum‹ ♀, sowie für das blau und weiß blühende Kaukasus-Vergissmeinnicht *Brunnera*. Ein weiteres krautiges Brandkraut *Phlomis tuberosa* ›Amazone‹ mit schmaleren Blättern und malvenfarbenen Blütenquirlen auf den höheren Schäften bildet einen schwungvollen vertikalen Akzent über einem Teppich aus bodendeckenden Pflanzen in einem trockenen, sonnigen Beetbereich. Die köpfchenartigen Samenstände werden kleiner, je höher sie sich am Schaft befinden, stechen jedoch ebenso ins Auge, wenn sie von Frost überzogen sind.

Die getrockneten Samenstände des Silberblatts *Lunaria annua* baumeln wie Mobiles aus dünnem Papier von den schlanken Stängeln und zaubern einen silbrigen Schimmer in die winterliche Szene. Die Blüten dieser Spätfrühlings- und Frühsommerblüher präsentieren sich üblicherweise in Purpur-Farbtönen; dennoch gibt es vom Silberblatt eine weiß blühende, ausgesprochen schöne Sorte, *Lunaria annua* var. *albiflora* ♀. Diese Form wirkt besonders gut an der Rückseite von Staudenrabatten unter laubabwerfenden Sträuchern, wo der weiße Blütenstand im Halbschatten seine Leuchtwirkung entfalten kann. Das Silberblatt findet sich auch im trockeneren Halbschatten noch zurecht; unerwünschte Sämlinge am falschen Platz lassen sich problemlos entfernen.

---

19 | Brandkraut *Phlomis tuberosa* ›Amazone‹
20 | Silberblatt *Lunaria annua*
21 | Diamantgras *Calamagrostis brachytricha*

Gräser und Seggen

Erst in den letzten Jahren hat man erkannt, dass sich Gräser und Seggen mit ihrer großen Bandbreite an Farben und Strukturen ganz ausgezeichnet für die Winterverwendung im Garten eignen. Inzwischen werden sie mit großem Erfolg in Gärten eingeführt. Viele Gräser verblassen im Herbst zu anmutigen Farbtönen von Karamell, Biskuit und Stroh. Einige wintergrüne Gräser dagegen sind eigentlich winterbraun, und ihre Farbe dunkelt zu einem satten Mahagonibraun nach, während die Farbtöne anderer Gräser in Blau, Grau und Olivengrün übergehen. Pflanzt man sie so, dass sie auch vom Haus aus gesehen werden können, verschaffen sich Gräser und Seggen wegen ihrer Farbe, Eleganz und Rhythmik große Aufmerksamkeit.

Viele Gräser, die im Spätsommer und Herbst ihre Blütenstände entwickeln, verblassen zu Stroh- und Kaffeebraun. Einige Reitgrasarten *Calamagrostis* widerstehen dem Winterwetter und halten sich so gut, dass es sehr schwer fällt, sie herunterzuschneiden. Ein solcher Rückschnitt ist aber notwendig, um das Wachstum im Frühjahr anzuregen.

Karl Foersters Reitgras *Calamagrostis* x *acutiflora* ›Karl Foerster‹ besitzt eine wundervolle, ausgesprochen vertikal betonte, etwa eineinhalb Meter hohe Silhouette mit kerzengeraden, leuchtend ocker gefärbten Rispen auf dünnen Halmen. Dieses Gras wahrt seine elegante Haltung auch dann noch, wenn andere Pflanzen längst am Boden liegen. Das Diamantgras *Calamagrostis brachytricha* erscheint in seinem Wuchsbild mit flaschenbürstenartigen, zunächst grünen Blütenrispen weicher, die mit einer silbrigen Malventönung reifen und sich mit dem Frost von Orange über Zimt bis Rehbraun verfärben. Das sehr ähnliche Federgras *Stipa* ist eine gute Winterpflanze. Das trifft besonders auf das kleinere Zarte Federgras *Stipa tenuissima* zu, das sich beim kleinsten Windhauch elegant bewegt. Einzelne Pflanzen sind nicht langlebig, aber sie säen sich bereitwillig aus, um die Fortsetzung ihrer Linie zu garantieren. Ein bereifter Schopf des Zarten Federgrases ist eine wahre Kostbarkeit im Winter. Das Riesen-Federgras *Stipa gigantea* ♛ ist eine majestätische, sehr ornamentale, horstbildende Staude, die bis zu zwei Meter hoch wird und einen cremegelbbraunen Halmfächer, einem transparenten Vorhang gleich, ausbildet. Leider nimmt dieses Gras bei starkem Wind gelegentlich Schaden. Das Neuseeland-

Windgras *Anemanthele lessoniana* (früher *Stipa arundinacea*) ist eine großartige Entdeckung für lichte Schattenbereiche. Es formt mit seinen schmalen, gebogenen, 60 Zentimeter langen Blättern große perückenartige Horste.

Die Drahtschmiele *Deschampsia cespitosa* ist ein anderes gut geeignetes büschelbildendes Gras von etwa 60 Zentimeter Höhe, mit schmalen, immergrünen Blättern. Es ist intensiv grün im Sommer und verblasst strohfarben im Winter. Aus diesen drahtigen Blatthorsten schieben sich Halme, die in locker-luftigen Rispen enden und deren anfänglich grüne Farbe sich bei mehreren Zuchtformen in Bronze und Gold wie bei der Sorte ›Bronzeschleier‹ (siehe Seite 170) und der kleineren ›Goldtau‹ verfärbt. Obgleich die Drahtschmiele Sonne liebt, toleriert sie auch Schatten und ist ein ausgezeichneter Partner für Christrosen *Helleborus* und Farne. Drahtschmielen können flächig unter Bäumen gepflanzt werden und lockern Placken aus robusten Stauden wie Knöterich *Persicaria* und Sonnenhut *Echinacea* mit ihrer duftigen Wuchsform auf. Ein anderes schattenverträgliches, ungefähr eineinhalb Meter hohes Solitärgras ist das Plattährengras *Chasmanthium latifolium* mit breiten, schilfartigen Blattspreiten und platten, haferähnlichen Ähren.

Das dekorative China-Schilf *Miscanthus* lässt sich sehr vielseitig verwenden. Für winterliche Gartenszenen eignet sich besonders die China-Schilf-Hybride *Miscanthus sinensis* ›Variegatus‹ ♛. Sie blüht zwar unauffällig, bildet jedoch einen schlanken, bambusähnlichen, eineinhalb Meter hohen Horst mit prägnant weiß-grün gestreiften Blättern im Sommer aus, die im Frühwinter strohfarben ausbleichen. *Miscanthus sinensis* ›Gracillimus‹ hat feineres Laub und eine hellere Erscheinung – ein reizender »Springbrunnen«, der über niedrigen Stauden gedeiht.

Die eindrucksvolle Blattornamentik des über 60 Zentimeter hohen, gut entwickelten Japanwaldgrases *Hakonechloa macra* wirkt wie ein rundlicher Wasserfall, der aus einer zentralen Quelle an seiner Spitze gespeist wird. Je nach Sorte sind die Blätter intensiv grün, grüngold oder grün-weiß gestreift. Den ganzen Winter hindurch zeigt es je nach Witterungslage ihr satt orangefarbenes bis semmelbraunes Laub (siehe Seite 139).

Viele Sorten des Blauen Pfeifengrases *Molinia caerulea* faszinieren mit ihren breit ausladenden, verschiedenfarbigen Blatthorsten, aus denen im Herbst honiggelbe, straffe Halmbüschel mit anmutig lockeren Rispen wie Zwergen-Feuerwerke aufragen. Später verblasst das Gras zu einem fahlen Lederbraun, welches trotz stürmischer Winterphasen seine attraktive Form beibehält. Die wintergrünen Neuseeland-Seggen *Carex comans* sind Ziergräser, die das ganze Jahr ein gutes Bild liefern und zur Aufwertung vergessener Gartenpartien gepflanzt werden können. Es gibt einige braune Sorten. Eine der besten Hybriden ist *Carex comans* ›Bronze‹ mit niedrigen, satt bronzefarbenen, leicht rosastichigen Polstern, deren Farbton sich im Winter noch intensiviert. Diese Segge kann zwischen einem Teppich aus wintergrüner, graugrün beblätterter Kaukasischer Gänsekresse *Arabis alpina* ssp. *caucasica* oder in die Nähe einer Grannen-Kirsche *Prunus serrula* ♛ (siehe Seite 203) mit magonibrauner Rinde gepflanzt werden. Die Fuchsrote Segge *Carex buchananii* ♛ ist ähnlich, allerdings mit schmaleren Blättern und einem ausgeprägter vertikalen Wuchs (siehe Seite 139), während das Australische Feuergrass *Uncinia rubra* einen niedrigen Horst mit steiferen Blättern bildet, die bei einigen Sorten rubinrot leuchten.

Die Segge *Carex dipsacea* bildet bis zu 45 Zentimeter hohe Polster mit Blättern in den Farbtönen Olivgrün, Lederbraun, Ocker und Karamell. Diese Nuancen machen das Feuergras zu einem exzellenten Begleiter von *Heuchera* ›Amber Waves‹, CRÈME BRÛLÉ (›Tnheu041‹) und ›Marmalade‹ (siehe Seite 83). Seggen erzeugen bei Sonnenschein einige der eindringlichsten Farbtöne. Werden diese Staudengräser mit leuchtend grünen Sträuchern wie *Hebe rakaiensis* ♛ (siehe Seite 120) kombiniert, entstehen ungewöhnlich farbige Winterszenen. Einige Seggen besitzen panaschiertes Laub, wie beispielsweise die weiß-grün gestreifte *Carex conica* ›Snowline‹ (siehe Seite 130) mit einem weißen Streifen auf grünem Grund oder *Carex oshimensis* ›Evergold‹ ♛ mit etwas breiteren, gelb-grün gestreiften Blättern. Gruppen- bis horstweise gepflanzt, wirken diese etwa 30 Zentimeter hohen Gräser in Nachbarschaft von weinrot oder cremefarben blühenden Christrosen. *Carex comans* ›Frosted Curls‹ wird ähnlich hoch mit fadendünnen, leicht gelockten Blättern in Blassgrün und Creme.

Weitere Gräser und Seggen für den Winter Gestreifter Gras-Kalmus *Acorus gramineus* ›Ogon‹ • Pfahlrohr *Arundo donax* var. *versicolor* • Weißbunte Japansegge *Carex morrowii* ›Variegata‹ • Pampasgras *Cortaderia selloana* ›Pumila‹ • Große Hainsimse *Luzula sylvatica* ›Aurea‹ • China-Schilf *Miscanthus sinensis* ›Flamingo‹

---

22 | Neuseeland-Segge *Carex comans* ›Bronze‹
23 | Neuseeland-Windgras *Anemanthele lessoniana*
24 | Blaues Pfeifengras *Molinia caerulea* ›Variegata‹
25 | Australisches Feuergras *Uncinia rubra*
26 | China-Schilf *Miscanthus sinensis* ›Variegatus‹
27 | Zartes Federgras *Stipa tenuissima*

Der Frühling naht

Es wird wärmer, die Tage werden länger, das Licht wird heller, immer häufiger erscheint frisches Grün, und die Pflanzen beginnen zu wachsen. Wenn der Winter in den Frühling übergeht, brechen die Knospen der Gehölze auf, viele Sträucher schmücken sich mit ihrer Blütenpracht, und die neuen Triebe von Stauden und Kräutern spitzen aus dem Boden.

Eines der ersten Frühlingsanzeichen ist das Aufbrechen der Knospen von Sträuchern und Bäumen. Die weichen, pelzartigen Knospen der Magnolie *Magnolia* verlocken zum Streicheln, und die silbrigen Knospen der Sal-Weide *Salix caprea* öffnen sich zu flaumigen Kätzchen. Die Blut-Johannisbeere *Ribes sanguineum* trägt rosa und rote Knospen, aus denen sich die kunstvoll plissierten, grünen Blätter entfalten. Viele kleinere Sträucher zeigen ihr erstes frisches Grün oder Limonengelb und zuweilen Orangerot auf einigen Sorten des Japanischen Spierstrauchs *Spiraea japonica*. Aus den Knospen der Kupfer-Felsenbirne *Amelanchier lamarckii* ♀ brechen kleine wildlederartige Blätter in rosastichigem Kupfer hervor, denen bereits kurz darauf Trauben sternförmiger weißer Blüten folgen.

Auch viele Stauden kündigen sich wieder an, manche mit durchaus dramatischem Auftritt in Hellgrün wie bei den Taglilien *Hemerocallis*, in Hellrot wie bei den Pfingstrosen oder in Scharlachrot wie beim ornamentalen Rhabarber *Rheum* ›Ace of Hearts‹. Im Spätwinter brechen bereits die roten Knospen der Kaukasus-Pfingstrose *Paeonia mlokosewitschii* ♀ aus der Erde hervor und wachsen zu einem spargelähnlichen, intensiv rhabarberroten Trieb heran, der einen exotischen Kontrast zu Schneeglöckchen und Christrosen erzeugt. Viele Wolfsmilchstauden erscheinen mit farbigen Trieben: Himalaja-Wolfsmilch *Euphorbia griffithii* in Orange und Schillings Wolfsmilch *Euphorbia schillingii* ♀ in Kastanienbraun mit zartgrünen Blättern und cremefarbenem Mittelnerv. Die Kissen-Primel Primula *vulgaris* ♀ blüht gelegentlich vereinzelt schon mitten im Winter, entfaltet aber erst zu Beginn des Frühjahrs in Massen ihre hellgelben, flachen Blüten umgeben von einer Rosette runzeliger Blätter. Die sich durch Selbstaussaat vermehrende Kissen-Primel wandert oft durch den Garten und verbleibt selten länger als ein paar Jahre an einem Platz. Sie samt sich bevorzugt in frischem Boden aus.

Den Übergang vom Winter zum Frühling markieren die flüchtigen Blüten der Staude Fünfblättrige Zahnwurz *Cardamine quinquefolia* mit ihren frisch grünen, palmartigen, gezähnten Blättern und einem Meer aus purpur-malvenfarbigen Blütentrauben. Die Blüten besitzen vier Kronblätter (Petalen). Die schmucken Zahnwurzblätter verbergen gnädig das absterbende Laub der Schneeglöckchen, und da die Staude schattenliebend ist, kann sie auch in der Umgebung von Funkien und Farnen gedeihen, deren Blätter gerade erst erscheinen beziehungsweise sich entrollen. Einige kleine Narzissen beginnen ebenfalls zu blühen, so *Narcissus* ›February Gold‹ ♀ und *Narcissus* ›Tête-à-tête‹ ♀ (siehe Seite 90). Aber seien Sie vorsichtig – der Winter kann zurückkehren und einige Pflanzen gerade während ihrer Hauptwachstumsphase empfindlich schädigen.

Der Gestielte Ehrenpreis *Veronica peduncularis* ›Georgia Blue‹ eignet sich hervorragend für die Übergangsphase vom Winter zum Frühling. Er bildet einen willkommenen Polsterteppich mit kleinen, farnähnlichen, im Winter bronze getönten Blättern, die sich im Frühling grün verfärben. Die intensiv blauen Blüten ziert ein niedliches weißes Auge. Sie überziehen im Frühling das Polster wie ein blaues Tuch. ›Georgia Blue‹ liebt einen sonnigen, gut drainierten Standort, und mit etwas Glück breitet er sich um blau belaubte Stauden und Halbsträucher wie Wolfsmilch *Euphorbia* und Strauchveronika *Hebe* aus.

Das Kaukasus-Vergissmeinnicht *Brunnera* blüht immer zeitiger im Jahr, mittlerweile beinahe schon im Winter, und es scheint, als stünde ihm eine große Zukunft als blühende Blattpflanze bevor. Die entzückenden Vergissmeinnichtblüten erscheinen zuerst, gefolgt von großen, herzförmigen Blättern, die bei einigen Sorten reingrün sind. Andere Formen haben Laub mit hellen metallischen Flecken oder eine Musterung in verschiedenen Grüntönungen und Creme. Neue Hybriden wie *Brunnera macrophylla* ›Jack Frost‹ und ›Looking Glass‹ zeigen beinahe rein silbrige Blätter. Sie gedeihen vorzüglich im Schatten, und ihre raue Blattoberfläche ist für Schnecken aller Art ungenießbar, wodurch das far-

bige Blattwerk in seinem ursprünglichen, schönen Zustand auch im Sommer noch erhalten bleibt.

Die Japanische Skimmie Skimmia japonica ›Rubella‹ ♥ mit ihren roten Knospentrauben öffnet jetzt die weißen, zartrosa überhauchten Blüten. Auch andere Skimmien-Sträucher fangen mittlerweile zu blühen an (siehe Seite 69).

Der hübsche und selten gepflanzte Strauch Stachyurus praecox ♥ – als Frühblühende Schweifähre bezeichnet – trägt den ganzen Winter über an steifen, kahlen Ästen mahagonifarbene Knospen, aus denen sich jetzt, Tränentropfen gleich, schlaff herabhängende Trauben mit blassgelben, glockenförmigen Blüten entwickeln. Dieser Strauch wirkt besonders gut vor einer Ziegelmauer, von der sich die Blütentrauben prägnant abheben.

1 | Stern-Magnolie *Magnolia stellata*
2 | Blut-Johannisbeere *Ribes sanguineum*
3 | Japanischer Spierstrauch *Spiraea japonica* ›Goldflame‹
4 | Sal-Weide *Salix caprea*

5 | Kaukasus-Pfingstrose *Paeonia mlokosewitschii*
6 | Fünfblättrige Zahnwurz *Cardamine quinquefolia*
7 | Kissen-Primel *Primula vulgaris*
8 | Gestielter Ehrenpreis *Veronica peduncularis* ›Georgia Blue‹
9 | Frühblühende Schweifähre *Stachyurus praecox*
10 | Schillings Wolfsmilch *Euphorbia schillingii*

Planen für die ganze Saison

Raum ist in jedem Garten kostbar, und es ist nicht besonders sinnvoll, auf zu viele Winterpflanzen zu setzen, die kaum Glanz in den Sommer hineinretten. Viel besser ist es dagegen, für die gesamte Saison zu planen. Entscheiden Sie sich für einen Mix aus kleineren Bäumen und Sträuchern – einschließlich immergrüner Gehölze in verschiedenen Farben –, begleitet von zahlreichen Stauden, Zwiebelpflanzen und Ein- und Zweijährigen. Es gibt einige Pflanzen, die das ganze Jahr über gut aussehen – aufgrund ihres attraktiven Laubes, wegen ihrer schönen Blüte und/oder Früchte. Solche Pflanzen im Garten sind kaum mit Gold aufzuwiegen.

Wintersträucher als Ganzjahreskonzept

Es gibt einige Pflanzen, die aufgrund ihrer ganzjährigen Attraktivität einen Ehrenplatz im Garten verdienen. Dazu gehört zum Beispiel der sommergrüne Hartriegel *Cornus*, einer der besten Vertreter dieser Gilde. Hervorstechendes Charakteristikum ist seine auffällig leuchtend gefärbte Rinde im Winter, die in Rot, Orange, Gelb und Dunkelpurpur erscheinen kann. Das aufbrechende Laub erstrahlt in hellem, bronze getöntem Limonengrün. Einige Sorten haben auch panaschiertes Laub, also creme oder gelb umrandete Blätter. Andere Hybriden wiederum schmücken sich mit blassgoldenem Laub. Bei den ersten Herbstfrösten verfärben sich die Blätter dann in flammendes Rot und Purpur, bevor das Laub abfällt und den Blick auf die wiederum leuchtend gefärbten Triebe freigibt. Nur wenige Pflanzen sind

---

1 | Immergrüne Gehölze, einschließlich des Kletternden Spindelstrauchs *Euonymus fortunei* ›Emerald 'n' Gold‹ und Gräsern, halten das Interesse an dieser Rabatte auch im Winter wach.

2 | Im Sommer bringen blühende Stauden und unterschiedliches Laub Farbe in die auf Seite 49 abgebildete Rabatte.

3 | Die weiße Borke der Himalaja-Birke *Betula utilis* var. *jacquemontii* ist ein auffälliger Blickpunkt.

4 | Das gold panaschierte Laub vom Kletternden Spindelstrauch *Euonymus fortunei* ›Emerald 'n' Gold‹ lässt sich gut mit gelb blühendem Fingerkraut und weißer Lichtnelke *Lychnis* kombinieren, wobei der Spindelstrauch auch im Winter für Farbe sorgt (siehe 1).

derart schillernde, geradezu bühnenreife Verwandlungskünstler. In die engste Wahl empfehlenswerter Sorten kommen *Cornus sanguinea* ›Midwinter Fire‹ (siehe Seite 209) und *Cornus alba* ›Sibirica Variegata‹ ♛ mit cremefarbenem, breitrandigem Laub, das sich im Herbst schön verfärbt. In beiden Fällen sollte alljährlich im Spätfrühling die Hälfte der Triebe tief zurückgeschnitten werden, um den Strauch zu neuem Wachstum anzuregen, was seine Attraktivität im Winter sichert. Das lockere Astwerk kommt zur Winterzeit am besten vor einem kompakten Hintergrund, zum Beispiel vor einem immergrünen Strauch, zur Geltung. Auf diese Weise erhält diese sich natürlich anbietende Komposition eine gute Struktur und das ganze Jahr über eine besondere Ausdruckskraft. Mögliche Partner sind die Kurzzunge *Brachyglottis* ›Sunshine‹ ♛, Duftblüte *Osmanthus* x *burkwoodii* ♛ und Orangenblüte *Choisya ternata* ♛ (siehe Seiten 118, 120 und 144).

Cornus mas ›Variegata‹ ♛ ist eine weniger wüchsige Sorte der Kornelkirsche, die zu einem kleineren Baum oder einem runden Strauch heranwächst, mit gelben, büscheligen Blüten, die die kahlen Äste im Spätwinter schmücken. Die elliptischen, spitz zulaufenden Blätter sind bei der panaschierten ›Variegata‹ weiß gerandet. Im Herbst reifen scharlachrote, essbare, kirschenähnliche Steinfrüchte heran. Dieser Strauch lässt sich gut mit Winterlingen *Eranthis* kombinieren, die mit ihrer Blüte das Gelb des Gehölzes in Bodennähe aufnehmen. Ihnen könnten blaue Buschwindröschen folgen, darunter besonders die zartlavendelblaue Sorte *Anemone nemorosa* ›Buckland‹, und schließlich die Funkie *Hosta* ›Hydon Sunset‹ mit goldgrün funkelnden Blättern. Das alles lässt man mit den zartwüchsigen grünen Sternen des Grannen-Labkrauts *Galium aristatum* durchwirken, das im Sommer sternförmige, duftende weiße Blüten austreibt.

Der immergrüne Schneeball *Viburnum* x *globosum* ›Jermyns Globe‹ ist ein wertvoller, das ganze Jahr hindurch interessanter Strauch. Mit der Zeit wächst er zu einem dichten, rund geformten, halbhohen Busch mit runzligem, ledrigem und dunkelgrünem Laub an rötlichen Trieben heran. Er schafft den idealen Hintergrund für die Himalaja-Birke *Betula utilis* var. *jacquemontii* ♛ (siehe Seite 205), denn das Dunkelgrün des Schneeballs intensiviert das Weiß der Birkenrinde während der gesamten Saison. Im Spätfrühling schmückt sich ›Jermyns Globe‹ mit Trugdolden aus weißen Blüten, die sich aus rosa getönten Knospen öffnen. Die kompakte, rundliche Form dieses Strauches bietet sehr gute Klettermöglichkeiten für die herbstblütige Italienische Waldrebe. Die *Clematis* ›Alba Luxurians‹ ♛ ist ebenfalls eine gute Wahl – ihre etwas grün gesprenkelten weißen Blüten heben sich gut über dem dunkelgrünen Untergrund des Schneeballs ab. Diese Waldrebe wächst sehr kräftig, dennoch ist der Schneeball vital genug, um sie zu tragen. Zum Winteranfang sollte die Waldrebe tief zurückgeschnitten werden, damit die hässlich vertrockneten Blätter den Schneeball nicht verunstalten. Winterlinge *Eranthis* ergänzen die Szene am Fuß der Birke. Wenn Sie an Sommer-

---

5 | Das dunkle Laub und die weißen Blüten des Schneeballs *Viburnum* x *globosum* ›Jermyns Globe‹ sind der ideale Hintergrund für die weiße Rinde der Himalaja-Birke.

6 | In einer Rabatte mit pastellfarbenen Stauden sorgt ein weiß oder silber panaschierter immergrüner Strauch für den Hintergrund im Sommer und für Farbe und Struktur im Winter.

blüher denken, beziehen Sie immergrüne Pflanzen als Ergänzung für die Wintermonate in die Planung ein. Gold und gelb panaschierte Sträucher ergeben eine glückliche Kombination mit gelben Blüten im Frühling und Sommer. Die populäre Kletternde Spindelstrauch-Hybride *Euonymus fortunei* ›Emerald 'n' Gold‹ ♔ (siehe Seite 136) ergibt eine gute Mischung mit dem gelb blühenden Johanniskraut *Hypericum*, dem strauchwüchsigen Fingerkraut *Potentilla fruticosa* ›Elizabeth‹ und Stauden wie der Färberkamille *Anthemis tinctoria* ›Sauce Hollandaise‹, gelben Lupinen und der hohen Sonnenblume *Helianthus* ›Lemon Queen‹ ♔. Die immergrüne Strauch-Heckenkirsche *Lonicera nitida* ›Baggesen's Gold‹ ♔ (siehe Seite 132) mit winzigem gold getöntem Laub, das bei kalter Witterung in ein helleres Grün wechselt, entpuppt sich als der Star im Winter.
Lonicera nitida ›Baggesen's Gold‹ ist eine gleichermaßen gute Beimischung für Sommerblumen und eine raffinierte Begleitung für die intensiv gelbe Englische Rose *Rosa* MOLINEUX (›Ausmol‹) ♔.

Die silber und cremeweiß panaschierten Stechpalmensorten wie *Ilex aquifolium* ›Handsworth New Silver‹ (siehe Seite 127) bilden einen wunderbaren Hintergrund für weißen Staudenphlox *Phlox paniculata*, die blaue und weiße Pfirsichblättrige Glockenblume *Campanula persicifolia*, blaugrauen Eisenhut *Aconitum* ›Stainless Steel‹ und die winterharten blauen Storchschnäbel wie *Geranium pratense* ›Mrs Kendall Clark‹ ♔ oder den zweimal blühenden Storchschnabel *Geranium pyrenaicum* ›Isparta‹. Der silber panaschierte Klebsame *Pittosporum* ›Garnettii‹ ♔ (siehe Seite 125) ist ein vorzüglicher gerüstbildender Strauch in Gesellschaft des Dauerbrenners unter den Rosen, *Rosa* ›Schneewittchen‹ (›Korbin‹), und des Schmetterlingsstrauchs *Buddleja* ›Lochinch‹ ♔ mit silbrigem Laub und blauen Blüten im Spätsommer. Im Vordergrund sorgen für Frühlingsfarben unter anderem die blauen Sorten des hübschen Hornveilchens *Lavandula* x *chaytorae* ›Sawyers‹ ♔, Tuffs aus blauer Traubenhyazinthe *Muscari* sowie die weiße Narzisse *Narcissus* ›Thalia‹.

Wo sollen Winterpflanzen gedeihen?

Wenn Sie mit dem Gedanken eines winterlichen Gartens liebäugeln, stehen eindeutige Entscheidungen an. Um ein wunschgemäßes Resultat zu erzielen, können Sie einen bestimmten Gartenbereich dafür vorsehen: Schon ein kleiner Platz würde genügen für den Duftenden Schneeball *Viburnum farreri* ♔ mit Christrosen und Schneeglöckchen im Unterstand und, des Duftes wegen, der Fleischbeere *Sarcococca* in der Nachbarschaft. Ein Nachteil dieser Ecke ist, dass für die restliche Jahreszeit kein zweiter Höhepunkt erwartet werden kann. Alternativ lassen sich sogenannte Wintercharmeure in die bereits bestehende Pflanzung im Garten einstreuen, diese müssen jedoch sorgfältig ausgesucht werden. Ist das geschehen, sorgen sie immer wieder für angenehme Überraschungen während eines winterlichen Gartenspaziergangs.

Winterpflanzen im Sommer

Ein Beet mit winterblühenden Christrosen-Hybriden *Helleborus* x *hybridus* erfreut ab Winter (A) bis zur Frühjahrsmitte. Das hübsche, winterharte Laub bleibt das ganze Jahr über interessant. Allerdings ist ein Sommer ohne Blumen und Blüten, also ohne Farbe im Garten, ein Fehler. Ein Vorschlag wäre, zwischen die Christrosen Taglilien *Hemerocallis* zu setzen: Sie beginnen im Frühsommer (B) in einer Farbpalette von Gelb, Orange, Rosa und Rubinrot zu blühen und setzen die Blühsaison über etliche Wochen hinweg fort. Ihre jungen, schwertähnlichen Blätter zeigen ein lebhaftes Limonengrün und erzeugen einen eleganten Kontrast zu den dunkelgrünen, palmartigen Blättern der Christrosen im Frühling.

Winterstaudenpflanzung im Lauf der Jahreszeiten

Christrosen *Helleborus* (siehe Seiten 97/98) eignen sich hervorragend als Hintergrundpflanzung zwischen sommergrünen Sträuchern. Dort kann der Anblick der Blüten im Winter genossen werden, während die großen, kräftiggrünen Blätter den Boden zwischen den Sträuchern überschirmen und damit das Aufkommen von Unkraut weitgehend verhindern. Sie fühlen sich in der Nachbarschaft von Deutzien *Deutzia* und Weigelien *Weigela* sehr wohl oder ergänzen Blattpflanzen wie die goldlaubige Virginia-Blasenspiere *Physocarpus opulifolius* ›Dart's Gold‹ ♛ (siehe Seite 211). Für eine Solitärstellung kommt die Vielspaltige Nieswurz *Helleborus multifidus* ssp. *hercegovinus* in Betracht mit ihrem fein gefächerten, farnähnlichen Laub; in Gesellschaft blauer und weißer Hornveilchensorten *Viola cornuta* ♛ ergibt sich ein reizvolles Sommermotiv. Stauden, die ihre Blätter im Winter behalten, blühen häufig im Frühjahr und Sommer und sorgen für einen angenehmen Laubkontrast in Sommerrabatten. Viele Bergeniensorten sind wegen ihres farbigen Winterlaubes begehrt (siehe Seiten 77/78), erfreuen uns aber auch durch bonbonrosa bis rubinrote Blüten. Während der Blütezeit erscheint das Laub in gefälligem Mittelgrün und dient wiederum als optische Grundlage für den Purpur-Sonnenhut *Echinacea purpurea* mit seinen steifen, borstig behaarten Trieben, die von Juli bis September je nach Sorte auffällige karminrot bis purpurn getönte Korbblüten hervorbringen.

Elfenblumen *Epimedium* eignen sich hervorragend für trockenen Schatten, müssen aber deshalb nicht gleich in eine kaum besuchte Ecke verbannt werden. Sie entwickeln ein graziöses, teilweise wintergrünes Laub, das bei einem Neuaustrieb kupferfarben überhaucht ist und sich später in helles Grün und im Spätherbst in Burgunderrot verfärbt (siehe Seite 78). Im Sommer passen Elfenblumen gut zu Storchschnabel-Hybriden der Oxonianum-Gruppe wie zum Beispiel *Geranium* x *oxonianum* ›Walter's Gift‹ mit blassrosa Blüten und einer auffällig weinrot markierten, grünrandigen Belaubung. Ergänzen Sie die Kombination mit der in sattem Weinrot blühenden Sterndolde *Astrantia* ›Hadspen Blood‹ und mit Hornveilchen *Viola cornuta* ♛. Königslilien *Lilium regale* ♛ in Töpfen, im Rabattenhintergrund geschickt platziert, sorgen mit ihren riesigen weißen Blütentrompeten für Eleganz und süßlich-herben, betäubenden Duft.

Einige Sorten des Purpurglöckchens *Heuchera* mit bunter Belaubung blühen ebenfalls im Sommer. Sor-

---

7 | Die bernsteingelben Blätter des Purpurglöckchens *Heuchera* ›Marmalade‹ in Gesellschaft mit Funkie *Hosta*, Kaukasus-Vergissmeinnicht *Brunnera* und Spierstrauch *Spiraea* sind Partner des purpurlaubigen Goldkolbens *Ligularia dentata* ›Britt-Marie Crawford‹. Das Purpurglöckchen sorgt zu einer Zeit, da andere Stauden verblassen, für Farbe im Winter. Christrosen und Zwiebelpflanzen können die Lücken in der Rabatte füllen.

Winterblühende Sträucher im Sommerschatten

Viele im Winter blühende Sträucher wie der Duftende Schneeball *Viburnum farreri* ♣, die im Winter blühende Duft-Heckenkirsche *Lonicera* x *purpusii* und der Wintergrüne Dahurische Rhododendron *Rhododendron dauricum* (links) sehen entzückend aus, verdienen allerdings nach dem Verblühen in der restlichen Saison kaum weitere Beachtung. Glücklicherweise gedeihen sie gut im Schatten, wo sommerblühende Sträucher kaum eine Chance haben. Vergesellschaftet man sie mit immergrünen Sträuchern mit besonders hübsch panaschiertem Laub, erweckt die Szene das Interesse des Betrachters auch außerhalb der Saison.

Purpurglöckchen *Heuchera* ›Purple Petticoats‹ ♣ passt gut zu der Storchschnabel-Hybride *Geranium* ›Mavis Simpson‹ mit ihrer den ganzen Sommer währenden sanftrosa Blütenpracht. Eine purpurlaubige *Heuchera* lässt sich auch mit der als winterhart geltenden Zwerg-Fuchsie *Fuchsia* ›Tom Thumb‹ ♣ mit verlockend fuchsienroten Blüten und tiefviolettblauen Röhren kombinieren. Ein ebenfalls empfehlenswerter Partner ist die blaublättrige Nelken-Hybride *Dianthus* ›Mrs Sinkins‹ mit weiß gefüllten, gefransten Blüten.

Die besonders wertvolle, halbwintergrüne Falsche Alraunwurzel *Tellima grandiflora* der Rubra-Gruppe mit einem Laub, das sich im Winter korallenrot verfärbt (siehe Seite 84), entwickelt entzückende Trauben aus grünlich-creme getönten Blütenglöckchen. Sie harmoniert gut mit dem silbrig gefleckten Lungenkraut *Pulmonaria* ›Mary Mottram‹ oder mit dem Heilziest *Stachys officinalis* ›Rosea Superba‹ mit seinen kompakten, intensiv pinkfarbenen Blütenkerzen.

ten mit purpurfarbenen Blättern und blassrosa Blüten oder orangefarbenen Blättern und cremeweißen Blüten verdienen einen Platz in der Sommerrabatte (siehe Seiten 82/83). *Heuchera* ›Marmalade‹ zum Beispiel ist ein aufregender Pflanzenpartner für den purpurlaubigen, orangeblütigen Japanischen Goldkolben *Ligularia dentata* ›Britt-Marie Crawford‹, und

Lückenbüßer

Viele Stauden – also ausdauernde, krautige Pflanzen – entwickeln sich aus unterirdischen Sprossteilen, gefolgt von Blütentrieben, die dann im Winter wieder absterben. Die dadurch entstehenden Lücken lassen sich mit im Winter blühenden Zwiebelpflanzen auffüllen, die im Sommer überdies den lichten Schatten der Staudenblätter sehr zu schätzen wissen.

Eine gute Kombination, die praktisch jedes Jahr blüht, ergeben Schneeglöckchen zusammen mit Vorfrühlings-Alpenveilchen *Cyclamen coum* ♣ im Umkreis der Storchschnabel-Hybride *Geranium* x *oxonianum* ›Spring Fling‹ mit attraktiven, weinrot markierten, grünrandigen Blättern im Frühling, denen kleine blassrosa Blüten im Sommer folgen (links).

Blumenbeete für das ganze Jahr

In Hausnähe

Nachfolgend ein Pflanzschema für ein durch eine hohe Mauer geschütztes Schattenbeet im Garten der Autorin. Es liegt in Hausnähe, und die wechselnde Pflanzenszene kann Monat für Monat durch das Fenster betrachtet werden. Die Bilder zeigen stets denselben Beetausschnitt, wie er im Winter (A), im zeitigen Frühjahr (B) und im Sommer (C) zu beobachten ist.

An der Mauer wachsen die Efeuaralie x *Fatshedera lizei* ♀ mit ihren auffallenden, immergrünen, glänzenden Blättern und die Fleischbeere *Sarcococca hookeriana* var. *digyna* ♀ mit ihren kleinen, troddelähnlichen hellrosa Blüten, die für unerwarteten Duft im Spätwinter sorgen. Im eigentlichen Beetbereich startet die Wintersaison mit einer Zusammenstellung sehr früh blühender Christrosen *Helleborus niger* ♀ und dunkelpurpurn blühender Christrosen-Hybriden *Helleborus* x *hybridus*, die am Fuß der Efeuaralie x *Fatshedera* zusammen mit Vorfrühlings-Alpenveilchen *Cyclamen coum* ♀ mit silber marmorierten Blättern und rosa und weißen Blüten gepflanzt wurden. Die im Spätwinter beginnende Schneeglöckchensaison enthält einige seltene Sorten wie das kleine, nur zehn Zentimeter hohe Schneeglöckchen *Galanthus nivalis* ›Tiny‹, das ebenso schön ist wie die später blühenden Ikaria-Schneeglöckchen *Galanthus ikariae* mit breiteren, hellgrünen Laubblättern und vergleichsweise großen Blüten auf kurzen Stängeln. Es folgt eine wundervolle Züchtung des Winterlings, die Sorte *Eranthis hyemalis* ›Guinea Gold‹ ♀ mit großen, leuchtend hellgelben Blüten, die sich über eine Krause aus bronzegrün getöntem Laub erhebt. Die Winterlinge schmiegen sich an das gerade erst erscheinende dunkelblutlaubige Scharbockskraut *Ranunculus ficaria* ›Brazen Hussy‹ und an die Berg-Schaftdolde *Hacquetia epipactist* ♀ mit kleinen gelben und grünen Blüten. Während die Winterpflanzen langsam verschwinden, beansprucht der Gefingerte Lerchensporn *Corydalis solida* die Aufmerksamkeit mit seinen graugrünen,

farnähnlichen Blättern und hübschen rosa Blüten in Gesellschaft mit dem Raublattgewächs *Mertensia virginica* (verwandt mit dem Lungenkraut), einer typischen Waldstaude mit leuchtend blauen, trompetenähnlichen Blütentrauben. Diese Pflanzen wiederum verschwinden im Frühsommer. *Primula* ›Guinevere‹ ♀ sorgt dann für rosa Tupfer, und die sich aufrollenden Wedel des Japanischen Frauenfarns *Athyrium niponicum* fügen der Szene Silbergrau mit einem Hauch Rot in den Blattrippen hinzu. Im Frühsommer kommt die Zeit für den aronstabähnlichen Feuerkolben *Arisaema candidissimum* mit einem erstaunlichen, maulähnlichen, zart purpurn und weiß gestreiften großen Hochblatt (Spatha). Seine in der Folge erscheinenden auffälligen Blätter erinnern in ihrer Dreiteilung an das Laub eines großen Dreiblatts *Trillium*. Diese Blätter beugen sich anmutig über eine kleine, blau belaubte Funkie *Hosta*. Im Sommer blühen das Tränende Herz *Dicentra* ›King of Hearts‹ mit baumelnden purpurroten Blütenmedaillons und filigranem, bläulichem Laub und das silbrig belaubte Lungenkraut *Pulmonaria*. Die Pflanzung ist durchwirkt mit magentafarbenem, dunkeläugigem Storchschnabel *Geranium* ›Sue Crûg‹, der sich durch Rhizome ausbreitet.

Folgt man der Pflanzung in den Herbst, blüht der Knöterich *Persicaria milletii* mit kleinen, intensiv karminroten Blüten an einer flaschenbürstenartigen Ähre zusammen mit der Prachtspiere *Astilbe simplicifolia* ›Inshriach Pink‹ mit flaumigen rosa Blütenständen und farnartigen, rötlich anlaufenden Blättern. Im Spätherbst schließlich stellt sich eine Pause ein – Gelegenheit für eine Säuberung und Mulchung mit Gartenkompost.

Der Vordergarten

Das folgende *Pflanzschema ist in einem kleinen, sonnigen Beet verwirklicht. Es befindet sich direkt vor dem Wohnzimmer, wo die Pflanzung niedrig gehalten werden muss. Die Bildfolge zeigt das Beet im Winter (A), im zeitigen Frühjahr (B) und im Frühsommer (C).*

Die Wintersaison beginnt mit Christrosen *Helleborus niger* ♀, deren herrliche weiße Blüten rosa verblassen. Ein sorgfältig kugelig getrimmter, panaschierter Buchsbaum *Buxus sempervirens* ›Argenteovariegata‹ fügt ein formales Element hinzu. Schneeglöckchen sind über das ganze Beet verstreut. Einige schieben sich unter den weinroten Blättern der Falschen Alraunwurzel *Tellima grandiflora* der Rubra-Gruppe hervor, und die rosa und weißen Blüten des Vorfrühlings-Alpenveilchens *Cyclamen coum* ♀ erscheinen in der Nachbarschaft der schwarzroten, grasartigen Blätter des Schlangenbartes *Ophiopogon planiscapus* ›Nigrescens‹ ♀. Die Bergenie *Bergenia* ›Baby Doll‹ mit den breiten Blattpaddeln ergänzt ebenso mit strukturellem Kontrast wie der kupferrosa Horst der Neuseeland-Segge *Carex comans* ›Bronze‹. Im Frühling platzen an etlichen Stellen die zartrosa überhauchten, elfenbeinfarbenen Blüten des Balkan-Windröschens *Anemone blanda* ›White Splendour‹ ♀ auf. Anschließend erscheint das zierliche Tränende Herz *Dicentra* ›Stuart Boothman‹ ♀ mit zinngrauen, farnartigen Blättern und zahlreichen medaillonähnlichen Blüten im Frühsommer. Letzteres zieht nach der Blüte völlig ein und macht damit den Platz frei für die kaum 50 Zentimeter hohe Zwerg-Fuchsie *Fuchsia* ›Tom Thumb‹ ♀ mit endlos vielen fuchsienroten Blüten. Die Moschus-Hybride *Rosa* ›Felicia‹ ♀ steht zur Hochsommerzeit im Mittelpunkt und wird im Herbst abgelöst durch die Bartblume *Caryopteris* x *clandonensis* ›Worcester Gold‹ ♀ mit tiefblauen Blüten und gold getönten Blättern an einem kompakten, langsamwüchsigen Busch. Mit dem Einsetzen der Kaltwetterperiode wechselt das wunderbare Diamantgras *Calamagrostis brachytricha* seine Farbe zu Abstufungen von Orange und Zimtbraun, und der Wind bewegt elegant die blassbraunen, lang behaarten Rispen des Zarten Federgrases *Stipa tenuissima*.

Das Beet ist von einem Lattenzaun umgeben, an dem sich die Chinesische Zierquitte *Chaenomeles speciosa* ›Moerloosei‹ ♀ mit apfelähnlichen Blüten im Frühling anlehnt. Diese wiederum ist der Wirt für eine krautige, nicht kletternde, lavendelblaue Waldrebe *Clematis* ›Arabella‹ ♀, welche die Kontinuität im Beet den Sommer hindurch fortsetzt.

Der globale Klimawandel

Es ist inzwischen wohl weitgehend unstrittig, dass sich unser Klima gegenwärtig verändert. Wir haben wärmere, feuchtere Winter- und heißere, trockenere Sommerperioden. Am beunruhigendsten ist dabei vielleicht der Umstand, dass sich das Wetter anscheinend nicht mehr zuverlässig vorhersagen lässt und in kurzer Folge von einem Extrem ins andere verfällt. Und während sich unser Klima verändert, eröffnet sich selbst für den wenig erfahrenen Gärtner eine weitaus größere Auswahl an Pflanzenarten für den Garten als jemals zuvor. Es erscheint also durchaus ratsam, sich Gedanken über die Verwendung und Pflege auch dieser möglichen Neuzugänge zu machen.

Dass unsere Winter gegenwärtig wärmer geworden sind, steht wohl außer Zweifel. Stetigen Beobachtungen zufolge erscheinen Schneeglöckchen immer früher, und für Narzissen und Winterlinge beobachten wir eine inzwischen zur Norm gewordene vorgezogene Blühsaison vor Weihnachten. Ebenso scheint sich ein früherer Austrieb des Laubes beispielsweise bei der Rosskastanie schon ab Wintermitte eingestellt zu haben. Natürlich könnten diese Veränderungen durchaus auch kurzfristiger Natur sein – einige Experten sind sogar der Ansicht, dass wir langfristig auf eine neue Eiszeit zugehen. Doch zumindest der Gärtner kann die klimabedingte Gelegenheit für sich nutzen, um eine große Anzahl von Pflanzen, die früher wegen ihrer geringen Winterhärte für die Freilandkultur kaum jemals in Betracht kamen, in seinem Garten auszuprobieren. So dürfen Dahlienknollen womöglich im Freiland im Boden verbleiben, frostempfindliche Salbeiarten im Beet überwintern und Exoten wie australische und neuseeländische Gehölze, etwa Zylinderputzer *Callistemon*, Australische Silbereiche *Grevillea* und Süd-

1 | Schneebedeckte Gartenszenen wie diese werden aufgrund des globalen Klimawandels zunehmend seltener.

2

3

seemyrte Leptospermum, mit guter Erde und an geschützten Standorten den Winter überdauern. Mildere Herbstperioden und die Neigung zu weniger kalten Nächten, die normalerweise den Laubfall auslösen, führen dazu, dass viele laubwechselnde Sträucher ihre Blätter bis in den Hochwinter hinein behalten. Rosen und die halbimmergrüne Heckenkirsche Lonicera sind gute Beispiele dafür. Das bedeutet eine Zunahme grünen Laubes im Winter-Garten, wobei allerdings der verspätete Laubfall die Sicht auf die Blüten beeinträchtigen kann. Die duftende Schneeball-Hybride Viburnum x bodnantense und die Duft-Heckenkirsche Lonicera x purpusii sind zwei typische Beispiele, bei denen schrumpeliges Laub einen Großteil der Winterblüte verbirgt. Wenn Frost die Blätter abtötet, bevor sie abgefallen sind, verbleiben sie häufig den ganzen Winter an der Pflanze. Das kann auch auf den Haselstrauch zutreffen, dessen verwelkte Blätter das winterliche Erscheinungsbild der Kätzchenblüte gründlich stören würden. Bei kleineren Straucharten könnte man sich behelfen, indem man das abgestorbene Laub von den Ästen entfernt, bevor sich die Blüten öffnen.

Dabei sollten wir keinesfalls vergessen, dass die Gefahr eines strengen Frostes auch weiterhin besteht. Eine Tatsache, die besonders dann gefährlich werden kann, wenn – ermutigt durch zu milde Herbstperioden – das Wachstum der Pflanze zu Beginn des Winters noch nicht abgeschlossen ist. Im Spätwinter wiederum führt verfrühtes Wachstum zur Schädigung der Pflanze, sobald der Frost zurückkehrt. Das hübsche Tränende Herz Dicentra spectabilis ♈ ist ein regelmäßiges Opfer dieser tückischen, wetterbedingten Umstände.

Allerdings gibt es gärtnerische Methoden, diesen Risiken vorzubeugen. Immerhin verlieren wir häufig Pflanzen – meist nicht aufgrund der strengen Witterung, sondern durch unsachgemäße Behandlung und weil wir sie unter falschen Voraussetzungen kultivieren. An ihrem natürlichen Standort überwintern alpine Pflanzen oft unter einer gefrorenen Schneedecke und werden so während ihrer Ruhephase vor Nässe geschützt. Unter den feuchteren Bedingungen des Tieflandes profitieren Alpenpflanzen in einem leicht erhöhten, mit flachen Steinen eingefassten Beet von einer sehr wirksamen Bodendrainage. Das Substrat muss grobkörnig und mit wenig organischem Material – wie zum Beispiel Laubmulch oder Gartenkompost – durchmischt sein, über das man eine Kiesschicht gibt. Viele frühblühende Zwiebel- und Knollenpflanzen benötigen in der sommerlichen Ruhephase Trockenheit, denn anderenfalls verrotten sie. Eine Lösung hierfür ist, Zwiebelpflanzen unter sommergrüne Gehölze zu setzen, wo die durstigen Wurzeln der Gehölze helfen, den Boden trocken zu halten. Nachdem das Laub abgefallen ist, stehen für eine Zwiebelpflanzenblüte Licht und Wasser in ausreichendem Maße zur Verfügung.

Glücklicherweise gibt es eine Palette hervorragen-

Bergeniensterben

Einige Pflanzen, besonders Stauden, benötigen ausgeprägte Kaltperioden, um mit dem Aufbau eines Frostschutzes beginnen zu können. Bergenienstauden *Bergenia* (A) sind erfahrungsgemäß sehr robuste Pflanzen, die auch kältesten Frostperioden trotzen. Um dafür gewappnet zu sein, benötigen sie ihren natürlichen Frostschutz, der bei Eintritt des Winters zu arbeiten beginnt. Dieses eingebaute Schutzsystem offenbart sich in der Rotverfärbung der Blätter, verursacht durch Pigmente, die sich in den Blättern entwickeln, um die normalen Lebensabläufe der Pflanze zu garantieren. In zu milden Herbstperioden fällt diese Verfärbung jedoch aus. Damit ist die Pflanze schutzlos den Frösten ausgeliefert, was dazu führt, dass die Blätter erfrieren, das Rhizom und die Wurzeln verfaulen und die Bergenie eingeht.

der Pflanzen, die mit den wechselnden klimatischen Bedingungen gut zurechtkommen. Die Christrosen etwa scheinen über die neuen Verhältnisse nicht unglücklich zu sein, denn bei milder Witterung treiben sie früher aus und blühen auch früher. Sollten sie dennoch von einer Kaltperiode oder Schnee überrascht werden, ziehen sie ihren Saft aus dem Pflanzengewebe zurück und legen sich so lange flach auf den Boden, bis der Schnee schmilzt und die Sonne wieder erscheint. Der Italienische Aronstab *Arum italicum* ssp. *italicum* ›Marmoratum‹ ♛ mit schön marmoriertem Laub besitzt dieselbe Fähigkeit. Viele frühblühende Zwiebelpflanzen haben eine Methode entwickelt, ihre Aktivität einzuschränken: Schneeglöckchen verfallen in eine Art Ruhestarre und stoppen das Wachstum während einer kurzen, strengen Kältephase. Sie setzen das Wachstum bei günstigerer Witterung ohne jeden Schaden fort und sind offenbar in der Lage, dies mehrfach zu wiederholen. Viele frühblühende Narzissen verhalten sich auf ganz ähnliche Weise.

Zeitgenössische Pflanzenjäger sind auf der Suche nach winterhärteren Formen bestimmter frostempfindlicher Pflanzenarten, die wir dann im eigenen Garten testen können. Sie bevorzugen dabei Sorten aus höheren Wuchszonen, da sich diese erfahrungsgemäß zumindest zeitweise sowohl an Kälte- als auch an Hitzeextreme besser anpassen. Eine steigende Anzahl von Eukalyptusarten *Eucalyptus* überdauert den Winter in Mitteleuropa, und einige Arten des Staudensalbeis (zum Beispiel der leuchtend enzianblaue *Salvia patens*) aus den Bergen Mexikos sind inzwischen in vielen Gärtnereien zu beziehen. Der Prozess der natürlichen Selektion ist immer noch aktiv. Das Buenos Aires-Eisenkraut *Verbena bonariensis* ♛ etwa ist gewöhnlich wenig winterhart. Einige Exemplare dieser Salbeiart jedoch sind deutlich winterhärter, die nun ihrerseits als Ausgangspflanzen genutzt werden können, um diese Eigenschaften auf ihre Sämlinge zu übertragen.

Die allgemeine Erwärmung zieht leider auch eine Verlängerung der Gartenarbeit nach sich. Beispielsweise müssen wir in Zukunft wohl unseren Rasen den ganzen Herbst über noch mähen und unsere Art, gewisse Pflanzen zu kultivieren, überdenken. Entschädigt werden wir allerdings durch eine verlängerte Blühsaison der Rosen bis in den Frühwinter hinein. Außerdem können wir jedes Jahr die Vorfrühlingszwiebelpflanzen früher begrüßen und eine immer größer werdende Palette an Sorten und Arten im Garten im Winter genießen.

---

2 | Milde Herbstperioden können Sommersträucher zu fortgesetzter Blüte animieren. Die Moschusrose *Rosa* ›Felicia‹ produziert gelegentlich Blüten bis tief in den Winter hinein.

3 | Einige sommergrüne Sträucher wie die Zaubernuss *Hamamelis* behalten manchmal das abgestorbene Laub, was den Anblick der Blütenpracht zuweilen erheblich einschränken kann.

Immergrüne Pflanzen

Winterpflanzen mit immergrüner Belaubung in verschiedenen Farben und Formen sind von grundlegender Bedeutung. Die vielen klassischen immergrünen Sträucher, inklusive der Koniferen, sind wichtig für die Gestaltung der Grundstruktur eines Gartens, seiner Rabatten und Beete.
Für die Pflanzung im Vordergrund stehen genügend Stauden mit überwinterndem Laub zur Verfügung. Einige mit grünem, andere mit blauem und grauem und viele in sanft braunem und glühend dunkelrotem Laub. Sie alle sorgen für den nötigen Hintergrund für die geliebten Winterblüher.

Winterlaub der Korsischen Nieswurz *Helleborus argutifolius* mit fein vom Frost überzogenen weißen Blatträndern

Klassische Immergrüne

Immergrüne Sträucher sind elementare Gartenkomponenten für die Gestaltung des strukturellen Hintergrunds. Sie sorgen für Substanz und Ausgewogenheit im Hinblick auf die lichtere, sommergrüne Belaubung. Immergrüne Pflanzen mit panaschiertem Laub werden zunehmend populär. Sie werden besonders gern als aufhellende Akzente für den Garten im Winter eingesetzt. Im Zuge dieser Entwicklung gibt es inzwischen Immergrüne mit creme, weiß, gelb und gold gemustertem Laub.

Die Stechpalme *Ilex* wird seit Jahrhunderten in unseren Gärten gehütet und gepflegt. Sie bringt von jeher nicht nur glänzend dunkle, mit Dornen bewehrte Blätter, sondern auch leuchtend rote, beerenartige Steinfrüchte zu einer Zeit hervor, in der man kaum noch fruchttragende Gehölze antrifft. Die Stechpalme ist zweihäusig, das heißt, ein Baum mit männlichen Blüten muss in der Nähe sein, damit das weibliche Pendant Früchte trägt – und wenn es sich irgendwie einrichten lässt, teilen Sie bitte die Früchte mit den Vögeln! Stechpalmen lassen sich als prachtvolle Bäume in Solitärstellung ziehen oder als Formgehölz trimmen. Stechpalmenhecken erzeugen sehr wirksame Grenzen, wenn auch die Schnitttätigkeit für den Gärtner zuweilen zur Tortur werden kann.

Von den vielen Arten und Sorten ist eine der besten *Ilex aquifolium* ›Bacciflava‹ mit gelben Früchten, die zuletzt von den Vögeln verzehrt werden. *Ilex aquifolium* ›Madame Briot‹ ♀ zeigt scharlachrote Früchte und spitzdornige, goldrandige Blätter. Diese beiden Sorten wachsen zu großen, kegelförmigen Sträuchern heran und erreichen langsam eine Höhe von bis zu fünf Metern bei einem Durchmesser von drei Metern. *Ilex aquifolium* ›Pyramidalis‹ ♀ mit breiten, grünen Blättern und roten Früchten hat ein ebenfalls konisches, dabei jedoch schmaleres, also eher pyramidenförmiges Wuchsbild mit einer Breite von ungefähr eineinhalb Metern. Als Selbstbefruchter benötigt diese Stechpalmen-Hybride keine männliche Nachbarschaft für die Bestäubung. Die Igel-Stechpalme *Ilex aquifolium* ›Ferox‹ ist eine der ältesten Ilexzüchtungen und beliebt wegen ihrer extrem dornigen Blätter mit spitzen Dornen nicht nur an den Rändern, sondern auch auf der Blattoberfläche. Sie ist ein kleiner, hübscher Strauch mit abschreckender Wirkung auf unerwünschte Eindringlinge (ferox bedeutet »stark bewehrt«).

> **Weitere bewährte Stechpalmensorten**
>
> Obgleich Stechpalmen anfänglich nur sehr langsam wachsen, sind sie im Garten hervorragende strukturbildende Pflanzen. Einige der besten Sorten sind:
>
> *Ilex x altaclerensis* ›Golden King‹ ♀ mit dornenlosen Blättern mit breiten goldenen Rändern und reichlich Fruchtbehang.
>
> *Ilex aquifolium* ›Argentea Marginata‹ ♀ mit grünen Trieben, breiten, dunkelgrünen Blättern mit weißen Rändern und Massen an scharlachroten Früchten (siehe Seite 128).
>
> *Ilex aquifolium* ›Handsworth New Silver‹ ♀ mit rötlich getönten Trieben, langen, grau marmorierten, dunkelgrünen, cremeweiß gerandeten Blättern und hellroten Früchten.
>
> *Ilex aquifolium* ›J. C. van Tol‹ ♀ mit üppigem, leuchtend rotem Fruchtbehang und glänzenden, meistens unbedornten Blättern (siehe Seite 39).
>
> *Ilex aquifolium* ›Myrtifolia Aurea Maculata‹ ♀ ist eine rein männliche, kompaktwüchsige Sorte und eignet sich besonders für kleinere Gärten. Sie hat dunkelgrüne Blätter mit goldenen bis hellgoldenen Spritzern und breiten Flecken.

1 | Igel-Stechpalme *Ilex aquifolium* ›Ferox‹
2 | Pyramiden-Stechpalme *Ilex aquifolium* ›Pyramidalis‹
3 | Gelbfruchtige Stechpalme *Ilex aquifolium* ›Bacciflava‹
4 | Stech-Hülse *Ilex crenata* ›Convexa‹
5 | Stechpalme *Ilex aquifolium* ›Madame Briot‹
6 | Goldene Zwerg-Stechpalme *Ilex crenata* ›Golden Gem‹

Buchstriebsterben

Das durch den Pilz *Cylindrocladium buxicola* verursachte Buchstriebsterben ist nun auch in Mitteleuropa ein zunehmendes, sehr ernstes Problem. Manchmal verwechselt mit Nährstoffmangel, macht sich diese aggressive Krankheit durch eine Braunfärbung der Blätter bemerkbar, die sich über die gesamte Pflanze ausbreitet. Die Symptome sind braune, später zusammenfließende Flecken auf den Blättern und schwärzliche Streifen an den Trieben, die schließlich zum Absterben des ganzen Triebes beziehungsweise der Pflanze führen. Die Seuche wird durch hohe Luftfeuchte und Nässe sehr begünstigt. Befallene Pflanzenteile müssen sofort entfernt und verbrannt oder mit der Müllentsorgung beseitigt werden. Ausgewogen zu düngen und zu wässern bei trockener Witterung ist ebenfalls wichtig. Die Pflanze kann sich erholen, doch eine ansehnliche Form erhält der Buchs oft erst nach Jahren wieder.

Die Japanische Stechpalme *Ilex crenata* besitzt keine Blattdornen und kann als kleiner Busch oder als niedrige Hecke getrimmt werden. *Ilex crenata* ›Convexa‹ ♛, die nur 60 Zentimeter hoch wird, hat goldgelbe, buchsähnliche Blätter.

Stechpalmen sind nicht besonders anspruchsvoll, was Bodenverhältnisse betrifft, wenngleich sie schwere, vernässte Erde nicht besonders mögen. Auch mit windexponierten, luftverschmutzten Standorten kommen sie ganz gut zurecht. Verwahrloste Pflanzen können zur Verjüngung bis auf das alte Holz zurückgeschnitten werden. Sortenzüchtungen vermehrt man durch Stecklinge aus halbreifen, einjährigen Trieben im Spätsommer. Achten Sie bei panaschierten Sorten auf rein grüne Blätter und entfernen Sie diese umgehend (siehe Seite 128).

Der Gemeine Buchsbaum *Buxus sempervirens* wird seit der römischen Antike und dem Mittelalter für Schnitthecken und als Formschnittpflanze für alle nur erdenklichen Figurenentwürfe verwendet. Er lässt sich im Sommer sehr leicht durch Stecklinge mit halb ausgereiften Triebabschnitten als einfachstes Verfahren für den Grundstock einer Heckenanlage vermehren. Es gibt viele Sorten wie zum Beispiel *Buxus sempervirens* ›Suffruticosa‹ ♛, einen

---

7 | Einfassungs-Buchsbaum *Buxus sempervirens* ›Suffruticosa‹
8 | Buchsbaum *Buxus sempervirens*
9 | Weißbunter Buchsbaum *Buxus sempervirens* ›Elegantissima‹

kaum 30 Zentimeter niedrigen Zwerg mit dichtem, kompaktem Wuchs und sattgrüner Belaubung. Buxus sempervirens ›Elegantissima‹ ♛ mit silbern panaschiertem Laub ist gut für einen rundlichen Formschnitt zu verwenden und erreicht langsam eine Höhe von etwa einem Meter.

Der Buxus microphylla ›John Baldwin‹ hat kleine, bläulichgrüne Blätter und einen aufrechteren Wuchs, der sich gut für kegel- und säulenförmige Formschnitte eignet. Buxus microphylla ›Faulkner‹ mit kleinem, smaragdgrünem Laub ist mit seinem breit ausladenden Wuchs ideal für niedrige Hecken und rundliche und breitkegelige Formschnitte.

Der Chinesische Buchsbaum Buxus sinica erweist sich als eine sehr winterharte Art und eignet sich besonders gut für raue, kalte Lagen. Der dunkelsamtgrüne Buxus sinica var. insularis ›Winter Gem‹ braucht Jahre, um ein runder Busch von einem Meter Höhe und ungefähr eineinhalb Meter Breite zu werden. Buxus sinica var. insularis ›Justin Brouwers‹ wächst noch langsamer, bis er eine beinahe perfekte Kugelform erreicht.

Der Gewöhnliche Efeu Hedera helix ist eine selbstkletternde Liane, die Bäume und Mauern als Rankhilfe benutzt. Sein Wachstum ist zweistufig. In der Jugendphase entwickelt der Efeu Kriechsprosse mit drei- bis fünffach gelappten Blättern. Nur die Kriechsprosse haben Haftwurzeln, die ihn beim Klettern wirksam unterstützen. Wenn der Efeu schließlich den Baumwipfel oder die Mauerkrone erreicht hat, bildet er keine Haftwurzeln mehr aus. Gleichzeitig nehmen die Blätter eine ungeteilte, rautenförmige Gestalt an. In dieser Phase treibt er Dolden mit reichlichen, unscheinbar grünlichen, nektarreichen Blüten aus, die zu schwarzblauen Beeren heranreifen. Halbverholzte Stecklinge können aus Trieben der erwachsenen Pflanze gewonnen werden, die sich dann freistehend als immergrüne Sträucher entwickeln. Efeu ist ausgesprochen anpassungsfähig, gedeiht in fast allen Böden und akzeptiert selbst tiefen Schatten. Er ist nicht nur eine Kletterpflanze, sondern auch ein Bodendecker.

Der Efeu bringt eine große Palette von Blattsorten in reinem Grün oder in panaschierten Mustervariationen hervor. Hedera helix ›Duckfoot‹ ♛ besitzt kleine blassgrüne Blätter in einer Form, die an Entenfüße erinnert, und lässt sich gut zu einer harmonischen etwa 30 Zentimeter hohen Kuppelform trimmen. Hedera helix ›Erecta‹ ♛ wirkt formstrenger mit steif aufragenden Trieben und pfeilförmigen, dunkelgrünen Blättern. Diese Efeusorte wächst sehr langsam und reicht kaum über 90 Zentimeter hinaus. Der Poeten-Efeu Hedera helix f. poetarum ›Poetica Arborea‹ trägt gelbliche Beeren und ist die Selektion eines alten Efeus. Er wächst sehr langsam zu einem rundlichen Busch von zwei Meter Höhe heran. Bei voller Wintersonne wechselt die Farbe des schwach gelappten Laubblattes von einem leuchtenden Grün zu einem flammenden Kupfer mit auffällig grüner Nervatur.

10 | Panaschierter Efeu ist ein wundervoller Bodendecker unter Bäumen und hellt in Verbindung mit reingrünen immergrünen Pflanzen die Szene auf.

11 | Poeten-Efeu Hedera helix f. poetarum ›Poetica Arborea‹

Stechpalme und Efeu

Als einer der ganz wenigen immergrünen Bäume, die in Mitteleuropa heimisch sind, hatte die Stechpalme lange Zeit bei Germanen und Kelten eine magische Bedeutung. Während andere Laubgehölze ihr Laub verlieren, verbleibt das der Stechpalmen dunkelgrün und glänzend zusammen mit den roten Früchten an der Pflanze – als Symbol der Unsterblichkeit, des Schutzes vor dem Bösen und der Hoffnung während der langen Wintermonate. Einen alten Stechpalmenbaum zu fällen galt schon immer als böses Omen. Trotzdem schmückten abgeschnittene Zweige Haus und Scheune – und in Großbritannien später auch Kirchen. Dort will es die Tradition heute noch, dass Zweige niemals vor dem Heiligen Abend geschnitten werden dürfen, will man keinen Streit in der Familie riskieren. Stechpalmen wurden in Hausnähe gepflanzt, um die Behausung vor Blitzeinschlag und bösen Hexen zu schützen. In Hecken blieb die Stechpalme unangetastet, da man glaubte, die ausgewachsenen Bäume würden den Ritt der Hexen über die Hecke stoppen. Frische Stechpalmenzweige wurden über den Stalleingang gehängt, um das Vieh vor bösen Geistern zu schützen. Die Früchte wurden zu einem Heilsaft gegen Husten und Erkältung verarbeitet.

Der Gemeine Efeu *Hedera helix* (links) ist ein anderes immergrünes Gewächs, das selbst in dunkelsten Winterzeiten mit seinem grünen Laub erfreut. Wie die Stechpalme diente es als Ritualpflanze in vorchristlicher Zeit, und in der Antike brachte man es mit dionysischen, bacchantischen Kulten in Verbindung. Im Mittelalter benutzte man als »Busch« bezeichnete efeuberankte Stangen als Erkennungssymbol für ein Gasthaus: je höher die Stange, desto bedeutender die Herberge und ihre Gäste. Efeugirlanden schmückten Kirchen, und es gibt bedeutende Schnitzkunstwerke mit Efeumotiven in der Westminster Abbey. In Notzeiten wurde Efeulaub im Winter an das Vieh verfüttert. In der Viehwirtschaft wurden dem Efeulaub magische Heilkräfte zugeschrieben.

Der Stachelige Mäusedorn *Ruscus aculeatus* ist ein kleiner, standorttoleranter, aber auch recht frostempfindlicher Strauch für dichten Schatten. Es heißt, dass Fleischer ihn früher als Besen benutzten, um damit den Fußboden in der Metzgerei zu fegen. Heute wird er bei Floristen häufig als Schnittgrün verwendet. Was wie ein stumpfgrünes Blatt aussieht, ist tatsächlich nur ein kleiner, abgeflachter Endtrieb mit einem nadelspitzen Dorn an der Spitze. Sie benötigen sowohl weibliche als auch männliche Individuen, damit die auffälligen, kirschrot gefärbten Beerenfrüchte ausgebildet werden – es sei denn, Sie entscheiden sich für eine der seltenen zwittrigen Formen. Die grünlich-weißen, kleinen Frühlingsblüten öffnen sich inmitten des Scheinblattes. Die darauf folgenden Früchte können sogar den nächsten Winter überdauern. Dieser Kleinstrauch toleriert selbst trockensten Schatten, ein Standort, auf dem sonst nahezu nichts anderes gedeiht. Deshalb bietet sich gerade dort für ihn ein

Andere gute Efeusorten

Nicht alle Efeusorten verbreiten sich aggressiv. Einige kompakte Formen sind langsamwüchsig und entwickeln sich zu wunderbaren Exemplaren in engen Rabatten oder Töpfen und anderen Behältern.

Hedera helix ›Pedata‹ hat dreigelappte Blätter, wobei der mittlere Lappen deutlich länger ist als die seitlichen und an einen Vogelfuß erinnert.

Hedera helix ›Green Ripple‹ (A) besitzt kleine, tief gelappte Blätter, wobei der mittlere Lappen der längste ist. Das intensiv smaragdgrüne Laub lässt sich gut mit Schneeglöckchen kombinieren.

Hedera helix ›Spetchley‹ ♀ bildet mit seinem winzigen Laub eine dichte, niedrige Matte. Eine ausgezeichnete Pflanze für Kiesuntergrund.

Gute Begleitpflanzen

Die dunkelgrünen Scheinblätter und gebogenen grünen Triebe des Alexandrinischen Lorbeers *Danae racemosa* (B) ergeben eine gute Kombination mit dem creme und grün panaschierten Laub des Immergrünen Kletter-Spindelstrauchs *Euonymus fortunei* ›Silver Queen‹ (C). Eine ideale Partnerschaft im Schatten.

Platz an. Zusätzlich kommen seine Früchte gerade da am besten zur Geltung. Der mit dem Mäusedorn nah verwandte Alexandrinische Lorbeer *Danae racemosa* mit ähnlichen Scheinblättern aus abgeflachten Endtrieben (siehe Kasten ›Gute Begleitpflanzen‹) ist ein Zwitter und produziert nach einem heißen Sommer gelegentlich rötlichorangefarbene Beeren. Die immergrüne, breitkegelige, etwa drei Meter hohe Portugiesische Lorbeer-Kirsche *Prunus lusitanica* ♀ eignet sich hervorragend als Kulissenstrauch. *Prunus lusitanica* ›Variegata‹ hat panaschierte Blätter mit zweierlei Grüntönen und cremeweißem Rand.

---

12 | Alexandrinischer Lorbeer *Danae racemosa*
13 | Mäusedorn *Ruscus aculeatus*
14 | Portugiesische Lorbeer-Kirsche *Prunus lusitanica* ›Variegata‹
15 | Portugiesische Lorbeer-Kirsche *Prunus lusitanica*

Mahonien

Die mit den Berberitzen verwandte Gattung der Mahonien wurde nach dem Gärtner Bernard M'Mahon benannt, einem Iren, der in der Zeit der großen Wirren im 18. Jahrhundert als politischer Flüchtling nach Philadelphia, USA, emigrierte. Dort gründete er eine Baumschule und begann mit dem Export von Saatgut einheimischer Pflanzen. Als einer der bekanntesten Gärtner erhielt er häufig Saatgut von Botanikern und anderen Forschern, das er kultivierte und vertrieb. Die beiden Forschungsreisenden Meriwether Lewis und William Clark unternahmen 1805 eine legendär gewordene Expedition quer durch die Vereinigten Staaten bis zur Pazifikküste. In den Schluchten des Columbia Rivers fanden sie Bestände von *Mahonia aquifolium*, die hierzulande als Gewöhnliche Mahonie bezeichnet wird, und übergaben M'Mahon eine kleine Menge ihres Saatguts. Dem berühmten Botaniker und Pflanzenjäger aus Schottland, David Douglas, fiel diese Pflanze 20 Jahre später ebenfalls auf, als er die Nordwestküste des Pazifiks erkundete.

Mahonia aquifolium besitzt immergrüne glänzend ledrige Blätter und zeigt im Frühjahr dichte, gelbe, endständige Blütenrispen, die zu wächsern bereiften, dunkelblauen, berberitzensauren Beeren heranreifen. Diese Mahonie ist ein Ausläufer treibender kleiner Strauch, der praktisch überall gedeiht und gelegentlich auswildert. Die beste Sorte ist *Mahonia aquifolium* ›Apollo‹ (A) ♛. Sie erscheint kompakter als der Elternteil mit ausgeprägt stachelzähniger, dunkelgrüner Belaubung, rötlichen Trieben und üppigen hellgelben Blütenrispen. Im Winter bekommt das Laub einen zart mahagonibraunen bis rötlichen Farbton. Eine weitere dekorative Sorte für den Winter ist *Mahonia aquifolium* ›Atropurpurea‹ (B). Die grünen Laubblätter erhalten im Winter einen rötlichpurpurfarbenen Stich und mit sinkendem Sonnenstand einen politurartigen Glanz. Diese beiden Varietäten werden selten höher und breiter als einen Meter, wenngleich sie recht amorphe Wuchsformen ausbilden können. Sie ergeben eine reizvolle Kombination mit Gold-Efeu *Hedera helix* ›Amberwaves‹ und horstbildenden Stauden wie dem Braunen Storchschnabel *Geranium phaeum*.

Die attraktive Hybride *Mahonia* x *wagneri* ›Moseri‹, etwa 60 Zentimeter hoch, hat keine sehr auffälligen Blüten, doch das Laub erhält im Frühjahr einen rötlich bronzefarbenen, später blassgrünen, im Herbst korallen- bis dunkelroten Teint, der den ganzen Winter hindurch zu sehen ist. Diese Sorte stellt keine besonderen Standortansprüche, bevorzugt aber für eine besonders wirkungsvolle Erscheinung einen sonnigen Platz. *Mahonia* x *wagneri* ›Pinnacle‹ ♛ (C) wird zuweilen als die seltene Fiederblättrige Mahonie *Mahonia pinnata* angeboten. Die hellgrünen Blätter sind im jungen Zustand bronzefarben getönt. Im zeitigen Frühjahr erscheinen dekorative gelbe Blütenrispen. Weitere Mahonien und speziell duftende Mahonien auf Seite 200.

Der Davids Schneeball *Viburnum davidii* ❦ ist ein immergrüner bis eineinhalb Meter hoher Strauch mit breit ausladender Wuchsform. Im späten Frühjahr erscheinen die bescheidenen Blütenstände (Trugdolden), die allerdings auf den weiblichen Exemplaren mit blauen Beeren entschädigen. In erster Linie wird er wegen seines glänzend dunkelgrünen Laubes kultiviert. Die spitz zulaufenden, rot gestielten Blätter sind rinnenartig längs gerippt. Gründe genug, ihn für eine Solitärstellung vorzusehen. Ein Überwurf aus dem gelb blühenden kletternden Winter-Jasmin *Jasminum nudiflorum* ❦ schmückt das dunkle Laub dieser Schneeballart sehr vorteilhaft.

Die immergrünen Skimmien *Skimmia* eignen sich vorzüglich als Strukturbildner für den winterlichen Garten und bieten sich gleichzeitig wegen ihrer farbigen Blütenknospenstände, duftenden Blüten und Beeren an – vorausgesetzt man pflanzt beide Geschlechter zusammen. Skimmien bevorzugen Schatten und kommen mit den meisten Böden zurecht. Allerdings erhält das Laub einen kränklich aussehenden, fahlen Gelbschimmer, setzt man diese Gehölze zu sehr der Sonne aus und pflanzt sie in basische Böden. Sie können im Frühling nach der Blüte leicht zurückgeschnitten werden, um sie in die gewünschte Form zu bringen und die Blüte für das nächste Jahr anzuregen. Die Blütenknospen erscheinen im Winter und verharren sehr lange in diesem Zustand, bis die duftenden, kegelförmigen Blütenrispen im Frühjahr erscheinen. Die weiblichen Klone entwickeln zuerst grüne, später zunehmend rot anlaufende, mit einer Wachsschicht überzogene Beerenfrüchte, die den ganzen Winter hindurch an der Pflanze verbleiben. Die Vögel greifen anscheinend auf diese Nahrungsquelle erst zurück, wenn die letzte Stechpalmenfrucht abgeerntet ist. Die männlichen Skimmien sind vitaler, kraftvoller und mit den stattlichsten, cremeweißen Blütenrispen ausgestattet.

Die rund ums Jahr perfekte Sorte *Skimmia japonica* ›Rubella‹ ❦ ist kaum zu übertreffen, obwohl sie fast schon zu häufig als Topfpflanze verwendet wird. *Skimmia japonica* ›Nymans‹ ❦ ist ein weiblicher Klon mit großen roten Beerenrispen, *Skimmia japonica* ›Kew White‹ besitzt weiße Beeren, und *Skimmia japonica* ›Fragrans‹ ❦ ist eine Sorte, die gern wegen ihres Duftes gepflanzt wird. *Skimmia* x *confusa* ›Kew Green‹ ❦ ist vielleicht die beste Gartensorte. Sie hat hellgrünes Laub und große Rispen mit cremeweißen, duftenden Blüten. Diese Hybride verträgt auch mehr Sonne als die anderen Skimmien. Alle diese

---

16 | Davids Schneeball *Viburnum davidii*
17 | Skimmie *Skimmia japonica* ›Rubella‹

Sorten wachsen zu rundlichen, kaum einen Meter hohen Büschen heran.

Die Stachelblättrige Duftblüte Osmanthus heterophyllus ist ein attraktiver immergrüner Strauch und wegen ihrer stacheligen, ledrigen Blätter leicht mit der Stechpalme Ilex zu verwechseln. Sie hat jedoch im Gegensatz zum wechselständigen Laub der Ilex gegenständig angeordnete Blätter. Die meisten Duftblüten sind kleine Bäume oder große Sträucher. Die panaschierten Formen allerdings zeigen sich stets weniger wüchsig. Im Herbst verbreiten die unauffälligen, cremeweißen Blüten einen intensiven Duft. Osmanthus heterophyllus ›Gulftide‹ ist ein kleiner, dicht belaubter Strauch mit auffällig grob gezähnten Blättern. Osmanthus heterophyllus ›Goshiki‹ hat helllimonengrüne bis mittelgrün marmorierte Blätter, während die jungen Triebe samt Laub bronzerötlich getönt sind (siehe Seite 130). Die manchmal gezähnten, gelegentlich auch ganzrandigen Blätter von Osmanthus heterophyllus ›Variegatus‹ sind cremeweiß eingefasst. Sie wächst zu einem lockeren Strauch heran.

Das teppichbildende Kleine Immergrün Vinca minor erfährt zuweilen in milden Winterzeiten einen zweiten Wachstumsschub und sorgt so für frisches Grün – entweder einfarbig oder cremeweiß-grün panaschiert. Seine zumeist blauen Blüten erscheinen sporadisch im Winter. Die Blütenhauptsaison ist allerdings Ende Winter bis Anfang Frühling. Vinca minor ›Atropurpurea‹ hat weinrote Blüten, und Vinca minor ›Azurea Flore Pleno‹ zeigt gefüllte, intensiv purpurn gefärbte Blüten. Vinca minor ›Illumination‹ ist eine neue Züchtung mit sattgelb panaschiertem, grün gerändertem Laub. Hüten Sie sich vor der Vitalität des Großblättrigen Immergrüns Vinca major, das beinahe alles überwächst, was in seiner Reichweite ist (einmal ausgebreitet, ist es tatsächlich sehr schwierig, diese Art wieder unter Kontrolle zu bringen). Eine exklusivere Sorte ist das Mittlere Immergrün Vinca difformis mit einem niedrigen, strauchartigen Wuchs und sehr blassen eisblauen Blüten.

18 | Skimmie Skimmia japonica ›Nymans‹
19 | Stachelblättrige Duftblüte Osmanthus heterophyllus ›Variegatus‹
20 | Skimmie Skimmia x confusa ›Kew Green‹
21 | Kleines Immergrün Vinca minor ›Illumination‹

Andere klassische Immergrüne Goldorange Aucuba japonica • Ölweide Elaeagnus x ebbingei • Breitblatt Griselinia littoralis • Glänzender Liguster Ligustrum lucidum • Schmalblättrige Steinlinde Phillyrea angustifolia • Glanzmispel Photinia x fraseri ›Red Robin‹ • Kohuhu Pittosporum tenuifolium • Fleischbeere Sarcococca confusa • Lorbeer-Schneeball Viburnum tinus

Nadelgehölze

Nadelgehölze oder Koniferen sollten im winterlichen Garten behutsam eingesetzt werden. Obwohl sie das ganze Jahr über ihr grünes Kleid zeigen, können sie bei massenhaftem Einsatz schnell einen deprimierenden Eindruck erwecken. Fügen Sie nur einige Nadelgehölze für die Struktur in Ihrem Garten hinzu. Und wenn Sie buntlaubige Sorten oder Formen verwenden, deren Laub sich bei kalter Witterung schön verfärbt, dann tun Sie sich damit nur einen Gefallen. Gegenwärtig hat sich das Angebot an Zuchtformen mit blauem, goldenem, cremefarbenem oder panaschiertem Laub enorm vergrößert. Noch eindrucksvoller jedoch sind Sorten, die bei den ersten Frösten einen rötlichen Bronzeton annehmen.

Die Eiben *Taxus* bieten eine der schönsten Silhouetten im winterlichen Garten. Ganz besonders sind hier die schmalkronigen Säulen-Eiben zu nennen, die allesamt von zwei Exemplaren abstammen, die man 1708 im Moor von County Fermanagh in Irland entdeckt hatte. Die Säulen-Eibe *Taxus baccata* ›Fastigiata‹ ♕ ist unverzichtbar, benötigen Sie eine dunkelgrüne Säule in Ihrem Gartenkonzept. Sie wird allerdings im zunehmenden Alter breiter (bis nahezu drei Meter) und erreicht eine Höhe von fünf Metern. Eine noch bessere Wahl kann *Taxus baccata* ›Fastigiata Robusta‹ sein. Sie besitzt eine straffere Säulenform, ist außerordentlich langsam im Wuchs und erreicht damit kaum zwei Meter in zehn Jahren. Ähnlich langsamwüchsig ist *Taxus baccata* ›Standishii‹ ♕, die schönste gelb benadelte Säuleneibe. *Taxus baccata* ›Ivory Tower‹ bildet nach dem Frost goldene Nadeln mit weißen Punkten aus.

Die Sicheltannen *Cryptomeria* haben spiralig angeordnete, pfriemliche Nadeln, die sich bei kalter Witterung häufig bronze und purpurn verfärben. *Cryptomeria japonica* der Elegans-Gruppe sind hohe Sträucher oder kleine Bäume mit zierlicher, farnartiger Jungbelaubung, die sich im ersten Winter bronze verfärben und diesen Farbton dann zeitlebens beibehalten. *Cryptomeria japonica* ›Elegans Compacta‹ ♕ ist kleiner und eignet sich ideal für den Durchschnittsgarten. *Cryptomeria japonica* ›Elegans Nana‹ besitzt einen weicheren, lockereren Wuchs mit purpurfarbenem Winterlaub. Die zwergwüchsige Sicheltanne *Cryptomeria japonica* ›Pygmaea‹ ist ein kompakter Busch mit hängenden Zweigen. Diese Koniferen bevorzugen frischen Boden und meiden zugige Standorte.

Die Hybriden der Steineibe *Podocarpus* erfreuen

1 | Die Säulen-Eibe *Taxus baccata* ›Fastigiata‹ ist eine wundervolle dunkelgrüne Konifere und eignet sich gut als strukturelles Gartenelement.

Die mystische Eibe

Als eine der wenigen immergrünen Pflanzen in England ist die Eibe untrennbar mit Kirch- und Friedhöfen verbunden, wo sie früher oft Jahrhunderte überdauerte. Noch heute existieren in der Grafschaft Sussex solche Eibenveteranen, deren Alter man auf etwa 500 Jahre schätzt (in Balderschwang im Allgäu steht eine angeblich 2000-jährige Eibe). Einige behaupten, Eiben hätten als Schutzbäume gegen böse Geister gegolten. Nach anderen Überlieferungen wiederum wurde diesen Koniferen die etwas unheimliche Fähigkeit zugeschrieben, die angeblich giftigen Dämpfe zu absorbieren, die von den Toten ausgehen.

sich in winterlichen Gärten zunehmender Beliebtheit. Die Schnee-Steineibe *Podocarpus nivalis* ist eine winterharte Art aus Neuseeland mit niedrigem, breitbuschigem Wuchs und dichter olivgrüner Beastung. *Podocarpus nivalis* ›Bronze‹ hat, wie der Name schon vermuten lässt, bronze getöntes Laub, *Podocarpus* ›Young Rusty‹ ist am attraktivsten, sobald sich das Laub rötlich bronze verfärbt; diese Sorte ist ein weiblicher Klon, an dem rote beerenartige Früchte heranreifen können, vorausgesetzt es befindet sich eine männliche Steineibe in der Nähe. *Podocarpus* ›Chocolate Box‹ ist ebenfalls eine rein weibliche Klonsorte mit dunkelschokoladenbraunem Laub nach den ersten Frösten.

Es gibt eine große Anzahl ansehnlicher Kiefernarten und -sorten, doch die meisten sind zu mächtig für den kleinen Durchschnittsgarten. Dagegen ist die mit zahlreichen Sorten vertretene Berg-Kiefer weit besser an die Proportionen des Gartens angepasst. Das Laub einiger Hybriden verfärbt sich goldgelb bei frostiger Witterung, so zum Beispiel bei *Pinus mugo* ›Ophir‹, die kaum einen halben Meter Höhe erreicht, während *Pinus mugo* ›Winter Gold‹ eine breitere Wuchsform ausbildet. Intensiv dunkelgrün fällt das dichte Laub der Japanischen Rotkiefer-Hybride *Pinus densiflora* ›Alice Verkade‹ aus. Sie erreicht eine Höhe von etwa einem bis anderthalb Metern und einen rundlich-buschigen Wuchs.

Einige grünlaubige Lebensbäume *Thuja* erhalten im Winter einen goldenen Teint, so zum Beispiel *Thuja occidentalis* ›Rheingold‹ ♛ die zweifellos bekannteste Sorte. Im Winter bekommt das Laub eine altgoldene Farbtönung mit orangefarbenen Punkten, die im Sommer in ein frischeres Gelbgrün übergeht. Der hohe Strauch bildet eine konisch aufgebaute, lockere Wuchsform, lässt sich allerdings durch entsprechenden Schnitt sehr leicht in die gewünschte Form bringen. Der Zwerg unter den Riesenlebensbäumen, *Thuja plicata* ›Rogersii‹, hat eine Kegelgestalt und bronze getönte Winterbelaubung, während die kegelwüchsige *Thuja plicata* ›Stoneham Gold‹ ♛ eine intensivere Kupferfärbung aufweist. Die Zwergform des Morgenländischen Lebensbaumes *Platycladus orientalis* ›Aurea Nana‹ ♛ ist nahe

Koniferen als Bodendecker

Niedrigwüchsige, breit ausfächernde Koniferen tragen zur Farb- und Texturgestaltung bodennaher Gartenbereiche bei. Die Wacholder *Juniperus horizontalis* ›Wiltonii‹ ♛ und *Juniperus horizontalis* ›Bar Harbor‹ bilden dichte Matten aus kriechenden Zweigen und stahlblauer bis grüner Belaubung. Einige dieser Koniferen wechseln ihre Laubfarbe im Winter: zum Beispiel wechselt die sanftgrüne Nadeltönung des Sibirischen Zwerglebensbaumes *Microbiota decussata* ♛ im Winter in ein Bronzerot bis -gold (siehe Seite 140). Die Wacholder-Hybride *Juniperus x pfitzeriana* ›Old Gold‹ ♛ (unten) hat einen kompakteren Wuchs und breitet sich etwa einen Meter über dem Boden aus. Die bronzegoldene Farbe der Belaubung verändert sich das ganze Jahr über selbst bei Frost nicht. Bodendeckende Koniferen ergeben eine schöne Kulisse für frühblühende Zwiebelpflanzen und lassen sich sehr gut mit großblättrigem Efeu kombinieren, speziell an steilen Böschungen.

mit der *Thuja* verwandt und ein kleiner, etwa eineinhalb Meter hoher Busch. Ihr Erscheinungsbild erinnert mit den senkrecht ausgerichteten Zweigen an eine Kerzenflamme. Der lebhaft gelbgrüne Laubfarbton wird auch im Winter beibehalten (siehe Seite 132).

Die Arizona-Zypresse *Cupressus arizonica* var. *glabra* ›Blue Ice‹ ❀ ist ein beeindruckender Nadelbaum mit auffallend blaugrauem Laub, der eine rundlich-konische Wuchsform im Freistand ausbildet. Er wächst zu einem Gehölz von mittleren Ausmaßen heran und zeigt das hellste Laub im Winter, vor allem wenn es von der Sonne beleuchtet wird. Weitere Koniferen mit buntem Laub sind auf den Seiten 132, 140 und 149 beschrieben.

---

2 | Japanische Sicheltanne *Cryptomeria japonica* der Elegans-Gruppe
3 | Säulen-Eibe *Taxus baccata* ›Standishii‹
4 | Schnee-Steineibe *Podocarpus nivalis* ›Bronze‹
5 | Berg-Kiefer *Pinus mugo* ›Winter Gold‹
6 | Arizona-Zypresse *Cupressus arizonica* var. *glabra* ›Blue Ice‹
7 | Abendländischer Lebensbaum *Thuja occidentalis* ›Rheingold‹

Weitere gute Sorten Korea-Tanne *Abies koreana* ›Silberlocke‹ • Nordmanns Tanne *Abies nordmanniana* ›Golden Spreader‹ • Erbsenfrüchtige Scheinzypresse *Chamaecyparis pisifera* ›Boulevard‹ • Weißzeder *Chamaecyparis thyoides* ›Ericoides‹ • Kaukasus-Fichte *Picea orientalis* ›Aurea‹ • Berg-Kiefer *Pinus mugo* ›Mops‹

Gerüstbildende Pflanzen

Viele Pflanzen aus dieser Gruppe werden gern von Gartendesignern und -gestaltern verwendet. Vor allem Pflanzen, die vertikale Akzente setzen, erfreuen sich bei der modernen Gartengestaltung immer größerer Beliebtheit und sind sicherlich ein wichtiger Kontrapunkt zu flächiger, die Horizontale betonender, niedriger und bodendeckender Bepflanzung. Im Winter wird der Kontrast noch deutlicher. Daher empfiehlt es sich, sie wohlüberlegt zu platzieren. Pflanzen wie die Keulenlilie *Cordyline*, der Neuseeländer Flachs *Phormium*, die Astelie *Astelia* und die Palmlilie *Yucca* litten früher unter unserem kälteren Klima. Die heute weitaus milderen Bedingungen scheinen ihnen besser zu behagen – vor allem, wenn man sie in eine geschützte Rabatte setzt. Überdies sind sie hervorragend geeignet für die Topfbepflanzung.

Der horstbildende Neuseeländer Flachs *Phormium* erscheint in vielen Farbvarianten mit steif aufrechten bis überhängenden, schwertgleichen und glänzenden Blättern. In milden Zonen und gut geschützt kann er auch im Freiland überwintern. Richtig arrangiert sind diese Pflanzen sehr dekorativ und heben sich deutlich von niedrigwüchsiger Nachbarschaft oder einem Kiesbett ab. Neuseeländer Flachs eignet sich auch für Innenhöfe, benötigt dort aber einen sonnigen Platz. Seine Verwendung in gemischten Rabatten oder zwischen Sträuchern gestaltet sich dagegen etwas schwieriger, da das Laub im Winter besonders an zugigen Standorten beschädigt beziehungsweise zerschlissen werden kann. *Phormium* ›Yellow Wave‹ ♛ ist die winterhärteste Sorte unter den gelbgrün panaschierten Formen mit weichen, gebogenen Blättern. Diese Sorte erreicht eine Höhe von 80 Zentimetern (siehe Seite 209). *Phormium tenax* ›Variegatum‹ ♛ ist eine größere, etwa einen Meter hohe Hybride mit straff aufrechtem und elegant gebogenem Laub. Die Blätter sind cremeweiß und grün gestreift. Unter den purpur- und rotlaubigen Formen sind die größeren Sorten in einem reinen Purpur auch die relativ winterhärtesten. *Phormium tenax* der Purpureum-Gruppe ♛ ist eine stattliche, zirka eineinhalb Meter hohe oder höhere Pflanze mit aufregend bronzepurpurn getöntem Laub, das sich im Winter in ein angenehmes rosa überhauchtes Purpur wandelt. Der Neuseeländer Flachs *Phormium* ›Bronze Baby‹ ist eine Pflanze für kleinere Gärten. Der kompakte Horst aus breiten, bronzepurpurn getönten, an den Enden herabhängenden Blättern erreicht eine Höhe von einem Meter. *Phormium* ›Platt's Black‹ ist eine langsamwüchsige, etwa 60 Zentimeter hohe Hybri-

1 | Das drachenbaumähnliche, spitze Laub der Keulenlilie *Cordyline australis* wirkt im Topf als exotischer Blickpunkt im Winter.
2 | Neuseeländer Flachs *Phormium tenax* ›Variegatum‹
3 | Zwerg-Palme *Chamaerops humilis* var. *argentea*
4 | Keulenlilie *Cordyline australis* ›Torbay Dazzler‹
5 | Neuseeländer Flachs *Phormium* ›Bronze Baby‹
6 | Keulenlilie *Cordyline australis* ›Torbay Red‹
7 | Astelie *Astelia chathamica*

> **Spitzblättrige Pflanzen im Garten**
>
> Pflanzen mit schwertähnlichen Blättern und schopfartigem Wuchs sind sehr auffällige Gebilde und können als Blickpunkte im Garten arrangiert werden. Mit ihrer spitzblättrigen Gestalt ergeben sie einen sehr auffälligen Kontrast zu den weichen, fließenden Konturen von Stauden wie Purpurglöckchen *Heuchera*, und die vertikale Orientierung dieser Pflanzengruppe kann zur Akzentuierung von Flächen mit Bodendeckern wie Efeu und Kriechendem Wacholder verwendet werden. Die exotische Ausstrahlung von Schopfpflanzen vermag durchaus auch Winterszenen, zum Beispiel mit buntrindigem Hartriegel, zu beleben.
>
> **Winterschutz für Keulenlilien**
>
> Nässe, die sich in der Pflanze sammelt, kann Keulenlilien im Winter erfrieren lassen oder zumindest ihre oberirdischen Bereiche abtöten. Bei Frostgefahr schützen Sie die Pflanze, indem Sie das Blattwerk bündeln und vorsichtig mit grobem Sackzeug oder Gartenvlies umhüllen. Sie können allerdings ebenso gut einen Vliessack – sehr behutsam – darüberstülpen.

de mit extravagantem, schwarzpurpurfarbenem Laub – eine Färbung, die sich im Laufe der Saison noch intensiviert und im Winter durch eine rötliche Nuance aufgehellt wird. *Phormium cookianum* ›Flamingo‹ präsentiert sich in Regenbogenfarben: Rosa, Korallenrot, Apricot und Grün. Diese Sorte besitzt breite Laubblätter, die 75 Zentimeter lang werden. Sie ist eine sehr attraktive Topfpflanze.

Die Palmlilie *Yucca* ist ebenfalls eine interessante Vertreterin gerüstbildender Pflanzen mit schmucken Blütenrispen im Sommer und überraschend winterhart. Liebhaber dieser Pflanzen mit schwertartigen Blättern verwenden sie gern, um vertikale Akzente zu setzen, vergessen aber häufig, dass diese recht groß werden können. *Yucca flaccida* ›Golden Sword‹ ♛ hat saftiggrünes Laub mit breitem, goldgelbem Mittelstreifen, und *Yucca filamentosa* ›Variegata‹ ♛ ist elfenbeinweiß gerandet. *Yucca gloriosa* ♛ besitzt steiferes, abwärts geneigtes Laub, das in spitzen Blattdornen endet und prächtige Rispen mit cremeweißen Blütenglocken entfaltet, die sich weit über dem Laub befinden. *Yucca gloriosa* ›Variegata‹ ♛ hat Blätter mit blassgelben Streifen, die sich im Winter gelbbraun verfärben.

Winterharte Palmen werden zunehmend populärer, vor allem im Topf. Die winterhärteste und pflegeleichteste aus dieser Gruppe ist die Zwerg-Palme *Chamaerops humilis* ♛ aus dem Mittelmeergebiet. *Chamaerops humilis* var. *argentea* stammt aus dem Atlasgebirge und besitzt schöne silbrigblaue Blätter (siehe Seite 185).

Keulenlilien *Cordyline* gedeihen besonders gut in milden Regionen (Rhein, Bodensee etc.) und gut geschützten Gärten. Vor allem im Topf eignen sie sich hervorragend als Akzentpflanzen. *Cordyline australis* ›Red Sensation‹ hat dunkelweinrote, schwertartige und ledrige Blätter, die spiralig vom Stamm ausgehen. Diese Sorte erreicht eine Höhe von etwa zwei Metern und hält sich jahrelang in demselben großen Topf.

Cordyline australis ›Torbay Red‹ ♛ ist der zuvor beschriebenen Sorte ähnlich mit tiefweinrotem Laub. *Cordyline australis* ›Torbay Dazzler‹ ♛ mit creme getönten Blatträndern hat eine schlankere Wuchsform als die meisten Keulenlilien und eignet sich gut für die Topfpflanzung.

Obgleich nicht ganz winterhart, sind die aus Neuseeland stammenden Astelien mit ihrem dekorativen, silbrig getönten Laub einen Versuch durchaus wert, da man manchen Sorten mehr Frost zumuten kann, als gemeinhin angenommen. Angesichts der sonst an Sonne und kärgeren Boden angepassten silberlaubigen Pflanzen ist es etwas überraschend, dass diese Astelien lichten Schatten bevorzugen und dankbar auf reichen Boden reagieren.

Widerstehen Sie der Versuchung, die Keulenlilie an einen heißen, trockenen Standort zu pflanzen, den normalerweise die meisten silberlaubigen Pflanzen bevorzugen. In einem schattigen Beet sind sie ein reizvoller Kontrast zu dem langen, silbrigen Laub des Lungenkrautes *Pulmonaria* ›Diana Clare‹, oder umgeben Sie sie mit Schneeglöckchen und weißen Frühlingsblühern wie *Anemone nemorosa* ›Vestal‹ ♛, einer halbgefüllten Sorte des Buschwindröschens. Die Astelie *Astelia chathamica* ♛ hat elegant gebogenes Laub, das aus einem schattigen Fleck an einem trüben Wintertag förmlich herausleuchtet; *Astelia nervosa* zeigt schmaleres Laub mit weicher, silbriger Haut. Eine jährlich aufgebrachte Schicht aus Laubmulch bietet etwas Schutz und hält die Feuchtigkeit zurück. Achten Sie jedoch darauf, dass das Astelienlaub nicht von Mulch überdeckt wird. Alternativ fühlen sich Astelien besonders in großen Töpfen wohl, wo das schimmernde Silber ihrer schwertähnlichen Blätter noch besser zur Geltung kommt. Wenn sie aus ihren Töpfen herauswachsen, können sie im Frühjahr geteilt und in größere Töpfe mit reich gedüngtem Kompost umgesetzt werden.

Andere Strukturpflanzen Amerikanische Agave *Agave americana* • Astelie *Astelia nervosa* ›Westland‹ • Waldagave *Beschorneria yuccoides* • Gelee-Palme *Butia capitata* • Bromelie *Fascicularia bicolor* • Kanaren-Dattelpalme *Phoenix canariensis* • Binsenlilie *Sisyrinchium striatum* • Chinesische Hanfpalme *Trachycarpus fortunei*

Wintergrüne Stauden

Krautige (nicht verholzende) mehrjährige Pflanzen verlieren ihre Blätter am Ende der Vegetationszeit. Die gesamte Pflanze stirbt über dem Boden ab, um im Frühjahr wieder zu erscheinen. Einige jedoch behalten ihre Blätter den ganzen Winter hindurch. Eine attraktive Eigenschaft mancher Stauden ist, dass sich ihr Laub nach den ersten Frösten in tiefroten, purpurroten, korallenroten und rosaroten Farbtönungen zeigt. Damit eröffnet sich dem Gartenfreund eine traumhafte Palette an gestalterischen Möglichkeiten im winterlichen Garten, kann er doch nach Herzenslust mit belebenden, kontrastreichen und harmonierenden Farben zwischen der immergrünen Pflanzenkulisse spielen.

Bergenien *Bergenia*, auch Riesensteinbrech genannt, bilden große, fleischige, ledrige sowie rundlich-spatelförmige Laubblätter aus, die sich im Winter in der Regel mahagoni- und burgunderrot verfärben, wobei sich die Blattrückseite in hellerem, leuchtendem Weinrot zeigt. Diese derben Rhizomstauden bilden lockere, bis 30 Zentimeter hohe Horste aus, und im Frühjahr erscheinen je nach Sorte weiße, rosafarbene oder rote Blütenbüschel unter oder unmittelbar über dem Laub. *Bergenia* x *schmidtii* ♛ begründete den vormals ziemlich schlechten Ruf dieser Gattung mit ihren struppig ungeordneten, braunfleckigen Laubblättern und stumpfrosafarbenen Blütenständen, die periodisch im Spätwinter erscheinen. In den letzten Jahren sind neuere Kulturvarietäten gezüchtet worden. Sie zeigen lebhaftere Blütenfarben und besser proportioniertes, attraktiveres Laub, das sich im Winter weinrot verfärbt.

Damit sich das Laub der Bergenien im Winter wirkungsvoll einfärbt, ist es am besten, sie der vollen Sonne auszusetzen. Darüber hinaus benötigen sie einen gut drainierten Boden. Eine zu reiche Nährstoffversorgung kann die Blätter schon bei den ersten Frösten dazu veranlassen, zu einem faulenden feuchten Haufen zusammenzufallen.

Bergenia ›Bressingham Ruby‹ ist eine ausgezeichnete Hybride mit einfach gestaltetem Blatt und gekremptem Rand, deren Laubfarbe im Winter all-

---

1 | Die großen Laubblätter vieler Bergenien erhalten bei kalter Winterwitterung eine schöne burgunder- bis mahagonirote Farbtönung.

mählich in ein dunkles Mahagonibraun umschlägt. Die Rückseite ist leuchtend burgunderrot. Bergenia ›Eric Smith‹ ist mit gänzlich glänzend burgunderrotem Laub eine der besten Wintersorten. Die kleinere Bergenia ›Wintermärchen‹ hat schmalere, spitzer zulaufende, rötlich purpurn gefärbte Blätter, die sich häufig verdrehen, um die leuchtend scharlachrote Rückseite zu präsentieren. Bergenia stracheyi ist ebenfalls vergleichsweise kleinwüchsig, mit offener, aufwärtszeigender Blattstellung, grünem Laub und kleinen rosafarbenen Blüten im Frühjahr. Sie wirkt besonders in einer Kombination mit dem im zeitigen Frühjahr blühenden Balkan-Windröschen Anemone blanda ›White Splendour‹ und dem Knöterich Persicaria microcephala ›Red Dragon‹, einer bodendeckenden Staude mit dunkelrotem Schaft und hübsch zonierten Blättern, die sich im Sommer unterschiedlich weinrot einfärben.

Die zuvor genannten Bergenien sind für die Verwendung im Garten von großem Wert, da sie im Frühling unaufhörlich weiße, kirschrote, zartrosa und pinkfarbene Blüten austreiben und mit ihrem glänzend grünen Laub im Sommer eine schöne Folie für andere Sommerblüher bilden.

Nach ein paar Jahren allerdings geraten diese Stauden etwas aus der Form, bekommen zu lange Schäfte, gekoppelt mit einem Rückgang des Laubaustriebs. In dieser Phase ist es das Vorteilhafteste, die Pflanze auszugraben, die Rhizome zu teilen und die kräftigsten Exemplare zurückzupflanzen.

Elfenblumen Epimedium mit überwinterndem Laub sind eine gute Wahl für schattige Verhältnisse, etwa in Waldlandgärten. Das Laub vieler Sorten erhält schon im Herbst eine kastanien- und mahagonibraune bis kupferrote Farbtönung und zaubert, treten sie flächendeckend auf, damit überraschende Farbeffekte auf den Boden. Die meisten Elfenblumen sind langsamwüchsige Stauden mit ledrigen, herzförmigen Blättern an drahtigen Stängeln. Im Frühling öffnen sich bezaubernd gefärbte, spinnenartige bis sternchenförmige Blütenglöckchen an zierlichen Rispen. Die Farbpalette ist dank zahlreicher Züchtungen überraschend groß und reicht in diversen Nuancen und Kombinationen von Weiß,

Gelb, Purpur und Rot bis zu Braun und Blau. Elfenblumen eignen sich ausgezeichnet dazu, schattige Zwischenräume auszufüllen. Mit Stinkender Nieswurz *Helleborus foetidus* ♛ und Schneeglöckchen kann die Elfenblume gut vergesellschaftet werden. Sie passt ebenfalls zu Stauden wie dem Felsen-Storchschnabel *Geranium macrorrhizum*, dem Knotigen Storchschnabel *Geranium nodosum* und dem elegant geschwungenen, hohen Salomonssiegel *Polygonatum* und lässt sich in offenerem Gelände, in einer Rabatte, zusammen mit Sommerstauden kultivieren.

Epimedium x *rubrum* ♛ stammt aus einer frühen belgischen Züchtung von 1854 (aus *Epimedium alpinum* und *Epimedium grandiflorum* ♛). Im Herbst verfärben sich die absterbenden Blätter intensiv rötlich braun und behalten diesen schönen Farbton den ganzen Winter über. Schon aus diesem Grund ist der richtige Zeitpunkt für einen Rückschnitt eine recht knifflige Angelegenheit, denn einerseits möchte man natürlich die hübschen, akeleiähnlichen Blüten nicht verpassen, die sich sonst unter dem Laub verstecken, andererseits riskiert man beim Schnitt, die im Wachstum befindlichen Blütenstände zusammen mit dem abgestorbenen Laub abzutrennen.

2 | Bergenie *Bergenia* ›Eric Smith‹
3 | Bergenie *Bergenia* ›Bressingham Ruby‹
4 | Eine winterliche Halbschattenszene: Das Laub der Elfenblume *Epimedium* x *versicolor* ›Neosulphureum‹ verfärbt sich zu einem breiten Spektrum an burgunderroten Farbtönen, die in einem wunderbaren Kontrast zu den limonengrünen Blüten der Korsischen Nieswurz *Helleborus argutifolius* stehen.
5 | Elfenblume *Epimedium* x *rubrum*
6 | Haselwurz *Asarum europaeum*
7 | Schneeglöckchen und Alpenveilchen spähen durch das purpurschwarze, grasartig schmale Laubwerk des Schlangenbartes *Ophiopogon planiscapus* ›Nigrescens‹.
8 | Das grasartig schlanke, blaugrüne Nelkenlaub ist mit gelb blühenden Winterlingen *Eranthis* garniert.

Die jungen Blätter sind frischgrün mit bronze getönten Blatträndern und sorgen für dekorative Laubstrukturen im Sommer. Das Einjährige Silberblatt *Lunaria annua* ist ein guter Begleiter und seine kreisrunden silbrigen Schötchen ein belebender Kontrast zum mahagonifarben getönten Epimediumlaub. Die Elfenblumen-Hybride *Epimedium* x *perralchicum* ♛ besitzt kriechende Wurzelausläufer und eignet sich hervorragend als Bodendecker im trockeneren Schatten, wo sonst kaum etwas anderes gedeiht. Sie besitzt glänzende immergrüne Blätter und dottergelbe Blüten. Die Hybride *Epimedium* x *perralchicum* ›Wisley‹ hat größere Blüten und breitere Blätter. *Epimedium* x *versicolor* ›Neosulphureum‹ (siehe Seite 79) zeigt schönes kupferrotes Junglaub, das sich im Winter weinrot und purpurn verfärbt und im Frühling hellprimelgelbe Blüten hervorbringt. *Epimedium* x *versicolor* ›Sulphureum‹ ♛ mit sattgelber Blüte behält ihr dunkelgrünes Laub auch im Winter und breitet sich sehr energisch aus – daher ist in den meisten Fällen ›Neosulphureum‹ die bessere Wahl.

Die wintergrüne Gewöhnliche Haselwurz *Asarum europaeum* ist ein nützlicher Bodendecker für den tiefen Schatten, mit glänzend flaschengrünen, nierenförmigen Blättern und blassgrüner Äderung. Die Staude, die bis Südskandinavien verbreitet ist, kann sich auch unter rauen Bedingungen behaupten. Die nur zehn Zentimeter hohe Pflanze verbreitet sich über kriechende Ausläufer und kann mit ihrem Laub dichte Teppiche über dem Grund bilden. Diese Haselwurz steht im hübschen Kontrast zu dem kleinblättrigen, ausdauernden Steinbrech, wie zum Beispiel Schatten-Steinbrech *Saxifraga umbrosa*, und kleinen Farnen.

Einige Stauden erscheinen in unterschiedlichen Farbtönen: Nelkenlaub sorgt im Winter für einen stahlblauen Fleck, während die schwarzpurpurfarbenen Blätter des grasähnlichen Schlangenbartes *Ophiopogon planiscapus* ›Nigrescens‹ ♛ eine wundervolle Kulisse für Schneeglöckchen und leuchtend pink gefärbte Alpenveilchen bilden.

Viele Wolfsmilchstauden zeigen ein attraktiv gefärbtes Winterlaub in Graublau, Dunkelpurpur oder Grün. Es gibt auch cremeweiß und grün panaschierte Sorten. Zwei aus dem Mittelmeerraum stammende Palisaden-Wolfsmilchformen, *Euphorbia characias* und *Euphorbia characias* ssp. *wulfenii* ♛, haben pudergraue, quirlständige Blätter. Diese mehrjährigen Pflanzen wachsen zu einem etwa einen bis eineinhalb Meter hohen Halbstrauch heran (siehe Seite 148). Im Winter sind die jüngsten Blätter rötlich getönt, und der Schaft verfärbt sich kastanienbraun. Die Blütenstängel wachsen auch noch im Winter je nach Witterung periodisch und beugen sich elegant wie ein Schwanenhals. Sie heben ihren Kopf erst, wenn sich zum Schluss die eindrucksvollen Blüten öffnen. Die Stängel sind zweijährig. Die schöne Form dieser Wolfsmilch kann erhalten werden, indem man die verwelkten Blütenstängel im Sommer über dem Boden abtrennt und damit Raum für nachwachsende Triebe im Winter schafft.

Diese stattlichen Wolfsmilchgewächse eignen sich hervorragend für Solitärstellungen inmitten von niedrigem Bewuchs. Der Gestielte Ehrenpreis *Veronica peduncularis* ›Georgia Blue‹ mit purpurn getöntem Laub etwa könnte einen leuchtend blauen Blütenteppich (siehe Seite 48) unter der besonders schönen, gelb blühenden *Euphorbia characias* ssp. *wulfenii* ›Lambrook Gold‹♛ weben.

Es gibt andere kleinere Euphorbien mit meerblauen Blättern. Die Graue oder Walzen-Wolfsmilch *Euphorbia myrsinites* ♛ beispielsweise mit ovalem, spiralig angeordnetem Laub liegt wie ein Schlauch auf dem Grund auf. *Euphorbia* ›Blue Haze‹ wird bis zu 60 Zentimeter hoch. Kontrastfarben entstehen bei der Palisaden-Wolfsmilch *Euphorbia characias* SILVER SWAN (›Wilcott‹) mit ihren salbeigrünen Blättern und einem schmalen, elfenbeinfarben getönten Blattsaum. Die Mandelblättrige Wolfsmilch *Euphorbia amygdaloides* ›Purpurea‹ präsentiert graugrünes Laub. Im Frühjahr hat das neu austreibende Laub einen purpurfarbenen Stich und dunkelrote Triebe. *Euphorbia* BLACKBIRD (›Nothowlee‹) ist eine kompakte, rundliche Pflanze mit weinroter Belaubung, die bei voller Sonneneinstrahlung kräftig nachdunkelt (siehe Seite 182).

Die Wolfsmilch *Euphorbia* x *martini* ♛ ist eine Naturhybride zwischen *Euphorbia characias* und *Euphorbia amygdaloides* und wächst zu einem dekorativ geformten kleinen Busch mit olivgrünem, zart purpurn überhauchtem Laub heran.

(Fortsetzung auf Seite 85)

> **Die Wolfsmilch als Giftpflanze**
>
> Der weiße, milchige Saft der Wolfsmilch ist stark hautreizend und giftig. Daher wird bei der Handhabung dieser Pflanzengattung dringend empfohlen, Handschuhe zu tragen und sich nicht die Augen zu reiben.

---

9 | Wolfsmilch-Hybride *Euphorbia* x *martini*
10 | Palisaden-Wolfsmilch *Euphorbia characias*
11 | Palisaden-Wolfsmilch-Hybride *Euphorbia characias* SILVER SWAN (›Wilcott‹)
12 | Mandelblättrige Wolfsmilch *Euphorbia amygdaloides* ›Purpurea‹
13 | Graue Wolfsmilch *Euphorbia myrsinites*

A

Purpurglöckchen *Heuchera*

Purpurglöckchen *Heuchera* sowie *Heucherella* (eine Kreuzung aus Purpurglöckchen *Heuchera* und Schaumblüte *Tiarella*) und Falsche Alraunwurzel *Tellima* (siehe Seite 84) erfreuen sich in letzter Zeit zunehmender Beliebtheit und bereiten den Funkien in Sachen Schönheit zunehmend Konkurrenz. In der Vergangenheit verwendete man sie überwiegend wegen ihrer hübschen, purpurfarbenen Blütenstände. Daher auch ihr volkstümlicher Name: Purpurglöckchen. Gegenwärtig werden sie ebenso häufig aufgrund ihres attraktiv gefärbten Laubes gepflanzt, das sie den ganzen Winter über tragen.

Die Gattung *Heuchera* gehört zur Familie der Steinbrechgewächse *Saxifragaceae*. Die Purpurglöckchen stammen alle aus Nordamerika und sind mit etwa 55 Arten in dieser Region vertreten, blieben bei uns jedoch lange weitgehend unbekannt. Erst in den letzten 20 Jahren, nachdem Züchter sich an die Hybridisierung von Arten heranwagten und nun eine große Sortenpalette mit unterschiedlichen Blattfarben und -formen anbieten können, haben diese Pflanzen zunehmend Eingang in unsere Gärten gefunden. Mittlerweile erfreut sich das Purpurglöckchen bei uns großer Beliebtheit.

Der Durchbruch kam in den 1980er-Jahren, als die auffällig purpurlaubige Varietät *Heuchera micrantha* var. *diversifolia* in einer Saatgutauswahl aus den USA im Botanischen Garten in Kew landete. Hier wurde eine Selektion im Queen's Palace Garden kultiviert und ›Palace Purple‹ getauft. Diese Hybride war der Vorläufer einer Flut von dunkellaubigen Sorten. Renommierte Züchter aus den USA bereicherten das *Heuchera*-Sortiment weiter mit purpurn, schokoladenfarben, braun, bronze, rot, und grau getönten Blättern. Häufig zeigt das Laub eine farblich abgesetzte Nervatur sowie silbrige Spritzer, und seine Ränder sind gekräuselt, gewellt oder umgekrempt. Neuere Züchtungen präsentieren sich mit loh-, orange- und karamellfarbenem Laub, und mittlerweile befindet sich auch eine Sorte mit lindgrünen Blättern im Handel.

Nicht alle neuen *Heuchera*-Sorten konnten auf ihre Langlebigkeit getestet werden, aber einige Züchtungen sind derart reizvoll, dass sie auch ohne diese Gewissheit zumindest versuchsweise einen Platz im Garten verdienen. Obwohl die Blätter der *Heuchera* regelmäßig überwintern, um im Frühjahr schließlich durch das Laub nachwachsender Triebe abgelöst zu werden, geben einige Sorten in dieser Phase ein ausgesprochen schäbiges Bild ab und können daher nicht als Winterlaubpflanzen empfohlen werden. *Heuchera* ›Palace Purple‹ fällt in diese Kategorie. Allerdings haben einige der kräftigeren Hybriden die Eigenschaften ihrer wintertoleranten Eltern geerbt. Sie sind von unschätzbarem Wert für Winterrabatten, nicht nur ihres Laubes wegen, sondern auch aufgrund ihrer Robustheit und Toleranz gegenüber kaltem Wetter – wenngleich hartnäckiger, kalter Wind das Laub durchaus schädigen kann.

Bei zunehmender Kälte tritt die silbrige Nervatur der purpurlaubigen Sorten ebenso hervor wie die weinrote Äderung bei einigen grün- und silberlaubigen Pflanzen. Eine sehr empfehlenswerte Sorte ist *Heuchera* ›Stormy Seas‹ (B) mit purpurn und grau getönten Blättern und silbriger Nervatur, der auch stürmisches Wetter kaum etwas anhaben kann. *Heuchera* ›Beauty Colour‹ (C) ist ein vergleichbarer Schatz, dessen Laub sich bei kalter Witterung dunkel mit silbriger Marmorierung verfärbt und der am besten mit der blaulaubigen Nelke *Dianthus* oder den kupferlaubigen Seggen *Carex* kombiniert wird, möchte man einen hübschen Kontrast erzielen. *Heuchera* ›Chocolate Ruffles‹ besitzt charakteristische, stark eingeschnittene und ge-

---

A | Das winterharte Laub rotblättriger *Heuchera*-Sorten wirkt mit einem zarten Frostrand besonders apart.

D E F

rüschte, bräunlich purpurn gefärbte Blätter mit kastanienroter Unterseite. Die etwas ältere Sorte ›Plum Pudding‹ (D) in einer Mixtur aus Purpur, Scharlachrot und Silbergrau eignet sich ebenso perfekt für Winterrabatten wie die silbrig und grün marmorierte Heuchera ›Venus‹, während Heuchera americana ›Ring of Fire‹ bei den ersten Frösten eine korallenrote Blattkontur erhält. Grünlaubige Sorten wie Heuchera ›Green Spice‹ (E) erstaunen mit wohlgeformten, minzegrünen Blättern, deren Äderung sich im Winter weinrot verfärbt. Die neuere Sorte Heuchera ›Marmalade‹ hat hübsch gerüschte Blätter in einem Farbmix aus Oliv, Gelbbraun und Orange und mit einem rhabarberroten Blattrücken – ein ausgesprochener Blickfang an grauen Wintertagen. Heuchera CRÈME BRÛLÉ (›Tnheu041‹) (F) fügt eine bernsteingelbe und rotgelbe Note hinzu. Heuchera KEY LIME PIE (›Tnheu042‹) (G) und ›Lime Rickey‹ sind »der letzte Schrei« in der Heuchera-Szene mit Laubblättern in hellem Limonengrün. Allerdings werden diese Sorten gegenwärtig erst auf ihre Wintertauglichkeit getestet (einige Anbieter stufen CRÈME BRÛLÉ bereits als sehr winterhart ein). Die Wuchsform variiert bei Heuchera-Stauden in einem gewissen Rahmen, doch die meisten Sorten bilden eine kuppelartig rundliche Laubkrone von etwa 30 Zentimeter Höhe aus. Die grazilen Blütenstände mit kleinen Blütenglöckchen entfalten sich deutlich über dem Laub in einer Höhe von 60 Zentimetern und mehr. Die Sorten mit bernsteingelben und limonengrünen Blättern sind gewöhnlich kleinere und kompaktere Pflanzen.

Es gibt eine in England gezüchtete Heuchera-Sorte, der man eine weitere Verbreitung wünscht: Heuchera ›David‹ (H) ist eine exzellente Winterlaubpflanze mit bronze, rot und purpurfarbenen Blättern und lange blühenden zartrosa Glöckchen. Sie entwickelt eine kräftige, rundliche Form, mag intensive Sonneneinstrahlung und kann aufgrund ihrer Bedürfnislosigkeit jahrelang sich selbst überlassen bleiben. Die Gärtnerin Mary Ramsdale hat sie 1994 gezüchtet, als sie die National Heuchera Collection leitete.

Die Verwendung von Heuchera

Die Heuchera gibt sich mit vielen Plätzen im Garten zufrieden: Sie toleriert volle Sonne und sogar trockenen Schatten; nasse, schwere Lehmböden hingegen scheinen diesen Stauden weniger zu bekommen. Auch reagieren sie empfindlich auf Winternässe. Die rotblättrigen Sorten gedeihen am besten an sonnigen Standorten, denn im Schatten bleicht das Laub aus. In ihrer nordamerikanischen Heimat sind viele Arten dieser Gattung Waldpflanzen und bilden in manchen Gebieten die dominante Bodenvegetation unter hohen Bäumen. Sie eignen sich hervorragend als Topfpflanzen, wo sie als schöne Folie für eine Vielzahl anderer Topfpflanzen dienen können.

Die Pflege von Heuchera

Diese robusten Stauden müssen im zeitigen Frühjahr gesäubert werden. Schneiden Sie beschädigte Pflanzenteile zurück, entfernen Sie altes Laub und Stängel. Auf diese Weise wird sich die Pflanze von selbst regenerieren.

Die Heuchera wird gerne von einem Rüsselkäfer, dem Gefurchten Dickmaulrüssler Otiorhynchus sulcatus, heimgesucht. Die madenähnliche, weiße Larve vernichtet durch Wurzelfraß ganze Bestände. Bevor man zu Insektiziden greift, sollten die Pflanzen auf Befallsanzeichen untersucht werden (kleiner, düsterer Käfer mit rüsselartig verlängertem, breiten Maul, Fraßschäden an der Wurzel, Pflanzen welken auch bei guter Wasser- und Nährstoffversorgung).

A B C

Schaumblüte, *Heucherella* und Falsche Alraunwurzel

Zwei Arten der in Nordamerika heimischen Schaumblüte *Tiarella* sind vergleichsweise häufig in Gärten anzutreffen. Aus der Einkreuzung beider Arten sind einige gute Sorten hervorgegangen. Sie wachsen zu kleinen, kompakten, rundlichen Stauden mit überwinterndem Laub heran. Die grüne Blattfarbe mancher Sorten wechselt im Winter in ein rot geädertes Bronze oder Braun. *Tiarella cordifolia* ›Glossy‹ besitzt große, leuchtend grüne Blätter, während *Tiarella wherryi* ›Bronze Beauty‹ rot gebeizte grüne Blätter hat, die im Winter rostfarben abdunkeln. *Tiarella* ›Skid's Variegated‹ hingegen verblüfft mit apfelgrünem, creme geflecktem Laub, das sich im Winter korallenrot und rosa verfärbt (A). Sie ist darüber hinaus kräftiger als die anderen panaschierten Sorten. Die Blütenstände der *Tiarella* mit zart geformten weißen oder rosa Sternchen sind manchmal kerzenartig, gelegentlich auch büschelartig deutlich über dem grundständigen Laub angeordnet. Sie öffnen sich nacheinander vom späten Winter an bis in den frühen Sommer hinein. Die Schaumblüte fühlt sich als geborene Waldpflanze besonders im lichten Schatten wohl, obwohl sie durchaus auch auf sonnigen Plätzen gedeiht.

Heucherella ist eine Hybride zwischen *Heuchera* und *Tiarella* (siehe Seiten 82/83). Ihre Blüten sind jedoch steril und samen sich daher nicht aus. Dafür revanchieren sich diese Hybriden mit einer lang anhaltenden Blühsaison und üppigen weißen, rosa und roten Blütenkerzen, die gut 30 Zentimeter hoch werden. Sie sind an schattige Waldlandbedingungen besser angepasst als an Standorte in der Vollsonne. Die meisten von ihnen kann man nicht uneingeschränkt als Winterlaubpflanzen empfehlen. *Heucherella* ›Quicksilver‹ (B) allerdings bildet in dieser Hinsicht eine Ausnahme. Sie verträgt Trockenheit, ist schnellwüchsig und bringt silbriges, auf der Blattrückseite purpurfarbenes Laub hervor. Im Winter verfärbt sich das Laub mahagonirot mit grauer Marmorierung. Rosa Knospen öffnen sich im Frühsommer zu weißen Blüten an zierlichem Stängel.

Eine Hybridengruppe der Falschen Alraunwurzel *Tellima grandiflora* der Rubra-Gruppe ist hervorragend für den winterlichen Garten geeignet. Sie bildet dichte, bodendeckende Bestände mit hübsch geformten, grob gezähnten, rundlichen Blättern, deren frischgrüne Färbung bei den ersten Frösten in ein leuchtendes Korallenrot übergeht. Im Schatten verfärben sich die Blätter kastanienrot. Kleine, grünlich weiße Glöckchen baumeln im Frühsommer vom etwa 60 Zentimeter hohen Schaft. Die verblühten Teile sollten entfernt werden, damit der Eindruck des attraktiven Winterlaubes nicht gestört wird. Die Horste sind nicht zu wüchsig, sodass eine Kombination mit Schneeglöckchen und dem Italienischen Aronstab *Arum italicum* ssp. *italicum* ›Marmoratum‹ ♀ mit seinen marmorierten Laubblättern möglich ist, denn dadurch entsteht eine bezaubernde Winterszene. Eine neuere Selektion, *Tellima grandiflora* ›Forest Frost‹ (C), hat grün-purpursilber panaschiertes Laub, das sich im Winter in ein düsteres Purpur mit silbrigen Spritzern verfärbt. Die Falsche Alraunwurzel gedeiht am besten im Schatten, harrt aber auch in der Sonne aus.

Begleitpflanzen

Die Schnee-Heide *Erica carnea* ›Myretoun Ruby‹ ♀ erzeugt mit ihren intensiv purpurroten Blütenständen einen wundervollen Kontrast zu den frostig weißen Blüten und den breiten cremeweiß und grün panaschierten Laubblättern der Schaum-Gänsekresse *Arabis procurrens* ›Variegata‹ ♀ (unten).

(Fortsetzung von Seite 81)
Diese Wolfsmilch ist im Winter sehr dekorativ und gedeiht auch im Schatten, obwohl sie ebenso auf sonnigen Standorten wächst.

Die Schaum-Gänsekresse *Arabis procurrens* ›Variegata‹ ❦ webt mit ihren glänzenden, ovalen, ganzrandigen Laubblättern, die einen cremeweißen Rand und einen minzegrünen Mittelfleck besitzen, ein zierliches Kissen im randnahen Frontbereich einer Rabatte. Dieses Kissen erhält einen rosafarbenen Stich während des Winters. Zum Winterende erscheinen Spritzer kleiner weißer Blütenstände auf rötlichen Stängeln über dem Laub. Das wintergrüne Kissen aus Gänsekresse entwickelt sich erst im Laufe der Zeit, durch das Zwiebelpflanzen, wie etwa kleine Zwiebeliris, hindurchstoßen können. Wie viele der panaschierten Pflanzen tendiert auch diese Sorte dazu, zwischen den panaschierten auch einfarbig grüne Blätter zu produzieren. Entfernen sie die rein grünen Blätter, anderenfalls setzen sie sich allmählich durch.

Majoran ist eine sehr hübsche wintergrüne Kräuterpflanze, und die panaschierte Sorte *Origanum vulgare* ›Polyphant‹ wächst zu einem schönen cremeweißen und grünen Polster heran. Die Stinkende Schwertlilie *Iris foetidissima* ❦ hat immergrüne, schwertähnliche, dunkelgrüne Blätter, während ihre hybride Form *Iris foetidissima* ›Variegata‹ ❦ cremeweiß-grün gestreifte Blätter präsentiert und somit für einen starken Blattkontrast im schattigen Gartenbereich sorgt.

Silberlaubige Sorten der Gefleckten Taubnessel *Lamium maculatum* bringen ihr Laub gewöhnlich durch den Winter. Werden diese Stauden im Frühherbst stark zurückgeschnitten, regenerieren sie sich zu ansehnlichen, kompakten Pflanzen, die sich im Frühjahr weiter ausbreiten und blühen. *Lamium maculatum* ›White Nancy‹ ❦ ist eine hübsche Erscheinung aus silbrigem Laub und weißen Blüten (siehe auch Seite 129). Werden alle diese wintergrünen Stauden mit Sträuchern, Bäumen und frühblühenden Zwiebelpflanzen wohlüberlegt gepflanzt, ergibt sich über die gesamte Winterzeit ein interessantes Arrangement harmonischer und kontrastierender Strukturen, Farben und Formen.

---

14 | Ein Blattgobelin aus Falscher Alraunwurzel und Italienischem Aronstab, eingefasst von Schneeglöckchen, erhellt eine schattige Ecke des Gartens von White Windows, Longparish, Hampshire.
15 | Gefleckte Taubnessel *Lamium maculatum* ›White Nancy‹
16 | Stinkende Schwertlilie *Iris foetidissima* ›Variegata‹
17 | Majoran *Origanum vulgare* ›Polyphant‹

Winterblüher

Winterblüher sind wertvoll, denn sie bringen Farbe und Duft zu einer Zeit in den Garten, da man sich am meisten danach sehnt. Die bescheidenen Schneeglöckchen leuchten ebenso in reinstem Weiß wie die kleinen Winterlinge in hellem Gelb. Krokusse bilden hübsch gemusterte Decken unter Bäumen und Sträuchern, während sich kräftig grüne Christrosen mit Blüten aus einer farblich fein abgestuften Farbpalette von zartestem Cremeweiß über grünliches Gelb und Rosa bis zu sattem dunklen Weinrot schmücken. Der Winter-Jasmin glänzt mit prächtigen Blüten auf nackten Trieben, und die grazilen Blüten früher Zierkirschen blinken im fahlen Sonnenschein.

Der Elfen-Krokus *Crocus tommasinianus* **schiebt seine zartlila getönten Blütenkelche durch eine Decke aus braunem Laub.**

Zwiebelpflanzen

Sträucher, die im Winter blühen, geben dem Garten Form und Struktur. Allerdings ist die Szene erst mit all jenen kleinen Zwiebelpflanzen komplett, die im Unterstand und in Zwischenräumen für Farbe sorgen und den Gärtner trotz kalter Witterung unwiderstehlich ins Freie locken. Die Ouvertüre beginnt mit gelb blühenden Winterlingen und wird mit dem strahlenden Gelb der Blüten des Winter-Jasmins und der Zaubernuss fortgesetzt. Als Nächste erscheinen Schneeglöckchen (bei günstiger Witterung kann die Blüte auch schon vor Weihnachten beginnen) und Alpenveilchen. Die rasch auftauchenden kleinen Schwertlilien, frühe Krokusse und erste Narzissen setzen den Blütenreigen fort.

Man kann sich fest darauf verlassen, dass die ersten an Butterblumen erinnernden Blüten des Winterlings *Eranthis hyemalis* ♛ schon ab Wintermitte erscheinen. Die leuchtend gelben Blütenhüllblätter dienen anstelle der eigentlichen Blütenblätter, die sich in röhrenförmige Honigblätter umgewandelt haben, als Schauapparat. Die einer Halskrause ähnelnden, gefingerten Laubblätter erscheinen häufig erst nach der Blüte. Der Winterling braucht vergleichsweise lange, um sich einzuleben, breitet sich dann aber vor allem durch Selbstaussaat aus den geöffneten Balgfrüchten recht schnell aus und vermehrt sich auch vegetativ durch Tochterknollen. Um rasch zu ausgedehnten Beständen zu kommen, ist es ratsam, größere Knollenkolonien zu setzen. Der Winterling liebt lichten Schatten im Schutz von Gehölzen und wünscht etwas frischen, humusreichen, neutralen Boden. Direkte Sonne kann zu Verbrennungen des Laubes führen. Winterlinge sind als Winterblüher recht unempfindlich gegen schlechte Witterung. Sie werden mit Schnee und Frost spielend fertig und gehen bei Tauwetter als strahlend blühender Sieger hervor. *Eranthis hyemalis* ›Guinea Gold‹ ♛ ist eine später blühende Sorte mit intensiv gelber Blüte auf höherem Schaft und bronze getönten Laubblättern. Sie produziert keine Samen und verbreitet sich nur langsam vegetativ über Tochterknollen, ist aber zwischen Schneeglöckchen ein reizender Anblick.

In Kombination mit winterharten Efeublättrigen Alpenveilchen *Cyclamen hederifolium* ♛ und dem Vorfrühlings-Alpenveilchen *Cyclamen coum* ♛ lässt sich die Blühsaison vom Herbst bis in den Winter strecken. *Cyclamen hederifolium* beginnt mit der Blüte im zeitigen Herbst, noch bevor das Laub erscheint. Die endständigen Einzelblüten zeichnen sich durch stark zurückgebogene Kronzipfel aus und kontrastieren mit einem dunkleren Schlund. Die Blütenfarben variieren je nach Sorte von Weiß, Rosa über Magenta bis Kirschrot. Sie scheinen sich im trockenen Schatten am wohlsten zu fühlen und besetzen diesen schwierigen Standort etwa unter Nadelbäumen oder Hecken ohne Mühe. Dort werden ihre Samen durch Ameisen verbreitet (*Myrmekochorie*). Die Samen haben ein ölhaltiges, süßes Anhängsel (*Elaiosom*), das vor allem der Ameisenbrut als Nahrung dient. Auf dem Transport zum Nest verlieren die Ameisen teilweise ihre Ernte und tragen damit zur Ausbreitung bei. Allerdings vergehen Jahre, bis die erste Blüte erscheint. Das Laub, das an ein Efeublatt erinnert (*Hedera* = Efeu, daher der Artname *hederifolium*), erscheint erst nach der Blüte und ist derart mit Silber und Grün verwirbelt, dass das Alpenveilchen mit keiner anderen Pflanze verwechselt werden kann. Es kolonisiert den Boden in einem lockeren bis löchrigen, teppichartigen Muster. Die Lücken lassen sich mit Winterlingen auffüllen, die die Blütenstafette vom Efeublättrigen Alpenveilchen *C. hederifolium* übernehmen und den Stab

---

1 | Der Winterling *Eranthis hyemalis* blüht ab Mitte bis Ende des Winters. Er gedeiht im winterlich-milden Sonnenlicht unter sommergrünen Bäumen und Sträuchern.
2 | Winterling *Eranthis hyemalis* ›Guinea Gold‹
3 | Die herbstblühenden Efeublättrigen Alpenveilchen *Cyclamen hederifolium* haben efeuähnliche Laubblätter, reizvoll gemustert mit Silber, Salbeigrün und Grau. Sie sind wunderschöne Partner für winterblühende Zwiebelpflanzen wie Schneeglöckchen und Winterling.
4, 5, 6 | Vorfrühlings-Alpenveilchen *Cyclamen coum*

an das Vorfrühlings-Alpenveilchen weiterreichen, das frühestens im Hochwinter erscheint.
Cyclamen coum scheint etwas frischeren Boden zu bevorzugen und verträgt viel Wintersonne. Die rundlichen Blätter fühlen sich wie gewachstes Leder an und sind sehr unterschiedlich gemustert: von grün- und silberrandigen Laubblättern in zwei Schattierungsstufen über solche mit mehliggrauem Zentrum bis hin zu komplett silbergrauem Laub.
Alpenveilchenhybriden der *Cyclamen coum* der Pewter-Gruppe ♛ und Silver-Gruppe sind nicht nur wegen ihrer Blüten, sondern auch aufgrund ihrer Blätter außerordentlich interessante Pflanzen für den winterlichen Garten. Die zurückgeschlagenen Kronzipfel jener Sorten sind elegant gewunden wie das halbe Blatt eines Propellers. Die Farbpalette reicht vom typischen leuchtenden Zyklamenrot, Pink und Magenta bis zu zartem Rosa und Weiß, alle mit einem purpurfarbenen Fleck in der Blütenmitte. Gute Begleiter sind der grasähnliche Schlangenbart *Ophiopogon planiscapus* ›Nigrescens‹ ♛ (siehe Seite 79) mit schwarzpurpurfarbenem Laub oder rotblättrige Purpurglöckchen *Heuchera*. Diese beiden Sortengruppen sind langlebig und verbreiten sich durch Selbstaussaat, werden aber besser nicht zusammen mit den vitaleren *Cyclamen hederifolium* vermischt, die sie verdrängen könnten. Diese Alpenveilchen lassen sich auch gut in Töpfen kultivieren.
Es überrascht etwas, dass *Narcissus* ›Rijnveld's Early Sensation‹ ♛ nicht häufiger verwendet wird, um die Narzissensaison mit ihrem leuchtenden Gelb einzuläuten. Zwar existiert diese Sorte schon geraume Zeit, doch im Handel ist sie erst jetzt regelmäßiger verfügbar. Die dottergelben Trompeten auf kräftigen, etwa 40 Zentimeter hohen Stängeln können sich schon ab Wintermitte zeigen. Sie sind gute Begleiter für purpurblütige Orientalische Nieswurz oder Christrosen *Helleborus orientalis* der Early Purple-Gruppe. Eine weitere frühblühende Narzisse ist *Narcissus* ›Cedric Morris‹ mit harmonisch proportionierten zitronengelben Blüten und einer gekräuselten Trompete. Sie blüht häufig mitten im Winter, setzt die Blüte erst in der Spätsaison fort und wird nur 25 Zentimeter hoch. Ihr Laub ist schmal und hält sich gut bei frostiger Witterung. Diese Narzisse wächst langsam und benötigt deshalb einen Platz, wo sie nicht durch kräftigere Zwiebelpflanzen verdeckt wird. *Narcissus* ›Tête-à-tête‹ ♛ mit kleinen goldgelben Blüten gedeiht schnell und beginnt ebenso mit der Blüte zum Winterende wie die hübsche *Narcissus* ›February Gold‹ ♛.

Die ersten Zwerg-Schwertlilien schießen mitten im Winter aus dem Boden. Da um diese Jahreszeit Blüten sehr rar sind, ist der Wert dieser kleinen Juwelen umso höher einzuschätzen, zumal sie auch noch köstlich duften. Um ihren Duft einzufangen, muss man sich allerdings auf die Knie begeben. In der sommerlichen Hauptsaison werden solche kleinen Pflanzen leicht übersehen. Am häufigsten sieht man Zwiebel-Schwertlilien wie die Türkische Schwertlilie *Iris histrioides* und die Netzblatt-Schwertlilie *Iris reticulata* ♛ sowie deren Hybriden in unseren Gärten. Sie sind sehr verlässliche Frühblüher, bemerkenswert robust und widerstehen selbst den grimmigsten Witterungsperioden. Eine der ungewöhnlichsten Sorten ist *Iris* ›Katharine Hodgkin‹ ♛, eine Reticulata-Hybride mit kurzem Schaft und vergleichsweise großer Blüte in einer zarten Mischung aus hellem Blaugrau und mit weichem Gelb überhauchtem Flieder. Einige fühlen sich durch diese Farbkombination melancholisch gestimmt. Dennoch zeigen die Hängeblätter der Blüten eine überaus interessante Zeichnung aus zartpurpurgrauen Strichen auf weißem Grund am Blattrand und tintenblauen Spritzern auf gelbem Grund in der Mitte. Die drei Domblätter weisen ein länglich verästelndes Strichmuster aus zartem Blaugrau und bläulichem Weiß auf – also insgesamt eine Augenweide an trüben Tagen. Diese Zwerg-Schwertlilie ist trotz ihrer zarten Blüte eine

---

Die Kultur von Zwerg-Schwertlilien

Um die Blüte der Zwerg-Iris auch in den folgenden Jahren genießen zu können, müssen die Zwiebeln in einer Bodentiefe von 15 Zentimetern gesetzt werden. Sie benötigen einen kalkhaltigen, lockeren Lehmboden, der im Sommer trockener wird. Die dicken Knospen schießen mitten im Winter aus dem Boden und warten auf bessere Witterung, um ihre Blüten zu entfalten. Sie sind extrem winterhart und halten sich sogar unter einer Schneedecke. Nach der Blüte schieben sich die Blätter in die Höhe und müssen in Ruhe gelassen werden, bis sie von selbst absterben. Pflanzen Sie die Zwerg-Schwertlilien zwischen Sommerpflanzen, die ihr Laub im Winter verlieren.

---

7 | Die hübsche gelbe Trompeten-Narzisse *Narcissus* ›Rijnveld's Early Sensation‹ blüht ab Wintermitte. Sie bringt leuchtende Farbe in eine Rabatte aus immergrünem Laub in der Nachbarschaft der dezent weinrot blühenden Orientalischen Christrosen, bevor die Staudensaison im Frühling beginnt.
8 | Trompeten-Narzisse *Narcissus* ›Tête-à-tête‹
9 | Netzblatt-Schwertlilie *Iris reticulata*
10 | Elfen-Krokus *Crocus tommasinianus* ›Whitewell Purple‹
11 | Elfen-Krokus *Crocus tommasinianus*
12 | Krokus *Crocus sieberi* ›Albus‹
13 | Zwerg-Schwertlilie *Iris* ›Harmony‹

Schöne frühblühende Krokusse

Die Blüten einiger früher Krokus-Hybriden haben sehr interessante Muster. Diese machen sie attraktiv und überspielen ihre geringe Größe. Sie lassen sich sowohl in Töpfen als auch kolonienweise an Rabattenfronten setzen.

Crocus chrysanthus ›Ladykiller‹ ♛
Beeindruckende Blüten mit cremeweißem Innenkelch und dunkelpurpurfarbenen, flammenähnlichen Markierungen an der Außenseite.

Crocus sieberi ssp. *sublimis* ›Tricolor‹ ♛
Die Blütenblätter (Petalen) sind hellviolett mit weißer Mitte und gelbem Auge, was der Blüte ein gebändertes Aussehen verleiht.

Crocus chrysanthus ›Gipsy Girl‹ (oben)
Hellgelbe Blüten mit kastanienroter Streifen- und Fiedermusterung außen.

überraschend vitale Pflanze, die ohne besondere Zuwendung prächtig gedeiht.

Andere Kreuzungen mit *Iris reticulata* zeigen ein intensiveres Blau und Purpur. Die Blüten von *Iris* ›George‹ ♛ besitzen das edelste Purpur mit fast samtschwarzpurpurfarbenen Hängeblättern und weißen sowie gelben Anflugmarkierungen. *Iris* ›Harmony‹ und ›Joyce‹ präsentieren blaue Blüten, während ›Pauline‹ kräftig purpurn gefärbt ist.

Die graziösen Blütenkelche der frühblühenden Krokusformen werden ungeduldig erwartet. Die früheste Krokusart, die rosalila *Crocus sieberi* ♛ aus Griechenland und deren Hybride *Crocus sieberi* ›Albus‹ (früher ›Bowles' White‹) mit reinweißen, kugeligen Blüten und orangefarbenem Schlund blühen anhaltend ab Wintermitte bis Winterende und verströmen dabei einen wunderbaren Duft. Sie bevorzugen einen armen, gut durchlüfteten Boden und gedeihen zwischen den Kissen und Teppichen alpiner Felspflanzen, wo sie auch einen trockenen Standort für ihre Sommerruhe finden, denn feuchte Böden führen schnell zur Zwiebelfäulnis. Danach kommt der Auftritt des *Crocus tommasinianus* ♛, auch Dalmatiner- oder zärtlich Elfen-Krokus genannt. Diese robuste, wetterunempfindliche Krokusart findet sich gewöhnlich in unseren Gärten schnell zurecht, wo sie sich oftmals enorm ausbreitet. Die schlanken Knospen können sich sogar durch den Schnee hindurchbohren. Die Krokuszwiebeln werden am besten in eine Wiesen- oder Rasenfläche oder in einen weniger genutzten Gartenteil gesetzt, wo ihr lavendelblauer bis dunkelroter Teppich zu schimmern beginnt. Alte Obstbäume sind ideale Begleiter. *Crocus tommasinianus* ›Whitewell Purple‹ ist eine vergleichsweise dunklere, purpurfarbene Sorte, die sich besser für den Garten eignet als die Naturform. *Crocus tommasinianus* ›Ruby Giant‹ zeigt ein intensiveres Purpurrot. Dieser Krokus verbreitet sich leicht, und eine Kolonie der Sorte wirkt besonders gefällig unter einer Birke.

Einige frühblühende Gold-Krokus-Hybriden *Crocus chrysanthus* haben kerzenähnliche Blüten in einer zart abgestuften Farbpalette. Wenn sie sich an einem sonnigen Platz wohlfühlen, vermehren sie sich bereitwillig, werden dort aber nie zu einem Problem. E. A. Bowles züchtete zahlreiche Krokusse in seinem berühmten Garten von Myddelton House im Norden Londons. *Crocus chrysanthus* ›Snow Bunting‹ ♛ ist eine seiner Paradezüchtungen mit schneeweißen Blüten, einer basisnahen, kastanienfarbenen Streifung und Fiederung auf der Außenseite und einem goldgelben Schlund.

Alle diese Sorten werden etwa acht Zentimeter hoch, und die schmalen Blätter verschwinden noch im Frühling. Leider werden Krokusse teilweise durch Vögel bedroht, die ohne ersichtlichen Grund an den Blütenblättern zupfen. Sie neigen dazu, besonders die gelben Blüten zu attackieren, so wie sie es auch bei Primeln und Forsythien tun. Später aber scheint sie der Nestbau davon abzulenken.

Das glänzende Gelb des Scharbockskrautes *Ranunculus ficaria* kann ein wenig aufdringlich wirken, wenn es sich überall im Garten ausbreitet. *Ranunculus ficaria* ›Brazen Hussy‹ allerdings hat reizvoll dunkles, schokoladenbraunes, speckig glänzendes Laub, welches mit dem lebhaften Gelb der Blüten kokettiert. Obwohl es sich ähnlich freizügig ausbreitet, zieht es schnell ein und kann mit kleinblättrigen Funkien *Hosta* überdeckt werden.

Das grasähnliche, mattgrüne Laub vom Frühlingsstern *Ipheion uniflorum* erscheint zunehmend früher und wächst langsam zu einem niedrigen Horst

---

14 | Scharbockskraut *Ranunculus ficaria* ›Brazen Hussy‹
15 | Elfen-Krokus *Crocus tommasinianus* ›Ruby Giant‹
16 | Frühlingsstern *Ipheion uniflorum* ›Wisley Blue‹
17 | Frühlingsstern *Ipheion* ›Alberto Costillo‹
18 | Persischer Blaustern *Scilla mischtschenkoana*
19 | Gewöhnliche Sternhyazinthe *Chionodoxa luciliae*

mit sternförmigen, normalerweise eisblauen Blüten heran, die mit leicht dunkleren Adern und einem deutlich dunkleren Mittelstrich gemustert sind. *Ipheion uniflorum* ›Wisley Blue‹ ⚘ hat himmelblaue Blüten mit hellerer Mitte, und die Blüten der *Ipheion uniflorum* ›Charlotte Bishop‹ sind malvenrosa. Eine weitere pflegeleichte, spät- sowie weiß blühende Hybride ist *Ipheion* ›Alberto Costillo‹ mit breiterem bläulichem Laub.

Für Ungeduldige, die die Zwiebelsaison kaum erwarten können, gibt es eine Schneeglöckchenart, die bereits im Frühwinter blüht. Es ist das Herbstblühende Schneeglöckchen *Galanthus reginae-olgae* mit hübschen, schlanken weißen Glocken, die sich vor dem Laubaustrieb entfalten. Ein Krokus aus Südgriechenland, *Crocus goulimyi* ⚘, mit zartlila oder weißen Blüten erscheint ebenso zeitig. Beide Arten überdauern im Freiland und breiten sich nur langsam aus. Am anderen Ende der Saison blüht die Gewöhnliche Sternhyazinthe *Chionodoxa luciliae* ⚘ mit strahlend blauen Blüten und weißem Auge. In ihrer Heimat, der Türkei, wird sie sinngemäß (wie übrigens auch im deutschsprachigen Raum) als Schneestolz bezeichnet und blüht, wenn der Schnee in den Bergen schmilzt. In Mitteleuropa blüht sie ab März bis April, bei milder Witterung manchmal bereits ab Januar und früher. Sie samt sich ausgesprochen leicht aus, sodass in kurzer Zeit größere Kolonien entstehen können. Der Persische Blaustern *Scilla mischtschenkoana* ⚘ breitet sich ähnlich rasch aus, öffnet aber noch etwas früher seine gletscherblauen Blüten über smaragdgrünem Laub.

Weitere Zwiebeln für den Winter und zeitigen Frühling Sternhyazinthe *Chionodoxa sardensis* • Lerchensporn *Corydalis malkensis* • Toskanischer Krokus *Crocus etruscus* ssp. *flavus* • Schwertlilie *Iris* ›J. S. Dijt‹ •

Schneeglöckchen

Das Schneeglöckchen verkörpert die Winterblume schlechthin: Es hellt mit seinen weißen Blüten das düstere, immergrüne Laub auf und ist trotz seiner Zartheit hart genug, eisige Temperaturen zu überstehen. Es taucht an unerwarteten Plätzen auf und »läutet« mit den ersten sich öffnenden Blütenglöckchen die kommende Gartensaison ein.

Obwohl das Gewöhnliche Schneeglöckchen *Galanthus nivalis* ⚘ in Mitteleuropa und auf den Britischen Inseln ursprünglich nicht heimisch war, wurde es besonders in Klöstern jahrhundertelang kultiviert, wo es von frühen Mönchen vermutlich aus Südeuropa eingeführt wurde. Schneeglöckchen werden in Großbritannien auch »Fair Maids of February« genannt, was sinngemäß so viel bedeutet wie »Schöne Mädchen des Februars«, und werden wegen ihrer makellos weißen Blütenfarbe als Symbol der Reinheit in Zusammenhang mit der Maria-Lichtmess-Feier gebracht. Dieses Fest zu Ehren Mariä Reinigung findet am 2. Februar statt. In den Kräuterfolianten des 17. Jahrhunderts werden Schneeglöckchen als »weiße Zwiebelveilchen« bezeichnet. Schon im nächsten Jahrhundert bekam das Schneeglöckchen von Carl von Linné seinen weniger poetischen, dafür unverwechselbaren und bis heute gültigen Namen *Galanthus nivalis*. Danach wurde das Schneeglöckchen sehr schnell populär. Hunderte Enthusiasten zogen durch das Land, um nach Schneeglöckchen-Kollektionen zu fahnden, lie-

---

A | Schneeglöckchen breiten sich im lichten Schatten von Gehölzen auch von selbst aus. Sie lieben humusreichen und im Winter frischen Boden.

Vorgetriebene Hyazinthen

Hyazinthen werden häufig in Schalen, Töpfen oder in speziellen Hyazinthengläsern vor allem ihres intensiven Duftes wegen vorgetrieben. Nach der Blüte werden die Zwiebeln häufig entsorgt. Wenn die Zwiebeln stattdessen in ein Beet gepflanzt werden, fahren sie in den folgenden Jahren gewöhnlich mit der Blüte fort, allerdings mit merklich kleinerem und lockererem Blütenstand. Abgesehen von den blauen, weißen und rosa blühenden Sorten gibt es Formen mit dunkelpurpurfarbenen Blüten, die besonders entzückend in Begleitung von silberblättrigen Taubnesseln wirken. Achtung: Die Berührung der Hyazinthen-Zwiebeln kann schnell zu Allergien führen. Das Arbeiten mit Handschuhen ist daher sehr zu empfehlen.

Frühlings-Knotenblume *Leucojum vernum* • Reifrock-Narzisse *Narcissus bulbocodium* • Zweiblättriger Blaustern *Scilla bifolia* • Turkestan-Tulpe *Tulipa turkestanica*

ßen sich auf die Knie fallen, um feinste Unterschiede in den Blüten zu entdecken, und waren bereit, selbst große Geldbeträge für sehr seltene Hybriden zu bezahlen.

Im Freiland bevorzugen Schneeglöckchen leicht schattige Hanglagen auf zumeist kalkhaltigem Boden. Sie sind leicht im winterlichen Garten einzugewöhnen – entweder zwischen Bäumen, vor Hecken oder in mäßig beschatteten Rabatten. Sie lassen sich besonders mit Christrosen *Helleborus* sehr gut kombinieren, da beide halbschattige Lichtverhältnisse, frischen und humosen, leicht kalkhaltigen Boden sowie Schatten im Sommer lieben. Schneeglöckchen eignen sich ganz besonders als Beimischung zu Stauden, wie zum Beispiel zum Nepal-Storchschnabel *Geranium wallichianum* ›Buxton's Variety‹ ♛, der wegen seines mittigen Austriebs viel Platz für die Zwiebelpflanze übrig lässt und dessen ausladende Blüten- und Blatttriebe später für die nötige Sommerbeschattung der ruhenden Zwiebelpflanzen im Boden sorgen.

Wird der Storchschnabel im Herbst zurückgeschnitten, bietet sich dem Schneeglöckchen genügend Platz für seine Entwicklung, noch bevor der Storchschnabel erneut austreibt. Damit die Stauden nicht aus Versehen überpflanzt werden, empfiehlt es sich, sie ausreichend zu kennzeichnen, etwa mit Etiketten oder Schildchen. Der Fuß einer kalten Mauer zwischen Farnen und kleinen Funkien ist ein weiterer gut geeigneter Bereich für die Anpflanzung von Schneeglöckchen. Das Gewöhnliche Schneeglöckchen *Galanthus nivalis* ♛ (C) und die bezaubernde gefüllte Sorte *Galanthus nivalis* f. *pleniflorus* ›Flore Pleno‹ ♛ (B) sind einfach zu pflegen und bilden schnell größere, dauerhafte Kolonien über Brutzwiebelvermehrung, aber auch

B   C

durch Aussaat (Ameisenvermehrung). Zwiebelsoden lassen sich nach der Blüte und noch im grünen Zustand teilen, um auf diese Weise einen Teppich aus Schneeglöckchen unter den winterlichen Bäumen zu gestalten.

Inzwischen gibt es zahlreiche verbesserte Hybriden. Einer der besten Kandidaten ist Galanthus ›Atkinsii‹ ♀ (D), ein relativ großes Schneeglöckchen mit einfachen, hängenden Glöckchen auf langem Schaft. Die robuste, angenehm duftende Hybride Galanthus ›S. Arnott‹ ♀ (E) ist ein geliebter Schatz mit vergleichsweise großen Blüten. Eine andere wüchsige Hybride Galanthus ›Magnet‹ ♀ (F) trägt zierliche Blütenglöckchen auf lang gebogenem Schaft. Die hübsch gezeichnete Galanthus ›Desdemona‹ ist groß und blüht gefüllt. Sie stammt vom Krim-Schneeglöckchen Galanthus plicatus ♀ (G) ab, einer Art mit auffallendem, in der Mitte gefaltetem Laub (daher auch die andere Bezeichnung »Gefaltetes Schneeglöckchen«), die auch für die weitere Zucht exzellenter Sorten herangezogen wurde. Für eine kontrastierende Laubfarbe sorgt das Großblütige Schneeglöckchen Galanthus elwesii ♀ (H) oder eine seiner Hybriden. Mit seinen großen bläulichen Blättern benötigt es für eine gute Entwicklung mehr Sonne. Eine spätblühende Art ist das Ikaria-Schneeglöckchen Galanthus ikariae (I), das sich stark von den anderen Schneeglöckchen unterscheidet. Es hat breite smaragdgrüne Blätter ohne bläulichen Hauch, aber große Blüten auf kurzen Stängeln. Alle erwähnten Arten zeichnen sich durch grün gemusterte innere Blütenblätter aus. Es gibt jedoch einige wenige Arten, die auch auf den äußeren Blütenblättern gefleckt sind wie Galanthus plicatus ›Trym‹ mit grünen Flecken auf den äußeren Blütenblattspitzen. Andere wiederum zeigen gelbe statt grüne Markierungen, wie zum Beispiel Galanthus plicatus ›Wendy's Gold‹. Diese Sorten sind nur schwer im Handel zu finden, aber für einen Galanthophilen, wie man Schneeglöckchen-Enthusiasten nennt, ist die Jagd nach solchen Raritäten jeden Aufwand wert.

Weitere gute Schneeglöckchen Galanthus ›Dionysus‹ • Galanthus ›John Gray‹ • Galanthus nivalis der Scharlockii-Gruppe • Galanthus nivalis ›Viridapice‹ • Galanthus plicatus ›Augustus‹ • Galanthus ›Straffan‹ • Galanthus woronowii

Blütenstauden

Stauden, die mitten im Winter blühen, sind sehr selten. Die Königin unter den Winterstauden ist zweifellos die Christrose, die Hof und Garten in dieser Saison regiert: Welche andere Pflanze bietet uns schon vom Hochwinter bis zum zeitigen Frühjahr, also in der düsteren Jahreszeit, solch warme Farben?

Christrosen *Helleborus*

Die Christrose erfreut sich immer größerer Beliebtheit und ist die erste Wahl in der Kategorie winterblühender Stauden, einerlei ob Sie *Helleborus niger* ♛ (siehe Seite 101) oder die Bunte Frühlings-Schneerose *Helleborus* x *hybridus* wählen. Letztere wurde aus folgenden Arten, die überwiegend aus dem östlichen Mittelmeerraum stammen (von Norditalien und dem Balkan bis zur Türkei), gezüchtet: Orientalische Nieswurz oder Christrose *Helleborus orientalis*, Serbische Nieswurz *Helleborus torquatus*, Purpur-Nieswurz *Helleborus purpurascens* und Wohlriechende Nieswurz *Helleborus odorus*. Derart gemischte Einkreuzungen ermöglichen heute die verschiedensten Farb- und Musterkombinationen: gedämpftes Cremeweiß über Rosa, helles und tiefes Burgunder- und Purpurrot, Gelbgrün, Grüngelb, reinfarbig oder sommersprossig, fein gepunktet, gröber gefleckt auf der Innenseite der Blütenhülle oder geädert in einer Kontrastfarbe. Es gibt einfachblühende Sorten mit runden und zugespitzten Blütenhüllblättern sowie gefüllte und halbgefüllte Sorten mit nickender Blütenschale. Weiter existieren viele Hybriden mit farblich dunkler abgesetzten Nektarblättern, den eigentlichen Blütenblättern, beziehungsweise Kronblättern, die am Grund der Blütenschale eingebettet sind. Was wie ein auffällig gefärbtes Blütenblatt aussieht, ist in Wirklichkeit nichts anderes als ein modifiziertes Blatt, das sogenannte Kelchblatt oder *Sepalum*.

Ist die Blüte bestäubt, welken die sterilen Nektarblätter und fallen ab, während die Kelchblätter erhalten bleiben und weiterhin ihre Farben zeigen. Daher entsteht der Eindruck, dass diese Pflanze sehr lange blüht.

Die Christrosen vermehren sich nur langsam durch vegetative Vermehrungsverfahren wie Teilung, und auch moderne Vermehrungsmethoden – wie die

---

1 | Dieses Beet mit blühenden Bunten Frühlings-Schneerosen *Helleborus* x *hybridus* ist ein wunderbarer Anblick. Die Zwischenräume im Beet werden für ein Sortiment sommerblühender Taglilien *Hemerocallis* genutzt, die mit ihrem eleganten Laub und ihrer schönen Blüte später für einen anhaltend attraktiven Eindruck sorgen.

Schnee und Frost

Der Schaft der Christrosen neigt sich nach Schneefall oder Frost dramatisch zu Boden – gerade so als wäre die gesamte Pflanze erfroren. Wird es wieder wärmer, erhebt sich die Staude und sieht so vital aus wie zuvor.

Mikrovermehrung unter Laborbedingungen – helfen hier nicht bedeutend weiter. Dies ist die Ursache dafür, dass namentlich registrierte Hybriden mit präzise festgelegten Farbeigenschaften nur selten verfügbar sind. Allerdings sind Anzuchten aus selektierten Saatgutlinien durchaus sehr zufriedenstellend, und ein guter Züchter wird auch mit diesem Verfahren Pflanzen mit ausgezeichneten Eigenschaften und einer weitgehend einheitlichen Farbe liefern können. Im Garten produzieren sie gelegentlich reichlich Samen, und es ist das Beste, die reifen Balgfrüchte von der Pflanze abzusammeln, um nicht mit Sämlingen konfrontiert zu werden, die nicht den Eltern entsprechen. Sich selbst überlassen, kehren die Blüten der Nachkommen zu einem grünlichen Cremeweiß oder schmutzigen Purpur zurück.

Die Bunten Frühlings-Schneerosen *Helleborus* x *hybridus* gedeihen gut im Halbschatten, in humusreichen, neutralen bis leicht basischen Böden. Sie sind überdies sehr langlebige Stauden, und wenn sie in Ruhe gelassen werden, bilden sie Bestände von manchmal 40 und mehr Exemplaren. Mit einer Höhe von 20 bis 40 Zentimetern schieben sie sich unter laubabwerfende Sträucher, wo sie während ihrer Blüte gut wahrgenommen werden können und zugleich den Sommerblühern den ihnen gewidmeten Beetplatz oder Frontbreich einer Rabatte überlassen. An halbschattigen Böschungs- oder Hangpartien fühlen sie sich ebenso wohl. Dort lassen sich die Blüten leicht anheben, möchte man ihre interessante Musterung betrachten. Eine weitere Möglichkeit für den Liebhaber bietet die Anlage einer Christrosenkollektion in einem Spezialbeet. Einjährige wie Ziertabak *Nicotiana affinis* oder Hybriden des zweijährigen Roten Fingerhutes *Digitalis purpurea* lassen sich in die Zwischenflächen pflanzen. Ist das Beet nicht zu schattig, blühen diese Begleitpflanzen im Sommer.

Die botanisch gesehen sehr ursprüngliche Gattung der Christrosen ist besonders zäh und robust. Sie biegen sich unter die Schneedecke und neigen sich bei Frost oder heftigem Regen, ohne Schaden zu

2 | Christrosen verwelken schnell, wenn sie für die Vase geschnitten werden. Haltbarer sind sie nur, wenn die Blütenköpfe abgetrennt und in eine Schale mit Wasser oder benetztem Moos gesetzt werden.

Eine Auswahl der Bunten Frühlings-Schneerosen

Die Farbpalette der Bunten Frühlings-Schneerosen *Helleborus* x *hybridus* reicht von reinem Weiß über grünlich getöntes Gelb bis zu fruchtigem Rosa, dunklem Burgunderrot, düsterem Malvenrosa und tiefem, samtigem Purpur.

Begleitpflanzen für Christrosen

Wenn Christrosen-Hybriden blühen, fehlt das Laub (alte Blätter sollten entfernt werden, bevor sich die Blüten entwickeln). Deshalb ist die Auffüllung mit einer Laubkulisse sehr erwünscht. Wintergrüne Farne wie Hirschzungen-Farn *Asplenium scolopendrium* ♕ und Rotschleier-Farn *Dryopteris erythrosora* ♕ gedeihen unter ähnlichen Bedingungen. Immergrüne Zwergsträucher wie die Fleischbeere *Sarcococca confusa* ♕ und der panaschierte Immergrüne Spindelstrauch *Euonymus fortunei* ›Emerald 'n' Gold‹ ♕ (oben) spenden etwas Schutz an exponierten Plätzen, wenn die Christrose zwischen diese Pflanzen gesetzt wird. Ziergräser wie die Neuseeland-Segge *Carex comans* und die Fuchsrote Segge *Carex buchananii* ♕ fügen eine auflockernde Struktur hinzu und ergänzen sich gut mit dem dunkler getönten Laub der Christrosen. Die Gewöhnliche Haselwurz *Asarum europaeum* erzeugt einen Teppich aus nierenförmigen, glänzenden wintergrünen Laubblättern, aus dem die Blütenstände der Christrose dekorativ herausragen.

---

nehmen, und feiern jedes Mal wieder fröhliche Auferstehung, sobald das Wetter sich von der gnädigeren Seite zeigt. Ab Spätherbst wird das alte Laub zunehmend hässlich – zusätzlich verunziert durch braune Flecken. Dann ist es das Beste, die Blätter abzuschneiden, noch bevor die neuen Blütentriebe nachwachsen, auch um Krankheiten zu vermeiden, die vom alten Laub ausgehen können. Gleichzeitig sollten Sie gut verrottenden Gartenkompost um die Wurzeln streuen.

Es gibt auch Christrosenarten mit grünen Blüten: Die Korsische Nieswurz *Helleborus argutifolius* ♕ stammt aus Sardinien und, wie der Name bereits ankündigt, aus Korsika (der alte lateinische Name lautet *Helleborus corsicus* und ist in einigen Gärtnereien immer noch gebräuchlich). Diese Art ist ein ungewöhnliches Mitglied der Gattung, da sie volle Sonne bevorzugt. Die Korsische Nieswurz gedeiht auf den beiden Mittelmeerinseln an sonnigen Berghängen und Hangstandorten. Für eine Christrose ist sie verhältnismäßig stattlich und fällt in milderen Regionen und auf günstigen Standorten unter die Kategorie der Halbsträucher. Die Laubblätter sind in drei Teilblätter mit auffälligen, sägeblattartig gezahnten Rändern untergliedert. Ab Wintermitte tragen die Schäfte reich blühende Blütenstände. Die kleinen Blütenschalen zeigen je nach Entwick-

3 | Korsische Nieswurz *Helleborus argutifolius*

Die Christrose *Helleborus niger*

Die Christrose oder die Schwarze Nieswurz *Helleborus niger* ♀ ist weder eine Rose (sie gehört wie alle anderen Christrosenarten zur Familie der Hahnenfußgewächse) noch blüht sie regelmäßig zu Weihnachten. Dennoch ist sie die bei Weitem bekannteste Vertreterin der *Helleborus*-Gattung mit faszinierender Geschichte. Das natürliche Verbreitungsgebiet umfasst Norditalien, südliches Süddeutschland, Ostslowenien und Kroatien. Nach Großbritannien kam sie vermutlich mit den Römern und wurde zunächst nur als Heilpflanze verwendet. Das Art-Epitheton *niger* bezieht sich auf die schwarze oder sehr dunkle Rinde ihres Rhizoms. Alle Pflanzenteile sind giftig. Größere Mengen des digitalisähnlichen Glykosids und weiterer Wirkstoffe können zu Atemnot, Durchfall, Erbrechen und bisweilen auch zum Tod durch Atemlähmung führen. Allerdings soll die kontrollierte Verabreichung, vor allem in homöopathischer Dosierung, gegen eine Reihe von Gemütsleiden helfen, wie Psychosen, manische Zustände, Geistesverwirrung und traumatische Zustände. Ein berühmter englischer Botaniker des 16. und 17. Jahrhunderts, John Gerard, empfiehlt den Wirkstoff als »Purgativum (Abführmittel) für Verrückte und Tobsüchtige«.

Die Christrose trägt endständige, becherförmige, weiße, meist nickende Blüten mit leuchtend gelben Staubblättern. Einige Spielformen haben rötlich angelaufene Blütenknospen, die schließlich zu einem sanften Rosa verblassen. Das ledrige wintergrüne Laub ist in sieben bis neun Lappen aufgeteilt und verdeckt bei der Naturform häufig die Blüten. Im Handel erhältlich sind Aufzuchten aus selektierten Saatgutlinien, die ihre Blüten in genügendem Abstand über dem Laub halten. *Helleborus niger* der Blackthorn-Gruppe und *Helleborus niger* ›White Magic‹ sind solche empfehlenswerten Auslesen. Aber es gibt auch Formen, die wegen ihrer frühen Blüte etwa zur Weihnachtszeit ausgewählt wurden, obwohl die Christrose normalerweise etwas später, im Hochwinter, blüht.

Vielfach ist es nicht einfach, *Helleborus niger* zu einem üppigen Wachstum anzuregen. Dass es aber geht, beweisen prächtige Bestände aus Christrosen einiger alter Landhausgärten, die kaum noch der Pflege bedürfen, um zu blühen. Die Pflanze fühlt sich am wohlsten in leicht basischen, humusreichen Böden an nicht zu schattigen Plätzen. Diese Art ist sehr langlebig, verträgt jedoch keine Unruhe. Sie kann leicht aus Samen gezogen werden. Man sollte in diesem Fall aber darauf achten, frisches Saatgut zu verwenden – also kurz nach der Reife im Sommer. Altes Laub wirkt häufig hässlich und ist übersät mit braunen und schwarzen Flecken. Um die Wirkung der Pflanze nicht zu beeinträchtigen, ist es daher ratsam, die befallenen Blätter, vor allem im Zentrum der Staude, zu entfernen, bevor dort die Blütenknospen erscheinen.

Der Handel bietet auch gefüllte Formen der Christrose *Helleborus niger* an. Überdies kreuzt sich diese Art bereitwillig mit der Korsischen Nieswurz *Helleborus argutifolius* ♀ zu der Hybride *Helleborus* x *nigercors* ♀ mit größeren, schneeweißen Blüten und einem Laub mit blaugrauer Tönung. Klone mit genau definierten Eigenschaften gibt es allerdings im Handel nur wenige. Überraschende Zuchterfolge erzielte man mit der Einführung der schwer erhältlichen Chinesischen Nieswurz *Helleborus thibetanus* (B), die mit *Helleborus niger* gekreuzt wurde, wodurch *Helleborus* ›Pink Ice‹ entstand, mit rosa, im Zentrum leicht grünlich angehauchten Blüten und marmorierten Blättern. *Helleborus thibetanus* wurde auch mit der Blasigen Nieswurz *Helleborus vesicarius* hybridisiert. Daraus ging die *Helleborus* ›Briar Rose‹ (C) mit kleineren Blättern und altrosa geränderten Blüten hervor.

A | Schneeglöckchen blühen zur selben Zeit wie die Christrose *Helleborus niger*. Beide Pflanzen werden schon seit langer Zeit in Landhaus- und Bauerngärten gepflegt.

lung ein frisches bis fahles Grün, selten cremeweiß oder rötlich getönt, und Sternstrahlen aus Staubblättern, die die Mitte schmücken. Noch vor der Blüte erscheint das stattliche Laub, und wenn es mit Frost überzogen ist, bietet es einen besonders attraktiven Anblick. Wird diese horstbildende Großstaude vor farbringenden Gehölzen wie Hartriegel *Cornus* und Weide *Salix* oder am Fuß einer Buchenhecke mit kastanienbraunem Winterlaub gepflanzt, ergibt sich ein besonders schöner Kontrast.

Die andere, noch populärere Art ist die Stinkende Nieswurz *Helleborus foetidus* ♛, die besser in ungestörten halbschattigen Bereichen des Gartens oder im Waldlandgarten gedeiht, wo sie sich von selbst aussäen kann (siehe Seite 172). *Helleborus foetidus* der Wester Flisk-Gruppe zeigt ein außergewöhnlich schmuckes, dunkelgrünes Laub und limonengrüne Blüten auf rötlichen Stängeln. Sie bildet einen kompakteren und rundlicheren Horst als die Naturform. Obwohl die Naturform – also die Ausgangsart – nicht gerade für ihren pompösen Blütenreichtum bekannt ist, zeigen einige Hybriden diese Eigenschaft. Eine der Kleinsten ist die Hecken-Nieswurz *Helleborus dumetorum* mit leuchtend jadegrünen Blüten. Die stark unterteilten Blätter entwickeln sich erst, wenn die Blüten verblassen. Die schlanken Triebe der Grannen-Meier-Hybride *Asperula aristata* ssp. *scabra* mit schleierkrautähnlichem, weißem Flor flicht sich im Sommer geschickt in diese Szene ein.

In den 50er-Jahren des vorigen Jahrhunderts stellte der bekannte englische Züchter Sir Frederick Stern erste Hybriden der Korsischen Nieswurzarten vor. Er kreuzte *Helleborus argutifolius* ♛ mit der ebenfalls aus Korsika stammenden Fahlen Nieswurz *Helleborus lividus* ♛ mit zartrosa Blüten. Das Ergebnis war eine Hybride, die nach ihm benannt wurde: Sterns Nieswurz *Helleborus* x *sternii*. Gute Zuchten zeigen schwach marmoriertes Laub, rote Schäfte und pinkrosa getönte Blüten. Sie ähneln in der Gestalt der Christrose *Helleborus niger* und bilden wohlproportionierte Horste von etwa 30 Zentimeter Höhe. *Helleborus* x *sternii* der Blackthorn-Gruppe ♛ ist eine exzellente Selektion mit attraktiv silbern geädertem Laub und grünlichen rosa Blüten. Einige Sorten sind größer, stehen im Aussehen *Helleborus argutifolius* näher, und bei den Blüten fehlt die rosa Tönung. *Helleborus* x *sternii* ›Boughton Beauty‹ ist die beste aus dieser Reihe.

Inzwischen gibt es auch eine Kreuzung, die nicht nur die Gene der beiden zuvor erwähnten Arten, sondern auch die von *Helleborus niger* besitzt. Diese Dreifachkreuzung wird *Helleborus* x *ericsmithii* genannt, vereint die Eigenschaften aller drei Eltern und blüht sehr dauerhaft ab Mitte des Winters. Sie ist übrigens auch eine exzellente Topfpflanze.

4 | Die Stinkende Nieswurz *Helleborus foetidus* der Wester Flisk-Gruppe sorgt mit ihrem ausdrucksvollen dunkelgrünen Laub und grünen, rötlich gestielten Blütenständen für einen wunderbaren Kontrast zu blaunadeligen Zwergkoniferen und rötlich getöntem Heidekraut.

5 | Das leuchtend grüne Laub der Hecken-Nieswurz *Helleborus dumetorum* setzt sich in bezaubernder Weise von den reinweißen Blütenglöckchen der Schneeglöckchen-Hybride *Galanthus* ›S. Arnott‹ ab.

6 | Sterns Nieswurz *Helleborus* x *sternii* der Blackthorn-Gruppe

Weitere Blütenstauden

Es gibt nur wenige andere Stauden, die im Winter blühen. Die wintergrüne Kretische Schwertlilie *Iris unguicularis* ♛ mit duftenden, purpurvioletten Hängeblättern und gelblichem Lippenfleck zählt dazu. Überdies bringt sie den Garten ins Haus, wird sie ausgegraben, bevor sich die Blütenknospen entfalten. Die durchschnittlich großen Blütenblätter – wobei die Hängeblätter deutlich breiter als die Domblätter ausfallen – sind intensiv purpurviolett gefärbt, ein Ton, der zur Mitte hin weißlich verblasst. Die Hängeblätter besitzen eine dunkelgelbe, strichartige Anflugmarkierung. Die ersten Blütenknospen erscheinen ab Frühwinter, gefolgt von köstlich duftenden Blüten, die sich gern in ihrem grasähnlichen Laub verstecken (siehe »Gute Begleitpflanzen« S. 104). Anders als ihr deutscher Name suggeriert, ist sie keineswegs auf Kreta beschränkt, sondern im südlichen Mittelmeerraum, insbesondere in Algerien, verbreitet, wo sich die großblütigsten Varietäten entwickelt haben. Sie bevorzugt geschützte Stellen. Der Fuß einer warmen Mauer oder Wand ist ideal, denn hier kann sich diese bartlose Iris ungestört weiterentwickeln. Das Geheimnis für eine gute Entfaltung der Pflanze ist, sie nicht mit bodenverbessernden Maßnahmen oder Düngung zu verwöhnen und sie in einen armen, steinigen, leicht basischen und im Sommer warmen Boden zu setzen. Je älter der Horst wird, desto bereitwilliger blüht sie. Eine ausgewachsene Staude ist dicht mit etwa 60 Zentimeter hohen Blättern belaubt und hat etwa denselben Umfang. Leider werden die grasartig schlanken Blätter im Lauf des Winters sehr hässlich und ruinieren damit möglicherweise das Bild der blühenden Pflanze. Das Beste ist, das Laub so schnell wie möglich nach der Entfaltung der Blüte von der Pflanze zu entfernen. Neue Blätter lassen dann nicht lange auf sich warten.

Neben der Naturform existieren Sorten wie *Iris unguicularis* ›Mary Barnard‹ ♛ mit kleineren, zahlreichen Blüten, schmalen, purpurstichig blauen Blütenblättern und einer ausgeprägt fedrigen Zeichnung in der Mitte; *Iris unguicularis* ›Walter Butt‹ hat zartere lavendelblau getönte Blüten, und schließlich gibt es noch die weißblütige Sorte *Iris unguicularis* ›Alba‹. Die relativ nah verwandte *Iris lazica* ♛, ursprünglich in Anatolien beheimatet, besitzt brei-

---

7 | Nieswurz-Hybride *Helleborus* x *ericsmithii*
8 | Kretische Schwertlilien-Hybride *Iris unguicularis* ›Mary Barnard‹
9 | Kretische Schwertlilien-Hybride *Iris unguicularis* ›Walter Butt‹
10 | Wohlriechendes Veilchen *Viola odorata*

11

teres Blattwerk und blüht intensiv azurblau auf kürzerem, etwa zehn Zentimeter hohem Schaft. Sie bevorzugt feuchten Boden im gebrochenen Licht des Halbschattens.

Das Wohlriechende Veilchen *Viola odorata* wird traditionell im Spätwinter in wunderbar duftenden Sträußen auf den Märkten angeboten. Im Haus werden die Pflanzen unter kühlen, absonnigen Bedingungen gezogen, um ihre empfindlichen Blüten zu schützen. Die durch Auswilderung heimisch gewordene Pflanze (ursprünglich aus dem Mittelmeergebiet und angrenzenden östlichen Bereichen) lässt sich auch unter Freilandbedingungen an einem geschützten Platz kultivieren – etwa im warmen Halbschatten am Fuß einer Hecke, wo im späten Winter das betörende Parfüm der kleinen Blüten über-

Gute Begleitpflanzen

Die hübschen korallenroten Blüten und hellgrünen Blätter des Rotblütigen Lungenkrautes *Pulmonaria rubra* ♀ (A) demonstrieren hier den Kontrast zu dem burgunderroten, glänzenden Laub des Schmalblättrigen Klebsamen *Pittosporum tenuifolium* ›Tom Thumb‹ ♀ (B).

Obwohl weder die Kretische Schwertlilie *Iris unguicularis* ♀ (C) noch die Guernseylilie *Nerine bowdenii* ♀ (D) besonders attraktives Laub besitzen, bieten beide entzückende, zarte Blüten an: die Guernseylilie mit pinkfarbenen Blüten im Herbst und die Schwertlilie mit purpurvioletten Blüten im Winter.

rascht. Veilchen benötigen allerdings etwas Pflege und einen gut mit Nährstoffen versorgten Boden. Haben sie sich erst einmal eingewöhnt, breiten sie sich (durch Ameisensaat und oberirdische Ausläufer) auch von selbst aus und bieten ihre Blüten für einen kleinen Winterstrauß an.

Die Blüten bei dieser Art zeigen ein sattes Dunkelviolett, sind weiß bei *Viola odorata* ›Alba‹ und pinkfarben bei der sehr wohlriechenden Rosea-Gruppe; *Viola odorata* ›King of Violets‹ wiederum entzückt mit dunkelvioletten, gefüllten Blüten.

Es ist vielleicht nicht die beste Idee, eine Empfehlung für die verschiedenen Sorten des Hain-Veilchens *Viola riviniana* auszusprechen: Die halbrosettige kleine Staude bildet zahlreiche, eilig wurzelnde Ausläufer aus und trägt so zur raschen, manchmal wuchernden Ausbreitung bei. Aber immerhin zeigt sie in einem weniger gepflegten Gartenbereich schon zum Winterende erste Blüten, die mit Schnee-

---

11 | Das Wohlriechende Veilchen *Viola odorata* gedeiht geschützt in einem hohlen Baumstumpf. Die erfrischend duftenden Blüten öffnen sich ab Winterende bis zum Frühjahrsbeginn.
12 | Rotblütiges Lungenkraut *Pulmonaria rubra*
13 | Karnevals-Primel *Primula vulgaris* ssp. *sibthorpii*
14 | Lungenkraut *Pulmonaria rubra* var. *albocorollata*

Winterpflanzen im Sommer

Die Berg-Schaftdolde Hacquetia epipactis ♚ erscheint zuerst mit der Blüte. Die Laubblätter entwickeln sich später und bestehen noch lange nach der Blüte.

Hacquetia epipactis ›Thor‹ zeigt cremeweiß geränderte Blätter.

glöckchen und frühen Primeln zu einem entzückenden Vorfrühlingsstrauß arrangiert werden können. Ebenso brauchbar sind rosa und weiße Sorten. Die purpurlaubige Veilchen-Hybride *Viola riviniana* der Purpurea-Gruppe (früher auch als *Viola labradorica* bezeichnet) lässt sich als Bodendecker im tiefen Schatten einsetzen. Obwohl dieses Veilchen sehr hübsch aussieht, ist es kaum noch zu kontrollieren, wenn es sich erst einmal eingewöhnt hat.

Obgleich das Lungenkraut *Pulmonaria* gewöhnlich ein Frühlingsblüher ist, setzt die Blühsaison des Rotblütigen Lungenkrautes *Pulmonaria rubra* ♚ schon im Winter ein. Die kräftig wuchernde Staude beginnt mit ihrem Wachstum sehr zeitig mit großen, ungefleckten, minzegrünen Horsten und Blütenständen aus Büscheln kleiner korallenroter Blütentrompeten (siehe »Gute Begleitpflanzen« Seite 104). Es gibt mehrere registrierte Züchtungen, die alle noch sehr der Ausgangsform ähneln. *Pulmonaria rubra* ›Barfield Ruby‹ hat die größten und *Pulmonaria rubra* var. *albocorollata* cremeweiße Blüten. Das Lungenkraut eignet sich hervorragend für die Unterpflanzung sommergrüner Gehölze, wo es den Boden bedeckt und lästige Unkräuter in Schach hält.

Die Karnevals-Primel *Primula vulgaris* ssp. *sibthorpii* ♚ ist eine Varietät der Stängellosen Schlüsselblume aus dem östlichen Mittelmeerraum. Ihre blassvioletten Blüten erscheinen im Spätwinter und sind mit Schneeglöckchen gut zu vergesellschaften. Auch die schneeweiße *Primula* ›Gigha‹ blüht ausgesprochen früh und sieht sehr hübsch aus, wenn sie zwischen laubabwerfende Sträucher gepflanzt wird. Der Doldenblütler namens Berg-Schaftdolde oder Goldteller *Hacquetia epipactis* ♚ ist eine Staude aus lichten Wäldern, die unerwartet früh erscheint. Die zu einem kleinen goldgelben Köpfchen vereinten Blüten sind von einer hübschen Krause aus fünf gelbgrünen Hochblättern beziehungsweise Brakteen umgeben. Erst wenn die Pflanze bestäubt ist, schaut das Laub aus dem Boden heraus, das aus drei- bis fünflappigen gezähnten Grundblättern besteht und einen kleinen kompakten, etwa 23 Zentimeter großen Horst bildet. Das Laub hält sich den ganzen Sommer hindurch. Die panaschierte Hybride *Hacquetia epipactis* ›Thor‹ präsentiert reizvoll cremeweiß geränderte Grund- und Hochblätter. Die Blüten sind zart primelgelb gefärbt. Der Goldteller liebt halbschattige bis schattige Standorte, humosen, warmen Boden und lässt sich im Herbst teilen, bevor die kommende Wachstumsperiode einsetzt. Diese Pflanzen müssen jedoch gut gekennzeichnet werden, da die Knospen nicht vor dem Hochwinter aus dem Boden treiben. Als ein Gewächs aus den Ostalpen und Karpaten ist sie ausgesprochen winterhart und wartet geduldig, bis die Bedingungen erträglich sind.

Blütensträucher und Bäume

Viele im Winter blühende Sträucher haben unscheinbare, dafür jedoch stark duftende Blüten (diese werden im »Garten der Sinne« auf den Seiten 191–202 beschrieben), während andere auf eine rein optische Wirkung ihrer Blüten ausgerichtet sind. Zu Letzteren gehören sowohl sommergrüne Pflanzen, deren scheinbar fragile Blüten graziös an kahlen Ästen hängen, wie auch immergrüne Gehölze, deren schönes Laub einen glänzend farbigen Hintergrund für die Blüten bildet. Zwerg-Heiden setzen alljährlich schon früh im Jahr willkommene Farbakzente, und einige wenige Bäume treiben bereits im Winter mutig ihre Blüten aus.

Winterblühende Bäume
Den größten Teil unserer im Winter blühenden Bäume machen Formen der Zierkirsche *Prunus* aus. Einige kommen aus Japan und China, wurden zum ersten Mal im 18. Jahrhundert von dem schwedischen Botaniker Carl Thunberg beschrieben und sind erst seit 100 Jahren überall in den westlichen Ländern erhältlich.

1 | Die nach Mandeln duftenden Blüten der Japanischen Aprikose *Prunus mume* ›Beni-chidori‹ öffnen sich an nackten Ästen im Spätwinter. In ihrem Unterstand zeigen sich die glänzenden, pfeilförmigen Blätter des Italienischen Aronstabs *Arum italicum* ssp. *italicum* ›Marmoratum‹ silbrig geädert.

2 3

Die Winter-Kirsche *Prunus x subhirtella* ›Autumnalis‹ ist ein zierlicher Baum mit ausladender, lockerer Krone, der selbst in belaubtem Zustand mit seinen kleinen grünen Blättern nur einen lockeren, marmorierten Schatten wirft. Die Winter-Kirsche eignet sich ausgezeichnet für kleinere Stadtgärten, wo wir uns aus nächster Nähe an ihrer Blüte erfreuen können. Ihre hängenden Blüten sind halb gefüllt, als Knospen zartrosa und öffnen sich nacheinander über den ganzen Winter zu cremeweißen Blüten, bis sie Anfang Frühjahr ihren absoluten Höhepunkt erreichen. Zieht man rosarote Blüten vor, sollte man sich für *Prunus* x *subhirtella* ›Autumnalis Rosea‹ entscheiden.

Die als Japanische Aprikose bekannte *Prunus mume* ist ein kleinwüchsiger Baum, dessen Blüten den Duft nach Mandeln verströmen. Obwohl sich ihre Blüten meist im Frühjahr öffnen, können sie in milden Jahren auch schon mitten im Winter erscheinen. Die beste Sorte ist *Prunus mume* ›Beni-chidori‹ (übersetzt bedeutet das »Tausend rote Vögel«). Dieser Baum zeigt zauberhaft duftende, schalenförmige halbgefüllte Blüten in einem klaren Rosarot mit herausragenden cremeweißen Staubfadenbüscheln, die sich dicht an dicht entlang der nackten Äste entfalten. Das sommerliche Laub ist eher unauffällig, sodass man den Baum am besten an einem sonnigen Platz im Hintergrund einer Rabatte pflanzt oder ihn an einer Wand mit attraktivem Vordergrund zieht, wie zum Beispiel einem silberblättrigen Schmetterlingsstrauch *Buddleja*, der drastisch beschnitten werden kann, bevor die Japanische Aprikose Blüten austreibt. Unterpflanzen Sie das Bäumchen mit buntlaubigem Aronstab, um ganzjährig eine ansprechende Laubstruktur zu begünstigen. *Prunus mume* ›Pendula‹ ist die kleine Trauerform der Japanischen Aprikose mit blassrosa Blüten. *Prunus mume* ›Alboplena‹ besitzt halbgefüllte weiße Blüten.

Die März-Kirsche *Prunus incisa* bildet langsam einen lockeren, graziösen Busch oder kleinen Baum, den im Frühjahr zarte, in der Knospe rosarote, weiße Blüten an nackten Ästen überziehen. Die frühblühende Hybride *Prunus incisa* ›Praecox‹ besitzt ebenso weiße Blüten wie die kleinere *Prunus incisa* ›Mikinori‹ mit halbgefüllten Blüten. Eine der beliebtesten Sorten ist die *Prunus incisa* ›Kojo-no-mai‹, eine sehr langsamwüchsige, steife Strauchform mit zickzackförmigen Ästen und blassrosa Blüten – wunderschön anzusehen, wenn man sie mit kleinen blauen Frühjahrsblühern unterpflanzt. Sie zeigt eine attraktive Herbstfärbung und mutet noch zauberhafter an, wenn man erfährt, dass ihr Name auf Japanisch »Tanz im alten Schloss« bedeutet. *Prunus incisa* ›February Pink‹ ist ein graziöser Blütenstrauch mit fein gesägten Blättern, die sich im Herbst orangerot verfärben. In milden Perioden sind die nackten Äste vom Spätwinter an mit blassrosa Blüten übersät. Diese Formen der Zierkirschen sind nicht besonders langlebig, leiden bisweilen unter Pilz- und Viruskrankheiten, sie sind jedoch aufgrund ihrer Winterblüte eine lohnende Bereicherung im Garten.

Der Erdbeerbaum *Arbutus* x *andrachnoides* und sein Elternteil *Arbutus unedo* sind kleine, frostfeste, immergrüne Bäume, die eine sich attraktiv abschälende Rinde und junge Triebe in Zimtrot (siehe Seite 206) aufweisen. Ihre cremeweißen Blüten öffnen sich im Spätherbst und Winter, wenn die Früchte der vergangenen Saison noch an den Ästen hängen. Diese ähneln rein äußerlich, aber nicht im Geschmack, unseren Erdbeeren. Obwohl sie zur Familie der Heidegewächse *Ericaceae* gehören, tolerieren beide Formen basische Böden und sind daher

für Gärtner empfehlenswert, die mit kalkhaltigen Böden arbeiten.

Die Kornelkirsche *Cornus mas* ist ein kleiner Baum oder rundlicher, laubabwerfender Strauch, den im Winter Unmengen kleiner hellgelber Blüten wie eine duftige Wolke einhüllen (siehe »Gute Begleitpflanzen« Seite 113). Den Blüten folgen kirschähnliche rote Früchte, die im sehr reifen Zustand frisch säuerlichsüß schmecken und dann weniger adstringieren. Dieses extrem Vitamin-C-reiche Gehölz wurde schon seit der Steinzeit, in der Antike und im Mittelalter genutzt. Heute gibt es sogar geschmacklich verfeinerte Obstsorten im Handel, die für die Herstellung von Marmelade, Gelee, Säften und Wein besonders geeignet sind. Die Kornelkirsche *Cornus mas* ›Variegata‹ ❦ besitzt auffällig schönes, weiß gerandetes Laub, *Cornus mas* ›Aurea‹ zeigt gold überhauchte Blätter.

Die Silber-Akazie *Acacia dealbata* ❦, die »Mimose« der Floristen, ist ein zauberhafter immergrüner Baum, der besonders vor einer hohen, sonnigen Mauer wirkt. Er besitzt gefiedertes, farnartiges Laub und winzige, perlförmige Blütenknospen im Frühwinter, die sich zu flaumigen, süß duftenden und kugelförmigen Blütenbüscheln von Wintermitte bis Spätwinter entfalten. An günstigen Standorten erreicht der Baum eine Höhe von zehn Metern und ist in voller Blüte besonders vor einem klaren, blauen Himmel ein faszinierender Anblick.

---

2 | Winter-Kirsche *Prunus* x *subhirtella* ›Autumnalis‹
3 | März-Kirsche *Prunus incisa* ›Praecox‹
4 | Erdbeerbaum *Arbutus* x *andrachnoides*
5 | Kornelkirsche *Cornus mas*

Frühlingsblüher unter Bäumen

Der marmorierte Schatten unter winterblühenden Bäumen und Sträuchern ist ein idealer Standort für frühe Zwiebelpflanzen. Der Schneestolz *Chionodoxa luciliae* ❦ (A) ist eine der ersten mit sternförmigen, blasssaphirblauen Blüten an zehn Zentimeter hohen Stängeln. Die Puschkinie (gehört zur Familie der Hyazinthen-Gewächse) *Puschkinia scilloides* mit ausgebleichten blau-weißen Blüten, besitzt eine ähnliche Wuchsform und liebt dieselben Bedingungen. Beide zusammen sind zauberhafte Partner für den Winterling *Eranthis* mit butterblumengelben Blüten über grünen Blattrosetten (B). Lungenkraut *Pulmonaria* (C) und Balkan-Windröschen *Anemone blanda* (D), Schneeglöckchen (E) und Primeln (F) vervollständigen das Bild.

Winterblühende Sträucher

Der Winter-Jasmin *Jasminum nudiflorum* ⚆ ist einer der ersten Sträucher, die im Jahr blühen, und seine röhrenförmigen Blüten mit strahlend hellgelben Blütenkronen sind im wahrsten Sinne ein Lichtblick an den trüben Tagen des Vorfrühlings. Die grünen, kahlen, bogig überhängenden Zweige sind mit fest eingerollten Knospen bedeckt, bevor der erste gelbe Blütenhauch sich zeigt und sich schließlich immer mehr Blüten vereinzelt über die nächsten

---

6 | Silber-Akazie *Acacia dealbata*
7 | Winter-Jasmin *Jasminum nudiflorum*

Begleitpflanzen für den Winter-Jasmin

Die peitschenartig, leicht wirr erscheinende Wuchsform des Winter-Jasmins *Jasminum nudiflorum* ⚆ kann durch geschickte Pflanzkombinationen kaschiert werden. An einer Mauer zieht man ihn daher am besten in Gesellschaft mit dem großblättrigen Kolchischen Efeu *Hedera colchica* ›Sulphur Heart‹ ⚆ (A): Auf diese Weise betont der hellgelbe Jasmin das goldbunte Laub des Efeus, das wiederum für Attraktivität und Farbigkeit sorgt, sobald der Jasmin verblüht ist. Die schönsten Blüten erscheinen an den Triebenden. Der dementsprechend kahle untere Teil der Pflanze kann durch Pflanzung eines immergrünen Strauches wie der Gewöhnlichen Mahonie *Mahonia aquifolium* ›Apollo‹ ⚆ (B) verdeckt werden. Die Mahonienblüten öffnen sich just dann, wenn der Jasmin zu verblühen beginnt.

Heidekräuter

Die Zwergheidekräuter bieten dem Gärtner sowohl den Vorteil einer winterlichen Blüte als auch buntes Laub. Darüber hinaus sind sie anpassungsfähige Pflanzen, die am besten auf leichten, sandigen Böden gedeihen. Alle hier beschriebenen Sorten mögen saure Substrate, tolerieren jedoch auch basische Böden (die sommerblühende Besenheide *Calluna vulgaris* benötigt saure Substrate – siehe Seite 161). Die zahlreichen Hybriden der Schnee-Heide *Erica carnea* gibt es in einer breiten Palette an Farben, doch eine der besten ist *Erica carnea* ›Myretoun Ruby‹ ♡ (A), die eine üppige rubinrote Blütenpracht entfaltet; andere Sorten sind ›Winter Beauty‹ mit rosaroten Blüten und die frühblühende ›December Red‹. Viele Varianten haben attraktives Winterlaub, wie zum Beispiel die Schnee-Heide *Erica carnea* ›Ann Sparkes‹ ♡ mit gelbem Laub, dessen Spitzen sich bronzerot färben, und purpurrosa Blüten, *Erica carnea* ›Springwood White‹ ♡ (B), die schönste weiße Sorte, sowie die alte Sorte *Erica carnea* ›Vivellii‹ ♡ mit bronze überhauchtem grünem Laub – eine Folie, vor der die rosaroten Blüten besonders gut zur Geltung kommen. Diese Heiden sind pflegeleicht. Ein leichter Schnitt fördert ihren dichten und kompakten Wuchs, und entfernt man das verblühte Laub im Frühjahr, begünstigt diese kleine Maßnahme das Erscheinungsbild der Pflanze. Eine empfehlenswerte und ästhetische Kombination ist die mit Alpenveilchen unter Kiefern.

Die Purpur-Heide *Erica erigena* ist weniger frosthart, doch die Sorte *Erica erigena* ›Golden Lady‹ ♡ treibt weiße Blüten über buschig wachsendem, aufrechtem Laub aus, das das ganze Jahr über hellgelb ist. *Erica erigena* ›Irish Dusk‹ ♡ hat dunkelgrüne Blätter und lachsrosa Blüten.

Es existiert auch eine Hybride zwischen diesen beiden Sorten, das Englische Heidekraut *Erica x darleyensis*. Sie ist etwas höher als *Erica carnea*. *Erica x darleyensis* ›Arthur Johnson‹ ♡ (C) hat lange, dichte Büschel von malvenrosa Blüten, die sich gut als Schnittblumen eignen. *Erica x darleyensis* ›White Perfection‹ ♡ (D) ist eine empfehlenswerte, ausgesprochen vitale Form mit grünem Laub und weißen Blüten, und *Erica x darleyensis* ›Kramer's Rote‹ ♡ trägt ihre klaren roten Blüten besonders lange.

Die größeren Baumheiden *Erica arborea* (E) bilden mittelhohe bis hohe Sträucher, an denen gegen Ende des Winters duftende cremeweiße Blüten erscheinen. *Erica arborea* ›Albert's Gold‹ ♡ ist in unseren Gärten am häufigsten vertreten und wird bis zu zwei Meter hoch; ihre aufrechten Äste tragen leuchtend goldgelbes Laub im Winter. Das Laub der Sorte *Erica arborea* ›Estrella Gold‹ ♡ tendiert zu grünlichem Gelb. Außerdem ist die Sorte langsamwüchsiger.

Heidepflanzungen

Obwohl sie traditionell in Gesellschaft von Nadelgehölzen verwendet werden, sind winterblühende Heiden im Garten wesentlich vielseitiger verwendbar. Varietäten mit dunkelrosaroten Blüten wie *Erica carnea* ›Myretoun Ruby‹ ♀ ergeben eine farbenprächtige Kombination mit den Purpurglöckchen *Heuchera* und dem unterschiedlich farbigen Winterlaub der Bergenien. Sie können zusammen mit Gräsern wie der Palmwedel-Segge *Carex comans* gepflanzt werden, um einen gut strukturierten Teppich unter den weißen und lachsfarbenen Stämmen von Birken zu bilden. In Töpfen geben sie den ganzen Winter über ein schönes Bild und sind gute Begleitpflanzen für die frühen Hybriden der Teppich-Primel *Primula* aus der Wanda-Gruppe. Werden sie durch Schnitt nach der Blüte niedrig gehalten, sind sie bestens geeignet, das verrottende, unansehnliche Laub von frühblühenden Zwiebelpflanzen wie Krokussen und Zwerg-Narzissen zu kaschieren.

beiden Monate öffnen. Die Heimat dieser Jasminart ist das westliche China. Als Gartenpflanze wurde sie 1844 von dem schottischen Botaniker Robert Fortune eingeführt. Er schickte einige Exemplare nach Großbritannien. Als Transportmittel diente ihm die damals neu entwickelte Ward'sche Kiste, ein geschlossener Glascontainer, der die Verluste von Pflanzen während der Verschiffung nach Europa deutlich minderte. Der lateinische Name beschreibt treffend den Habitus der Pflanze im Winter, denn *nudiflorum* bedeutet »nacktblütig«, da die Blüten an kahlen Trieben, also lange vor dem Laubaustrieb erscheinen. Dieser Jasmin wurde aufgrund seiner Winterblüte schnell beliebt und wird auch heute noch in Gärten gepflanzt, wo auf winterliche Blüte Wert gelegt wird. Ein weiterer Pluspunkt ist seine Zähigkeit und Langlebigkeit. Zieht man ihn wie eine Kletterpflanze, kann er fünf Meter hoch werden. Da er jedoch selbst keine Klettereigenschaften besitzt, müssen die alten Äste an eine Wand, einen Zaun oder an ein Gerüst gebunden werden, damit die jungen Triebe bogig überhängend zu einer Kaskadenform heranwachsen. Wird er radikal gestutzt, kann man ihn unter einem Fenster oder über oder entlang einer Veranda ziehen. Ebenso attraktiv ist der Jasmin als bogenförmig überhängender Busch oder als Überwurf über eine Böschung oder niedrige Mauer. Nach der Blüte, Anfang Frühling, sollte er sorgfältig und gründlich geschnitten werden, sodass

---

8 | Becherkätzchen *Garrya elliptica* ›James Roof‹
9 | Lorbeer-Schneeball *Viburnum tinus* ›Gwenllian‹
10 | Lorbeer-Schneeball *Viburnum tinus*

Gute Begleitpflanzen

Der gold panaschierte Japanische Spindelbaum *Euonymus japonicus* ›Chollipo‹ ♀ (A) sieht in Gesellschaft mit den flauschigen Blütendolden der Kornelkirsche *Cornus mas* (B) im Winter zauberhaft aus und setzt noch im Sommer einen schönen Akzent, wenn die Blüten der Kornelkirsche abgefallen sind.

Das graugrüne, rotspitzige Laub der Strauchveronika *Hebe* ›Red Edge‹ ♀ (C) passt hervorragend zu den dunkelgrünen Blättern, rosa Knospen und weißen Blüten des Lorbeer-Schneeballs *Viburnum tinus* ›Gwenllian‹ ♀ (D). Die Strauchveronika blüht im Sommer weiß.

sich zahlreiche frische Blütentriebe entwickeln. Eine gute Kombination ist es, den Jasmin an einem Stachetenzaun mit einem immergrünen, rundlichen Schneeballstrauch *Viburnum davidii* ♀ im Vordergrund zu ziehen (siehe auch Seite 174).

Das Becherkätzchen *Garrya elliptica* ziert viele schattige Mauern. Seine dunkle, aufrechte Wuchsform und das dunkelgrüne Laub bilden eine perfekte Hintergrundkulisse für das Blütenspektakel aus langen silbergrauen Kätzchen, die die Zweige am Ende des Winters reichlich zieren. Die Hybride ›James Roof‹ ♀ bildet die längsten und auffälligsten Kätzchen aus und ist die brauchbarste Gartensorte (siehe auch Seite 176).

In schattigeren Bereichen ist auch die immergrüne Lorbeerblättrige Johannisbeere *Ribes laurifolium* eine sehr nützliche Pflanze. Am Winterende ergeben die ledrigen Blätter und grünlich weißen Blüten eine attraktive Kombination (siehe Seite 153) und machen sie damit zu einer ganz und gar nicht aufdringlichen Begleiterin für frühblühende Zwiebelpflanzen.

Eine alte Gartenpflanze, der Lorbeer-Schneeball *Viburnum tinus*, auch unter der Bezeichnung »Laurustinus der Gärtner« bekannt, wird seit Hunderten von Jahren als gerüstbildender Strauch verwendet. Er wurde im 16. Jahrhundert aus dem Mittelmeerraum eingeführt. Vor allem in Viktorianischer Zeit war er als frostharter immergrüner Strauch hoch geschätzt, der viele vernachlässigte Ecken zusammen mit Rhododendren, dem Kirschlorbeer *Prunus laurocerasus* ♀ und der Goldorange *Aucuba* zierte. Seine immergrünen Blätter sind von einem glänzenden Dunkelgrün, und die spitzen weißen Blütenrispen öffnen sich aus rosa Knospen vom Spätherbst an, mit einer Ruhepause in der Wintermitte. Zum Winterende folgt eine erneute Blüte und daran

anschließend die Frucht in Form blauschwarzer Beeren. Dieser Schneeball ist ein pflegeleichter Strauch, der sich wenig um Bodenverhältnisse schert und der, wenn man ihn wachsen lässt, bis zu dreieinhalb Meter hoch wird. Obwohl er Vollschatten toleriert, entwickelt er doch an helleren bis sonnigen Plätzen eine üppigere Blüte. Entfernt man gelegentlich altes Holz und kappt die Zweigspitzen, fördert das einen kompakteren Wuchs und ein schönes Erscheinungsbild. Der Schnitt erfolgt am besten im Frühjahr, sobald die Blüten verwelkt sind. Die Farbe der Knospen ist insofern wichtig, als bei dieser Pflanze ein Teil der Blüten schon verblüht, während noch immer neue Knospen austreiben. Die empfehlenswerteste Sorte ist in jedem Fall der Lorbeer-Schneeball *Viburnum tinus* ›Gwenllian‹ ♛, der in den 80er-Jahren des letzten Jahrhunderts zu uns kam. Er ist ein kompakterer Strauch mit hübschen grünen Blättern an roten Stängeln, mit roten Blütenstielen und hellrosaroten Knospen, die sich zu weißen, rosa überhauchten Blüten öffnen, wobei die Rückseiten der Blütenblätter rot erscheinen. Er blüht ebenfalls in fließendem Übergang an den einzelnen Dolden (Staffettenblüte), und häufig hängen dabei noch einige der indigoblauen Beeren im Winter an der Pflanze. Mit einer guten Nase kann man sogar einen sehr feinen, süßen Duft wahrnehmen (siehe »Gute Begleitpflanzen« Seite 113).

Der Lorbeer-Schneeball *Viburnum tinus* ›Eve Price‹ ♛ ist eine weitere Sorte mit guter, kompakter Wuchsform. Dasselbe gilt für *Viburnum tinus* ›Purpureum‹ mit weißen Blütendolden und purpurfarbenem jungen Laub. Die buntlaubige Form *Viburnum tinus* ›Variegatum‹ besitzt rosarote Blattstiele und cremeweiße Blüten, ist jedoch empfindlicher und aus diesem Grunde eher für eine Mauerbepflanzung zu empfehlen.

Der immergrüne Weißglockenstrauch *Pieris* blüht eigentlich erst im Frühling richtig mit Trauben aus hängenden, glockenförmigen, weißen Blüten, doch einige Sorten haben rote Knospen, die sich bereits im Frühwinter zeigen und vor dem Hintergrund der glänzenden grünen Blätter ein hübsches Bild abgeben. Der ausgesprochen frostharte Japanische Weißglockenstrauch *Pieris japonica* ›Christmas Cheer‹ hat rosarote und weiße Blüten, die häufig

Andere winterblühende Sträucher Chinesische Winterblüte *Chimonanthus praecox* • Seidelbast *Daphne bholua* • Edgeworthie *Edgeworthia chrysantha* • Zaubernuss *Hamamelis x intermedia* ›Pallida‹ •

14

während des Winters erscheinen. Sie alle brauchen kalkfreie Böden und passen gut zu Heidekräutern (siehe auch Seiten 159/160).

Es gibt auch einige zauberhafte Weiden *Salix*, die mit ihren Weidenkätzchen im Spätwinter ausgesprochene Blickpunkte sind. Der Name Kätzchen, im Englischen catkin, leitet sich aus der Tudor-Bezeichnung für eine kleine Katze ab, und der volkstümliche Name für die in Großbritannien heimische Weide ist »Katzen-Weide«, sicher wegen der Ähnlichkeit mit dem weichen Fell einer Katze. Die Kätzchen sind herrlich weich und erscheinen in zahlreichen Farben. Die der Schwarzährigen Weide *Salix gracilistyla* ›Melanostachys‹ sind schwarz, während die Drachenweide *Salix udensis* ›Sekka‹ kastanienbraune Kätzchen und bizarr abgeflachte – bei Floristen übrigens sehr beliebte – Zweige aufweist. Bei vielen Sorten erscheinen die Kätzchen an farbigen Zweigen vor dem Laubaustrieb, eine Eigenschaft, die diese ebenfalls für Blumenarrangements empfiehlt. Dazu gehören zum Beispiel: die Kaspische Weide *Salix acutifolia* ›Blue Streak‹ ♕ mit dunkelpurpurroten Zweigen und blauer Blüte, die Reif-Weide *Salix daphnoides* mit purpur-violetten Trieben mit einem weißlichen Reif sowie *Salix daphnoides* ›Aglaia‹ mit roten Zweigen.

Auf sauren Böden treiben auch einige Rhododendren bereits im Spätwinter ihre zarten Blüten aus, die sich dann in milderen Temperaturperioden öffnen. Sie brauchen Schutz, idealerweise unter den lichteren Blätterdächern der Bäume, da Frost die Blüten schädigen kann. Der Vorfrühlings-Rhododendron *Rhododendron* ›Praecox‹ ♕ (praecox bedeutet »frühzeitig«) ist einer der Ersten, der regelrechte Büschel aus purpurlila, trichterförmigen Blüten an einem kleinen, kompakten Strauch austreibt (siehe Seiten 156–158).

---

11 | Japanischer Weißglockenstrauch *Pieris japonica* ›Christmas Cheer‹
12 | Schwarzährige Weide *Salix gracilistyla* ›Melanostachys‹
13 | Drachenweide *Salix udensis* ›Sekka‹
14 | Vorfrühlings-Rhododendron *Rhododendron* ›Praecox‹

Geißblatt *Lonicera x purpusii* • Fleischbeere *Sarcococca hookeriana* var. *digyna* • Skimmie *Skimmia japonica* ›Rubella‹

Winterlaub

Laubfarben können auch im Winter überraschend ausdrucksvoll und vielfältig sein. Sicher besteht die Palette im Allgemeinen aus gedämpfteren Schattierungen als im Sommer, der mit all seinen knalligen und leuchtenden Farben aufwarten kann. Dennoch stehen viele Töne zur Auswahl, angefangen von Silber über Blau bis Gold, Zimt und Beige. Volle und prächtige Rot- und Violettschattierungen sind ebenso vertreten wie helles Smaragd- und Limonengrün oder das elektrisierende Sonnengelb einiger buntlaubiger Pflanzen. Die wohlüberlegte Mischung von buntem Laub und einfarbigem Grün ergibt ein lebendiges und attraktives Gartenbild, das dem Auge im Winter guttut.

Der Italienische Aronstab *Arum italicum* **ssp.** *italicum* ›Marmoratum‹ wächst hier zwischen der Großblütigen Falschen Alraunwurzel *Tellima grandiflora* der Rubra-Gruppe.

Grün

Sträucher und Bäume, die ihr Laub im Winter behalten, kommen besonders zur Geltung, wenn ihre laubabwerfenden Nachbarn ihre kahlen Äste und Zweige zeigen. Wir finden immergrüne Gehölze in jeder Grünschattierung, von blassem Gelbgrün bis zum dunkelsten Smaragdgrün, und in jeder Höhe, angefangen von hohen, dunklen Kiefern bis hinunter zu glänzenden, breitblättrigen Sträuchern, zarten Farnen und Stauden, die sich unter die zahlreichen Laubarten ducken.

Großblättrige immergrüne Gehölze

Breitblättrige immergrüne Gehölze in glänzenden Grüntönen sind die Grundpfeiler des winterlichen Gartenbildes. Ihr Laub verleiht dem Garten Struktur und bildet eine Kulisse für zarte Blüten und andere bunte Protagonisten der jeweiligen Jahreszeiten.

Die dunkelgrünen Stechpalmen *Ilex* sind dafür hervorragende Beispiele. Sie zeichnen sich im Garten ebenso aus wie in der freien Natur. *Ilex* x *altaclerensis* ›Camelliifolia‹ ♀ wächst zu einem hübschen pyramidenförmigen Strauch mit dunklen Zweigen und großen, dornlosen, glänzenden dunkelgrünen Blättern heran. *Ilex aquifolium* ›Ferox‹ bietet wiederum eine völlig andere grüne Textur. Sie hat widerborstige Blattdornen, die in jede Richtung zeigen, und ist ein niedriger, langsamwüchsiger, ausladender Strauch von eineinhalb Meter Höhe (siehe auch Seiten 62–64).

Die Kirschlorbeersorten, Hybriden von *Prunus laurocerasus* ♀, haben großes, glänzendes, immergrünes Laub, das besonders in sonnigen Situationen das Licht reflektiert und meistens in einem dunklen Grün erscheint. *Prunus lauroceratus* ›Rotundifolia‹ hat kürzere und breitere Blätter als die Art und tendiert zu einer rundlicheren, buschigeren Wuchsform. Die Selektion *Prunus laurocerasus* ETNA (›Anbri‹), ein Sämling von ›Rotundifolia‹, wächst zu einem dichten, aufrechten Busch heran, mit bronzefarbenem Junglaub, das später eine dunkle, glänzend grüne Färbung annimmt. Diese Sorte hat sich als außerordentlich frosthart erwiesen. *Prunus laurocerasus* ›Otto Luyken‹ ♀ kann zweimal jährlich geschnitten werden, um den Strauch als niedrige, einen Meter hohe Kugelform zu halten. Wird er zu groß, kann er ohne Weiteres bis auf den Boden zurückgeschnitten werden und wird dennoch bald wieder neu ausschlagen.

Die Orangenblüte *Choisya ternata* ♀ besitzt helleres, smaragdgrünes Laub und wird ein mittelhoher Strauch von ungefähr eineinhalb Meter Höhe und Breite. Im Hochwinter treibt sie normalerweise weiße Blütenknospen aus, die weißen, duftenden Frühjahrsflor versprechen. Diese Art ist mit Gartenraute und Zitrone verwandt und besitzt ölige, aromatische Blätter. Die Orangenblüte wächst auf sonnigen und schattigen Standorten (siehe auch Seite 196).

Für warme, sonnige Standorte eignen sich viele Varietäten der Zistrose *Cistus* mit wunderschönem immergrünem Laub, das den ganzen Winter über attraktiv bleibt. Die Hybrid-Zistrose *Cistus* x *cyprius* var. *ellipticus* ›Elma‹ ♀ ist besonders hübsch. Sie hat harzige Blätter in glänzendem Dunkelgrün, wird einen Meter hoch und ebenso breit und hat tellerförmige, zarte weiße Blüten im Sommer.

Auffälliger, dunkler und glänzender in der Farbe ist die Zimmeraralie *Fatsia japonica* ♀ im Vordergrund einer Mauer in ihrer Wirkung unübertroffen. Ihre großen dunkelgrünen Blätter sind geradezu exotisch spektakulär und bilden einen prägnanten Kontrast zum kleineren, bunten, immergrünen Laub des Spindelstrauchs *Euonymus* und der Ölweide *Elaeagnus*. Der eng verwandte Efeu *Hedera* bietet ebenfalls zahlreiche interessante, grün belaubte Hybriden, die smaragdgrüne und dunkelgrüne Kulissen vor Mauern und Zäunen sowie grüne Teppiche unter Bäumen und Sträuchern bilden (siehe Seiten 65/66).

---

1 | Stechpalme *Ilex* x *altaclerensis* ›Camelliifolia‹
2 | Kirschlorbeer *Prunus laurocerasus* ›Otto Luyken‹
3 | Kirschlorbeer *Prunus laurocerasus* ETNA (›Anbri‹)
4 | Orangenblüte *Choisya ternata*
5 | Breitblatt *Griselinia littoralis*
6 | Zimmeraralie *Fatsia japonica*

Das Laub des Breitblatts *Griselinia littoralis* ♛ vermag eine völlig andere Schattierung von Grün in den Garten zu bringen. Die rundlichen, apfelgrünen Blätter stehen an ockerfarbenen Zweigen und formen einen großen, aufrechten Strauch, der sich gut eignet, um blockartige Pflanzungen aus dunklen immergrünen Pflanzen aufzulockern. Außerdem wirkt das Breitblatt attraktiv in Gesellschaft gold panaschierter Pflanzen.

Wo es der Platz erlaubt, ist der Chinesische Liguster *Ligustrum lucidum* ♛ ein herrlicher, großer Strauch oder kleiner Baum mit großen, glänzenden und spitz zulaufenden Blättern und einem ausladend konischen Wuchs. Die großen weißen Blütenrispen, die im Herbst erscheinen, bleiben oft bis in den Frühwinter. Dieser Liguster ist eine gute Alternative zur Großblütigen Magnolie *Magnolia grandiflora*, die ebenfalls hübsche, glänzende Blätter mit meist rostbrauner Unterseite besitzt (siehe Seite 154).

Kleinblättrige immergrüne Pflanzen

Der Buchsbaum *Buxus sempervirens* ♛ bildet die grüne Grundstruktur in vielen Gärten, wo er zur Heckenbildung und Einrahmung genutzt wird. In seiner schönsten Form ist der Buchs von einem dunklen, glänzenden Grün. Allerdings bewirken zu hohe winterliche Niederschlagsmengen oft eine Bronzeverfärbung des Laubs, da dann zu viele Nährstoffe aus dem Substrat gewaschen werden. Bei besonders nachteiliger Witterung kann die obere Fläche von Hecken aus *Buxus sempervirens* ›Suffruticosa‹ ♛ Frostschäden in Form von weißen, pergamentartigen Blättern zeigen (siehe auch Seite 64). Einige Strauchveronikasorten *Hebe* zeigen oft das frischeste Laub in winterlichen Gärten. Sie sind solide, kompakte Pflanzen, die sich auch im Einzelstand verwenden lassen. Darüber hinaus sind sie als strukturgebende Elemente durchaus ein Ersatz für den Buchsbaum – allerdings nicht in Form von Hecken, da sie Schnittmaßnahmen übel nehmen. Im Allgemeinen scheinen die besonders frostfesten Sorten auch die kleinsten Blätter sowie kleine, normalerweise weiße Blüten im Sommer zu entwickeln. *Hebe* ›Emerald Gem‹ ♛ ist ein zwergwüchsiger kugeliger Strauch von bis zu 30 Zentimeter Höhe, ideal für die Pflanzung auf Kies oder im Topf. Die winzigen, glänzenden Blätter sind smaragdgrün. *Hebe rakaiensis* ♛ besitzt leuchtend erbsengrünes Laub und formt kompakte Kugelformen – ein idealer Bodendecker für die pralle Sonne. Für Formschnitte, die nicht getrimmt werden müssen, wählt man am besten *Hebe topiaria* ♛, die zu einer graugrünen Kuppelform heranwächst und eine Höhe von einem Meter erreicht. *Hebe macrantha* ♛ ist ein zwergwüchsiger kugeliger Strauch mit hellgrünen, ledrigen Blättern und vergleichsweise großen, reinweißen Blüten.

Unter den kleinblättrigen immergrünen Pflanzen von dunkelgrüner Farbe sind die Duftblüten *Osmanthus x burkwoodii* ♛ und *Osmanthus delavayi* ♛ unschlagbar. Erstere Duftblüte wächst aufrecht, buschig und dicht mit einigermaßen glänzenden, kleinen und spitzen dunklen Blättern. Sie erreicht eine Höhe von eineinhalb Metern und eignet sich gut für Schnitte und Formschnitte. Im Frühling erscheinen kleine weiße und duftende Blüten in den Blattachseln. *Osmanthus delavayi* wächst eher in die Breite und fällt gewöhnlich niedriger aus, mit hellbraunen Zweigen und sehr dunklen, runden und gezahnten Blättern. Selbst kleine Sträucher sind im

---

7 | Chinesischer Liguster *Ligustrum lucidum*
8 | Buchsbaum *Buxus sempervirens* ›Suffruticosa‹
9 | Duftblüte *Osmanthus x burkwoodii*
10 | Strauchveronika *Hebe rakaiensis*

Andere immergrüne Sträucher Calafate-Strauch *Berberis darwinii* • Säckelblume *Ceanothus thyrsiflorus* ›Skylark‹ • Hybrid-Zistrose *Cistus x hybridus* • Heckenkirsche *Lonicera pileata* • Mahonie *Mahonia x media* ›Charity‹ • Duftblüte *Osmanthus armatus* • Fleischbeere *Sarcococca confusa* • Lorbeer-Schneeball *Viburnum tinus*

Frühling von duftenden weißen Blüten überdeckt. Für lockere Texturen eignet sich der Rosmarin *Rosmarinus officinalis* besonders gut. Er hat aufrechte Zweige mit graugrünen, schmalen, aromatischen Blättern (siehe Seite 218). Man kann ihn gut trimmen und in Form schneiden. Er wächst zu einem hübschen, rundlichen Busch von bis zu einem Meter Höhe heran.

Grüne Koniferen

Die in Großbritannien beheimatete Gemeine Eibe *Taxus baccata* ♣ ist das ultimative dunkelgrüne gerüstbildende Element englischer Gärten zu jeder Jahreszeit. Sie wird zu Hecken und Formschnitten getrimmt, und ihre unterschiedlichen Formen sind spektakuläre, einzeln stehende Schaubäume. Die Säulen-Eibe *Taxus baccata* ›Fastigiata‹ ♣ besitzt genau jene schwarzgrüne Färbung, die wir mit dieser so vielseitig einsetzbaren Pflanze verbinden (siehe Seite 71).

Andere Koniferen mit weichem, muschelförmig angeordneten Laub oder starren, spitzen Nadeln stehen für eine andere Auswahl an Wuchsformen und Texturen, besitzen jedoch ein ähnliches Spektrum an Grünschattierungen. Die hervorragende Muschel-Scheinzypresse *Chamaecyparis obtusa* ›Nana Gracilis‹ ♣ bildet muschelförmig flach gewölbtes Laub in sämtlichen Facetten von dunkelstem Grün bis hellem Smaragdgrün aus, das in seiner Textur an grünen Samt erinnert. Diese Scheinzypresse wächst langsam zu einer Höhe von eineinhalb Metern heran und ergibt einen ausgesprochen attraktiven Schaubaum für einen Steingarten oder im Topf. Die Zwerg-Kiefern haben eine weniger abgerundete Erscheinungsform: Die Berg-Kiefer *Pinus mugo* ›Mops‹ ♣ ist ein dunkelgrüner, langsamwüchsiger Busch mit spitzen Nadeln, der einen Meter Höhe erreicht.

---

11 | Dunkelgrüne Eibe, Stechpalme und smaragdgrüne Strauchveronika bilden in dieser Rabatte des Anwesens White Windows in Longparish, Hampshire, das ganze Jahr über die immergrüne Struktur des Gartens.

12 | Gemeine Eibe *Taxus baccata*
13 | Muschel-Scheinzypresse *Chamaecyparis obtusa* ›Nana Gracilis‹

Immergrüne Bodendecker

Dunkelgrüne Sonnenröschen *Helianthemum* und Immergrüne Schleifenblumen *Iberis sempervirens* ♛ bilden niedrige Matten aus dekorativem Laubwerk an sonnigen Standorten im Garten.
Sorten des Feld-Thymians *Thymus serpyllum* breiten sich wie dunkelgrüne Teppiche auf Kies oder über Pflasterränder aus. Für Schattenplätze eignet sich die Gewöhnliche Haselwurz *Asarum europaeum* mit ihren rundlichen, glänzenden Blättern nur wenige Zentimeter über dem Boden (siehe Seite 79) sowie die Stinkende Nieswurz *Helleborus foetidus* ♛ mit dunkelgrünen Blättern und limonengrünen Blüten (siehe Seite 173). Die Varietät der Mandelblättrigen Wolfsmilch *Euphorbia amygdaloides* var. *robbiae* ♛ (siehe rechts) besitzt immergrüne Rosetten aus dunkelgrünen, glänzenden Blättern und ist ein äußerst nützlicher Bodendecker an trockenen Schattenstandorten. Sie passt

sehr gut zur Efeusorte *Hedera helix* ›Manda's Crested‹ ♛ mit gewellten Blättern, die im Winter einen leichten Bronzeton annehmen.

Das Laub früher Zwiebelpflanzen

Das Laub einiger Zwiebelpflanzen erscheint bereits sehr früh im Jahr, und in wärmeren Wintern beginnt sich der Frühlingsstern *Ipheion uniflorum* bereits zur Wintermitte zu zeigen, indem er lange vor seinen blassblauen Blüten leuchtend grüne, grasähnliche Blatthorste bildet. Die kurzen, smaragdgrünen Blätter des spätblühenden Ikaria-Schneeglöckchens *Galanthus ikariae* (siehe rechts) bringen eine willkommene leuchtend grüne Färbung in diese Jahreszeit und sind damit eine perfekte Folie für ihre kontrastierenden perlweißen Blüten.

Farne

Immergrüne Farne eignen sich hervorragend, um für grüne Akzente im winterlichen Garten zu sorgen. Ihre ausladenden oder fedrigen Blattwedel machen gleichzeitig die Blatttextur abwechslungsreicher. Der Weiche Schildfarn *Polystichum setiferum* ♀ (siehe Abbildung B und C) bildet große Horste mit beeindruckend bogenförmig überhängenden, gefiederten Blattwedeln in einem sanften Mittelgrün. Es gibt eine große Sortenauswahl, deren Blattwedel noch stärker gefiedert und gekräuselt sind. Andere wiederum haben gerandete Spitzen oder überlappende Blattwedel, deren Mittelrippen spiralförmig übereinanderstehen. Die Blätter halten den ganzen Winter über und müssen erst entfernt werden, wenn sich die neuen, jungen Sprosse im Frühling ausrollen. Die Namen dieser Farne mögen vielleicht kompliziert sein, doch wählt man ein Exemplar aus den vielen Züchtungsgruppen des Schildfarns wie *Acutilobum, Cristatum, Divisilobum* oder *Plumosodivisilobum* (F) aus, kann man nichts falsch machen, denn man besitzt besonders anmutige Pflanzen für Schattenecken. Weiche Schildfarne *Polystichum setiferum* behalten den ganzen Winter über ihr schönes Erscheinungsbild, tolerieren bis zu einem gewissen Grad zugige Ecken und gedeihen auch auf armen Böden.

Ein Farn sickerfeuchter Schluchtwälder ist der Hirschzungen-Farn *Asplenium scolopendrium* ♀ (A), der attraktive, lockere Kelche aus länglich zungenförmi-

D E

gen, ganzrandigen Blättern formt. Das wintergrüne Laub erscheint in einem hellen, leuchtenden Grün und besitzt eine reflektierende Oberfläche, die im Sonnenlicht glitzert und flimmert. Als Hintergrundkulisse einer Rabatte, wo ihre langen, schmalen Blattwedel noch lange deutlich sichtbar sind, nachdem die Stauden ihr Grün bereits eingezogen haben, können diese Farne eine Höhe von gut 60 Zentimetern erreichen. Allerdings findet man den Hirschzungen-Farn häufiger in Mauerspalten in schattigen Ecken, wo er zuweilen wesentlich kleiner bleibt. Bei einigen Züchtungen sind die Blattränder gekraust, geschlitzt oder haben eine hahnenkammähnliche Blattspitze (daher der Name Hahnenkamm-Hirschzungen-Farn), wie zum Beispiel *Asplenium scolopendrium* Cristatum-Gruppe und ›Kaye's Lacerated‹ ♀.

Der Südliche Tüpfelfarn *Polypodium cambricum* hat eine leicht andere Wuchsform als der Rest der Farnfamilie. Die gefiederten neuen Blattwedel erscheinen erst im Spätsommer und behalten ihr frisches Salatgrün den ganzen Winter über. Diese Farne tolerieren trockene Standorte sehr gut und können bis dicht an die Stämme kleiner Bäume gepflanzt werden, wo sie gut gedeihen in Gesellschaft der frühblühenden Frühlings-Blatterbse *Lathyrus vernus* ♀ mit frisch grünen Blättern, erbsenähnlichem Laub und Büscheln aus leuchtend violetten und kirschroten Blüten und des im Herbst blühenden Oktober-Steinbrechs *Saxifraga fortunei* ♀ mit erdbeerähnlichen Rosetten aus fleischigen dunkelgrünen und silbrig geäderten Blättern. Der Gewöhnliche Tüpfelfarn *Polypodium vulgare* (D) ist eine bewährt frostharte Art, die über kriechende Rhizome dichte, immergrüne Teppiche bildet. Sie eignet sich ideal als Bodendecker auf trockenen Standorten unter Bäumen und an Böschungen und gedeiht auch gut auf Kalkböden.

Alle diese Farne wachsen sowohl auf basischen als auch sauren Substraten – mit Ausnahme des Rotschleier-Farns *Dryopteris erythrosora* ♀ (E), der ausschließlich auf sauren Böden gedeiht. Letzterer ist ebenfalls ein empfehlenswerter Farn für eine Winterpflanzung: Zieht man ihn am Fuß einer kalten Mauer, treibt er schnell eine Fülle orangebrauner Blattwedel, die mit der Zeit von sattem Grün zu einem zarten Limonengrün verblassen und im Alter elegant bogenförmig überhängen. Diejenigen, die basische Böden in ihrem Garten besitzen, sollten diesen Farn in einem Topf mit kalkfreier Komposterde ziehen.

F

Weiß, cremefarben und silbrig panaschiert

Pflanzen mit panaschiertem (variegiertem bzw. verschieden buntlaubigem) Laub sind eine wertvolle Quelle für Farbigkeit in jedem Garten. Sie helfen, die eintönig grünen Laubmassen im Sommer aufzulockern, und können die Farbe eines Pflanzschemas das ganze Jahr über auch dann noch fortsetzen, wenn ein Großteil der Blüte vergangen ist. Pflanzen mit weiß, cremefarben oder silbrig panaschiertem Laub fangen das winterliche Licht ein und vermögen damit Bereiche aufzuhellen, die in dieser Jahreszeit sonst im Schatten liegen. Glücklicherweise gibt es viele immergrüne Sträucher in diesen Farbvarianten, die gut unter den beschriebenen Bedingungen gedeihen.

Panaschierte Sträucher

Der panaschierte Kirschlorbeer *Prunus laurocerasus* ›Castlewellan‹ ist ein großer, buschig wachsender Strauch mit ledrigen, weiß marmorierten Blättern. Er wirkt sehr attraktiv in Gesellschaft anderer immergrüner Sträucher, die noch auffälliger weiß und cremefarben panaschiertes Laub aufweisen, und kann wie alle Kirschlorbeersorten (siehe Seite 118) gut in Form geschnitten und in der gewünschten Größe gehalten werden.

Einige der faszinierenden Klebsamen aus Neuseeland wachsen zu großen, säulenförmigen Pflanzen mit kleinen, glänzenden, an den Rändern leicht gewellten Blättern heran. Der beliebte Klebsame *Pittosporum* ›Garnettii‹ ♛ besitzt graugrüne und cremefarben gerandete Blätter, auf denen sich bei kalter Witterung rote Einsprenkelungen bilden, während der Klebsame *Pittosporum tenuifolium* ›Silver Queen‹ ♛ kleineres Laub mit einer stärkeren cremefarbenen Panaschierung aufweist. *Pittosporum tenuifolium* ›Irene Paterson‹ ♛ ist eine ausgesprochen hübsche Selektion, deren schwarz gestielte Blätter in einem mit cremeweiß überlagerten Blassgrün erscheinen. Sie wächst langsam zu einem mit-

---

1 | Die weiß gefleckten Blätter des Immergrünen Spindelstrauchs *Euonymus fortunei* ›Emerald Gaiety‹ sind eine frische, aufhellende Ergänzung zu den Schneeglöckchen.

telgroßen Busch heran. Klebsame bekommen winzige, schokoladenbraune Blüten im Frühjahr, die bezaubernd süß duften.

Die locker und luftig wirkende panaschierte Duftblüte *Osmanthus heterophyllus* ›Variegatus‹ ☘ ist ein weiterer empfehlenswerter immergrüner Strauch mit spitzen Blättern in zwei cremefarben panaschierten Grüntönen. Sie wächst ausgesprochen langsam und erreicht schließlich eine Höhe von zwei Metern. Die winzigen cremefarbenen Blüten verströmen im Herbst einen starken, süßlichen Duft (siehe Seite 70).

Die silberblättrige Gemeine Stechpalme *Ilex aquifolium* ›Ferox Argentea‹ ☘ ist ebenfalls ein verhältnismäßig locker aufgebauter Strauch mit dunkelgrünem, elfenbeinweiß gerandetem Laub, das sowohl auf der Blattoberfläche als auch am Rand dicht mit Dornen besetzt ist. In einer gemischten Pflanzung kommt ihr ein silberner Aufhellungseffekt zu. Die Stechpalme *Ilex aquifolium* ›Handsworth New Silver‹ ☘ besitzt als Baum eine aufrechtere, pyramidenförmige Wuchsform mit silbern panaschiertem Laub und auffällig purpurroten Zweigen. Die schmalen Blätter sind grau eingesprenkelt und cremeweiß gerandet. Wir haben es hier mit einer weiblichen Sorte zu tun, die Beeren ausbilden sollte, falls eine männliche Pflanze in der Nähe wächst.

> ### Panaschiertes Laub und Wüchsigkeit
>
> Die grüne Farbe des Laubes kommt durch Fotosynthese betreibende Chlorophyllpigmente zustande, die entscheidend für das Wachstum der Pflanze sind. Da Pflanzen mit panaschiertem Laub vergleichsweise weniger Chlorophyll besitzen als Pflanzen mit rein grünen Blättern, ist deren Wüchsigkeit entsprechend geringer. Deshalb erreichen sie meistens geringere Höhen als ihre einfarbig grünen Formen – ein Effekt, der sich vor allem für kleine Gärten als vorteilhaft erweisen kann.

Es existieren zahlreiche silbrig und weiß panaschierte Efeusorten, die schattige Ecken mit ihrem leuchtenden Laub sanft aufhellen, entweder in ihrer Eigenschaft als Kletterpflanzen oder auch als Bodendecker. Die Efeusorte *Hedera helix* ›Glacier‹ ☘ ist in Gärten und Parks weit verbreitet. Ihr Laub erscheint in einer Mischung aus Grau und Grün mit helleren silbrig-grauen Einsprenkelungen und einem cremeweißen Rand. An einer Mauer, einem Zaun oder an einem Baum gezogen, erreicht sie eine Höhe von drei Metern und mehr. Der kanarische Efeu *Hedera canariensis* ›Gloire de Marengo‹ ☘ wird häufig als Zimmerpflanze verwendet, eignet sich jedoch als buntlaubiger Aufheller auch für einen geschützten Platz im Freien, wo er drei Meter hoch wird. Die großen Blätter sind sattgrün, in der Mitte silbergrau marmoriert und im Randbereich weißrandig.

Wie schon der Efeu sind die kriechenden immergrünen Zuchtsorten des Spindelstrauchs *Euonymus fortunei* gut als Bodendecker oder zur Mauerbepflanzung einzusetzen. Darunter gibt es auch einige gemusterte Sorten. *Euonymus fortunei* ›Emerald Gaiety‹ ☘ besitzt eine breite weiße Umrandung seiner dunkelgrünen Blätter, die bei feuchter Witterung ein rosa Hauch überzieht (siehe auch die Seiten 162–164).

Für saure Böden gibt es panaschierte Rhododendren und Weißglockensträucher *Pieris*. Der Ponti-

---

2 | Panaschierter Kirschlorbeer *Prunus laurocerasus* ›Castlewellan‹
3 | Klebsame *Pittosporum* ›Garnettii‹
4 | Gemeine Stechpalme *Ilex aquifolium* ›Ferox Argentea‹
5 | Kohuhu *Pittosporum tenuifolium* ›Irene Paterson‹
6 | Japanischer Weißglockenstrauch *Pieris japonica* ›Little Heath‹
7 | Kanarischer Efeu *Hedera canariensis* ›Gloire de Marengo‹
8 | Palisaden-Wolfsmilch *Euphorbia characias* SILVER SWAN (›Wilcott‹)

Mehr Sträucher mit weiß, cremefarben und silber panaschiertem Laub Zimmeralie *Fatsia japonica* ›Variegata‹ • Strauchveronika *Hebe x franciscana* ›Variegata‹ • Breitblatt *Griselinia littoralis* ›Dixon's Cream‹ • Kreuzdorn *Rhamnus alaternus* ›Argenteovariegata‹

Rückfall zu grünem Laub

Panaschierte Pflanzen kommen nur sehr selten in der Natur vor. Die meisten entstehen in Gärten, werden dort sorgsam aufgepäppelt und verzärtelt und verlangen daher mehr Pflege als die Arten mit rein grünem Laub.

Zieht man panaschierte Pflanzen, besonders Sträucher und Bäume, so sollte man Triebe, die mit rein grünen Blättern erscheinen, umgehend bis zur Basis ausschneiden. Sie müssen so schnell entfernt werden, da sie vitaler sind und gegenüber den Ästen mit gemusterten Blättern bald überhandnehmen.

sche Rhododendron *Rhododendron ponticum* ›Silver Edge‹, langsamwüchsiger als die rein grüne Form und gewöhnlich etwa zwei Meter hoch, weist eine deutliche weiße Umrandung seiner Blätter auf. Die zart lavendelblauen Blüten erscheinen Ende Frühjahr bis Frühsommer. Der Japanische Weißglockenstrauch *Pieris japonica* ›White Rim‹ ♛ ist ein langsamwüchsiger Strauch von bis zu eineinhalb Meter Höhe mit schmalen, cremeweiß gerandeten Blättern, die in der Jugend rosa überhaucht sind. *Pieris japonica* ›Little Heath‹ ♛ hat kleinere Blätter mit cremeweißem Rand und eine kompaktere Wuchsform (siehe auch Seite 159).

In den letzten Jahren kamen etliche Wolfsmilchsorten mit silbrig panaschiertem Laub auf den Markt, die sich allerdings als weniger frosthart erwiesen als die Formen mit rein grünem Laub. Die Palisaden-Wolfsmilch *Euphorbia characias* SILVER SWAN (›Wilcott‹) gehört zu den besten Selektionen. Sie wächst zu einem buschigen Strauch heran mit graugrünen, linealischen bis lanzettlichen, elfenbeinweißrandigen Blättern, erreicht eine Höhe von einem Meter und ist an jedem Standort im Garten ein wunderbarer Blickfang.

Verwendung von panaschierten Blattpflanzen

Immergrüne Pflanzen mit panaschiertem Laub – wobei die Grundfarbe Grün mit Streifen, Sprenkeln oder Tupfen in Weiß, Silber, Cremeweiß oder Gelb unterbrochen sein kann – können in Beeten und Rabatten das ganze Jahr über lichte und kontrastreiche Akzente setzen und dunkle Ecken interessanter gestalten. Entscheidet man sich für eine panaschierte Pflanze, sind mehrere Punkte zu bedenken. Ein kräftiger Streifen in der Blattmitte oder eine saubere Blattumrandung sind wirkungsvoller als unregelmäßige Einsprenkelungen oder ein durchgehend marmoriertes Muster oder Tupfer. Der Kirschlorbeer *Prunus laurocerasus* ›Castlewellan‹ (A) zum Beispiel besitzt weiß marmorierte Blätter und dient besser als Hintergrundkulisse einer Rabatte, denn er ist aus der Nähe betrachtet weniger attraktiv, während Stechpalmen mit sauber weiß, cremeweiß oder goldgelb gerandetem Laub sowohl aus der Nähe als auch aus der Ferne Ausrufezeichen setzen. Die Gewöhnliche Stechpalme *Ilex aquifolium* ›Argentea Marginata‹ ♛ (B) ist eine besonders schöne Form, bei der jeder einzelne Blattdorn weiß hervorgehoben ist.

Panaschierte Pflanzen müssen sorgfältig platziert werden. Stehen zu viele zu dicht beieinander, kann leicht ein hässliches, chaotisches Gartenbild entstehen. Eine sparsame, durchdacht komponierte Mischung mit rein grünen Pflanzen ist hier dringend angebracht. Setzt man mehrere panaschierte Pflanzen, sollte auf unterschiedliche Blattformen geachtet werden. Die breiten, silbrig getupften Blätter einer Lungenkrautsorte (C) sehen in Gesellschaft des schmalen, ovalen Blattes eines silbrig-grünen Spindel-

Panaschierte Stauden

Stauden, deren Blätter überwintern, sind im Unterstand von laubabwerfenden Sträuchern außerordentlich nützlich. Die kleine Gefleckte Taubnessel *Lamium maculatum* ›White Nancy‹ ♛ wird nach einem Rückschnitt im Frühherbst zum Winter neues Laub in einem blassen Silberton mit einer schmalen grünen Umrandung hervorbringen. Die weißen Blüten wiederum sind im Sommer eine reizvolle Ergänzung. Obwohl diese Taubnessel in einigen Situationen wuchern kann, ist sie durch einen zweimaligen Schnitt pro Jahr gut unter Kontrolle zu halten. Das schattenliebende Walddickblatt *Chiastophyllum oppositifolium* ›Jim's Pride‹ formt niedrigwüchsige Rosetten aus sukkulenten, cremeweiß-grünen, gelegentlich auch rein cremeweißen, ovalen Blättern, die im Winter rosa überhaucht sind, mit bogenförmig überhängenden winzigen gelben Blütenrispen im Sommer. Winterlinge *Eranthis* sehen zwischen den Blättern sehr charmant aus.

Die Seggensorte *Carex conica* ›Snowline‹ ist eine kleine, immergrüne und attraktive japanische Segge mit schmalen dunkelgrünen, weißrandigen Blättern. Die Japan-Segge *Carex morrowii* ›Variegata‹ ist

9 | Gefleckte Taubnessel *Lamium maculatum* ›White Nancy‹
10 | Walddickblatt *Chiastophyllum oppositifolium* ›Jim's Pride‹

strauchs wie *Euonymus fortunei* ›Emerald Gaiety‹ ♛ (E) besonders gut aus, während ein Spindelstrauch neben einem panaschierten Immergrün *Vinca*, welches eine ähnliche Blattform besitzt, kaum eine erfolgreiche Kombination verspricht.

Die besten Ergebnisse erzielen Sie, wenn Sie panaschierte Pflanzen zwischen einfach gefärbte Begleiter setzen, die nicht nur aus rein grünen, sondern auch aus rein silbernen oder rein goldgelben Exemplaren bestehen können. Pflanzen mit weißen oder cremeweißen Blattmustern wie die Palisaden-Wolfsmilch *Euphorbia characias* SILVER SWAN (›Wilcott‹) (F) passen am besten zu silbrigem Laub wie das des neuseeländischen Liliengewächses *Astelia chathamica* ♛ (G). Pflanzen mit goldgelber oder hellgelber Musterung wiederum ergeben zusammen mit goldgelbem Laub ein harmonisches Bild. Ein Bambus und eine Efeusorte, beide mit deutlich gelber Musterung im Blatt, sind eine ausgezeichnete Kombination (siehe Seite 135), während mir ein Bambus in Gesellschaft mit einem silbrig panaschiertem Efeu weniger empfehlenswert erscheint.

Panaschierte Pflanzen sind auch in anderen Jahreszeiten in einem Garten außerordentlich wirkungsvoll – was bei der Auswahl von Begleitpflanzen unbedingt in Betracht gezogen werden sollte. Ein cremeweiß panaschierter Spindelstrauch ist daher ein perfekter Begleiter für die Blasenspiere *Physocarpus opulifolius* ›Dart's Gold‹ ♛ (D) mit buttergelben Blättern im Sommer, da im Winter deren kräftig kastanienbraune Äste einen guten Kontrast zu den grün-cremeweißen Blättern des Spindelstrauchs bilden.

etwas größer mit blasscremeweißen Blatträndern. Möchte man spektakuläres, schwertförmiges Laub in sattem Grün mit weißer Bänderung einbringen, sollte man die Stinkende Schwertlilie *Iris foetidissima* ›Variegata‹ ♛ wählen, deren aufrechte Blatthorste das ganze Jahr über attraktiv sind (siehe Seite 85). Die Lilientraube *Liriope spicata* ›Gin-ryu‹ (gelegentlich auch unter der Bezeichnung ›Silver Dragon‹ im Verkauf) hat noch schmalere, grasartige Blätter mit einem Silberstreifen. Sie bildet dichte Matten und ist somit ein guter Bodendecker in der Sonne oder im Schatten, mit dem zusätzlichen Vorteil, dichte Trauben blassvioletter Blüten im Spätsommer auszutreiben.

Der distelähnliche Mannstreu *Eryngium variifolium* hat den Winter überdauernde Grundblätter, die auffällig weiß geädert sind und damit eine spektakuläre Folie für die spitzen, strohgelben Samenstände bilden. Die Milch-Fleckdistel *Galactites tomentosa* ist eine frostharte einjährige Distel mit tief einge-

Buntes Laub

Mittlerweile ist eine wachsende Anzahl buntlaubiger Pflanzen in Pflanzenschulen und Gartencentern zu erhalten. Auch sie helfen natürlich, Winterpflanzungen interessanter zu gestalten. Allerdings gefällt die Farbmischung nicht allen Gartenliebhabern. Sie funktioniert nur dann gut im Garten, wenn die Farbtöne bei der Auswahl der Begleitpflanzen gut auf das bestandbildende Laub abgestimmt werden.

Sträucher

Die Traubenheide *Leucothoe fontanesiana* ›Rainbow‹: ein niedriger, bogenförmig überhängender Strauch mit cremeweiß, gelb und rosa panaschierten Blättern (siehe Seite 159).
Der Himmelsbambus *Nandina domestica* ›Fire Power‹ ♛: kleiner Strauch mit breiten, farnartigen Blättern, von einem gelblichen Grün im Sommer, das im Winter orange und rote Schattierungen annimmt.

Die Stachelblättrige Duftblüte *Osmanthus heterophyllus* ›Goshiki‹ (A): kompakter Strauch mit kleinen, stechpalmenähnlichen, gelb eingesprenkelten grünen Blättern, die im jugendlichen Stadium bronzefarben getönt sind.
Der Pfefferbaum aus Neuseeland *Pseudowintera colorata* (B): kleiner, kuppelförmiger Strauch mit aromatischem, ledrigem Laub in einem blassen, rosa überhauchten und dunkelkarmesinpurpur gefleckten Gelb.

schnittenen, grünen, weißrandigen Blättern und purpurfarbenen oder weißen Blüten im Sommer. Gestattet man es einigen Pflanzen, sich zu versamen, werden sich bis zum Winter kleine Pflänzchen gebildet haben, die in ihrer Kombination aus Silber und Grün sehr attraktiv aussehen.

Das marmorierte Laub des Italienischen Aronstabs *Arum italicum* ssp. *italicum* ›Marmoratum‹ ♛ ist ein wertvolles Element für ein winterliches Gartenbild. Es schafft eine schöne Kulisse für die ersten Schneeglöckchen und sieht noch immer frisch aus, wenn die ersten Frühlings-Narzissen kommen. Diese niedrigwüchsige, mehrjährige, krautige Pflanze ist für jeden Platz, ob im Vorder- oder Hintergrund, geeignet. Sie zeigt ihr schönstes Erscheinungsbild im Winter, blüht unauffällig im Frühling, zieht im Sommer ein und bildet schließlich im Herbst leuchtend orangerote Beeren an ihrem sogenannten Blütenkolben aus, bevor die neuen Blätter treiben (siehe Seite 39). Das mittel- bis dunkelgrüne Laub ist pfeilförmig, wobei die Mittelrippen und Adern elfenbeinweiß hervorgehoben sind. Vögel lieben die Beeren und tragen dazu bei, dass sich die Pflanze im ganzen Garten ausbreiten kann. Normalerweise schießt der Aronstab gänzlich unerwartet unter laubabwerfenden Sträuchern aus dem Boden, wo er den Winter über gut sichtbar ist und im Sommer völlig unauffällig bleibt.

---

11 | Segge *Carex conica* ›Snowline‹
12 | Milch-Fleckdistel *Galactites tomentosa*
13 | Italienischer Aronstab *Arum italicum* ssp. *italicum* ›Marmoratum‹

Wintergrüne Stauden

Der Kriechende Günsel *Ajuga reptans* ›Multicolor‹: überwinterndes Laub in einer Mischung aus Rosa und Purpur mit cremeweißen Sprenkeln.

Die Bergenie *Bergenia cordifolia* ›Tubby Andrews‹ (C): große, paddelförmige Blätter in Cremeweiß und Grün im Sommer, die im Winter kirschrote, rosarote und apricotfarbene Schattierungen annehmen.

Das Purpurglöckchen *Heuchera* CRÈME BRÛLÉ (›Tnheu041‹) (D): eine Neueinführung mit sanft gewellten Blättern in Altgold, auf der Blattunterseite von einem Kupfer-, Rosa- und Purpurton überzogen (siehe Seite 83).

Die Schaumblüte *Tiarella* ›Skid's Variegated‹: Sommerlaub in Apfelgrün, von Cremeweiß überzogen, das sich zu Korallenrosa im Winter verfärbt (siehe Seite 84).

Immergold

Ob in Form von Blüten oder Laub, die Farbe Gelb ist immer ein Glanzpunkt. Eine sorgfältige Platzierung im Garten ist daher wichtig. Goldfarbenes Laub kann die ruhigeren Farbschattierungen des Winters dominieren. Doch wie schon die goldgelben Frühlings- und Sommerblumen setzt es Akzente in Pflanzungen und verleiht Blumenbeeten und Rabatten eine warme Atmosphäre. Sie sollten es nutzen, um geballte Ansammlungen aus dunklen, immergrünen Pflanzen aufzuhellen und gold panaschierte Sträucher wie Goldorange *Aucuba* und Ölweide *Elaeagnus* zu betonen.

Die Orangenblüte *Choisya ternata* SUNDANCE (›Lich‹) ♛ ist eine Hybride der populären Mexikanischen Orangenblume (siehe Seite 118). Sie ist ein solide wachsender, rundlicher, mittelgroßer Strauch mit glänzendem, strahlend gelbem Laub, das bei kühler Witterung leicht verblasst. Diese Pflanze kann gut als farblicher Blickfang gepflanzt werden und zeigt sich in Kombination mit kontrastierendem Laub in reinem Grün oder gold panaschiertem Blattwerk von ihrer besten Seite. Wird die Orangenblüte in den Schatten gepflanzt, so fällt ihr Laub eher limonengelb aus. Die *Choisya* GOLDFINGERS (›Limo‹) ist weniger vital. Ihr Laub erscheint zarter, und die Pflanze hat damit insgesamt ein weicheres Erscheinungsbild.

Die winzigen Blätter der Strauch-Heckenkirsche *Lonicera nitida* ›Baggesen's Gold‹ ♛ sind goldgelb und verfärben sich im Winter in helleres Gelbgrün. Allerdings zeigt sich die Farbe weniger strahlend auf mageren Böden oder an Schattenplätzen. Wir haben es hier mit einem anmutigen Strauch zu tun, der eineinhalb Meter und höher wird, mit graziös überhängenden, dicht belaubten Zweigen. Überlässt man ihn sich selbst, zeigt er bald eine leicht zerzauste Wuchsform, er toleriert jedoch einen regelmäßigen Schnitt. Er ist eine sanfte Folie für Sommerblumen, besonders mit rein gelben Blüten, und lässt sich hervorragend in Töpfen ziehen.

Umgekehrt wird die Farbe einiger goldbelaubter Sträucher im Laufe des Winters intensiver. Die Goldene Zwerg-Stechpalme *Ilex crenata* ›Golden Gem‹ ♛ zum Beispiel – ein kleiner, langsamwüchsiger Strauch mit hübschen gelben Blättern – verfärbt sich zu einem rötlichen Altgold. Einige Arten der Strauchveronika *Hebe* mit koniferenartigem Laub an sternförmigen, niedrigen Büschen mit kompakter Wuchsform zeigen sich im Winter in einem überflammten Gold. Der gelbliche Strauchehrenpreis *Hebe ochracea* ›James Stirling‹ ♛ ist der häufigste seiner Art mit satt ockergoldenem Laub und winzigen weißen Blüten entlang der Zweige im Sommer. Viele Heidekrautsorten haben strahlend goldgelbes Laub, das im Winter noch intensiver goldfarben wird. Das Laub der Schnee-Heide *Erica carnea* ›Foxhollow‹ ♛ verfärbt sich im Winter zu einem satten, rot überhauchten Gelb und bildet damit einen schönen Kontrast zur weißen Blüte. *Erica carnea* ›Ann Sparkes‹ ♛ ist langsamwüchsig und kriechend, mit goldfarbenem Laub und purpurrosa Blüten.

Einige Koniferen nehmen ebenfalls sattere Farbtöne an, so zum Beispiel der vielseitig verwendbare gelbgrüne Abendländische Lebensbaum *Thuja occidentalis* ›Rheingold‹ ♛, der im Winter eine satte kupfergoldene Färbung besitzt (siehe Seite 73). Aufgrund seiner lockeren Wuchsform lässt er sich gut mit breitblättrigen Sträuchern untermischen. Die Zwergform des Morgenländischen Lebensbaums *Platycladus orientalis* ›Aurea Nana‹ ♛ (früher *Thuja orientalis* genannt) hat eine goldgrüne Färbung mit einem Hauch von Bronze. Er ist eine Konifere mit

---

1 | Orangenblüte *Choisya ternata* SUNDANCE (›Lich‹)
2 | Goldene Zwerg-Stechpalme *Ilex crenata* ›Golden Gem‹
3 | Gelblicher Strauch-Ehrenpreis *Hebe ochracea* ›James Stirling‹
4 | Orangenblüte *Choisya* GOLDFINGERS (›Limo‹)
5 | Strauch-Heckenkirsche *Lonicera nitida* ›Baggesen's Gold‹
6 | Schnee-Heide *Erica carnea* ›Foxhollow‹
7 | Morgenländischer Lebensbaum *Platycladus orientalis* ›Aurea Nana‹
8 | Echter Lorbeerbaum *Laurus nobilis* ›Aurea‹

Hohe gelbe Koniferen

Hohe gelbe Koniferen können in einem ländlichen Garten völlig fehl am Platz sein, bilden jedoch auch dort als Fluchtpunkte imposante Strukturen. Gute Sorten sind unter anderem die Lawson-Scheinzypresse *Chamaecyparis lawsoniana* ›Stardust‹ ♛, die zu einer großen, gefiederten konischen Form heranwächst und bis zu zehn Meter Höhe erreicht. Sie besitzt goldgelbe, weiche Schuppenblätter mit bronzefarbenen Spitzen. *Chamaecyparis lawsoniana* ›Lutea‹ ♛ ist eine alte Hybride mit ausladender Säulenform und großen goldgelben Blattschuppen. *Chamaecyparis lawsoniana* ›Winston Churchill‹ (siehe oben) wächst dichter und noch ausladender als die zuvor genannten Sorten und behält das ganze Jahr über gelbes Laub.

besonders schöner Wuchsform: Seine abgeflachten Blattschuppen sind fast vertikal ausgerichtet und bilden allmählich eine perfekte konische Form von einer Höhe bis zu zwei Metern.

Der goldlaubige Echte Lorbeerbaum *Laurus nobilis* ›Aurea‹ ♛ ist ein hoher, strukturgebender, immergrüner Strauch mit einer breiten, konischen Wuchsform von über fünf Meter Höhe. Sein Laub ist grünlichgelb im Sommer und golden im Winter.

Möchten Sie eine lockere, verhalten strukturgebende Pflanze einsetzen, versuchen Sie es mit dem neuseeländischen Kohuhu *Pittosporum tenuifolium* ›Warnham Gold‹ ♛. Er besitzt eine hohe, schmale Säulenform und dichtes, weiches, welliges grünlichgelbes Laub, dessen Goldton sich im Laufe des Jahres vertieft. In der Wintersonne zeigt er ein schillerndes Buttergelb.

Der Efeu *Hedera helix* ›Amberwaves‹ ist eine ausgesprochen attraktive Efeusorte mit zierlichen, stumpf gelappten Blättern in einem reinen Goldgelb. Windet er sich um die Basis von laubabwerfenden Sträuchern oder zwischen immergrünen Pflanzen hindurch, entsteht ein zauberhaftes Bild. Die kräftige Winterfarbe des Efeus verblasst im Sommer zu einem zarten Hellgrün.

Das Mutterkraut *Tanacetum parthenium* ›Aureum‹ hat farnartige Blätter in einem hellen Limonengelb, das im Frühjahr am intensivsten ist, jedoch auch im Winter seine Farbe weitgehend bewahrt. Die Doldenrispen aus orangeäugigen weißen Gänseblümchenblüten erscheinen über den ganzen Sommer und hinterlassen überall im Garten Sämlinge. Die Pflanze gedeiht prächtig in der Vollsonne oder sogar in trockenen Schattenbereichen, wo sie sich ebenso vorteilhaft präsentiert. Schwere, feuchte Böden allerdings sind dem Mutterkraut weniger zuträglich. Noch mehr goldenfarbige Farbtupfer für den Winter finden sich bei Gräsern und Seggen. Der Gras-Kalmus *Acorus gramineus* ›Ogon‹ hat fächerartig auseinanderfallende, schmale und spitze Blätter, die bei näherer Betrachtung grün und gelb gestreift sind. Das Gesamtbild zeigt ein kühles Zitronengelb. Die Große Hainsimse *Luzula sylvatica* ›Aurea‹ bildet Büschel aus breiten, schwertförmigen Blättern, die im Winter golden schimmern. Anfang Frühjahr heben sich die kaffeebraunen Ähren wirkungsvoll von den Blättern ab. Die Hainsimse zieht als Substrat einen Blattkompost im Schatten vor.

9 | Kohuhu *Pittosporum tenuifolium* ›Warnham Gold‹
10 | Große Hainsimse *Luzula sylvatica* ›Aurea‹

Weitere Sträucher mit Goldlaub Nordmanns Tanne *Abies nordmanniana* ›Golden Spreader‹ • Cornwall-Heide *Erica vagans* ›Valerie Proudley‹ • Eskallonie *Escallonia laevis* ›Gold Brian‹ • Stechpalme *Ilex aquifolium* ›Flavescens‹ • Wintergrüner Liguster *Ligustrum ovalifolium* ›Aureum‹

Gold panaschiert

Gold panaschierte Pflanzen setzen attraktive und aufhellende Akzente in eher düsteren immergrünen Pflanzungen. Zusammen mit goldlaubigen immergrünen Pflanzen lassen sich spektakuläre Kombinationen erzielen. Außerdem entpuppen sie sich als ausgezeichnete Begleitpflanzen für frühblühende Narzissen und Krokusse. Eigentlich sind sie ein wesentlicher Bestandteil eines jeden gelben Pflanzschemas und tragen dazu bei, das Farbthema das Jahr über mit oder ohne Blütenpracht fortzusetzen.

Es gibt zahllose gold panaschierte Stechpalmensorten *Ilex* mit unterschiedlichen Blattmustern in Grün und Gold. Die besten und vermutlich meistverbreiteten Sorten sind *Ilex* x *altaclerensis* ›Golden King‹ ♛ und *Ilex* x *altaclerensis* ›Lawsoniana‹ ♛. Die Varietät ›Golden King‹ besitzt große, beinahe dornenlose dunkelgrüne Blätter mit breitem goldenem Rand. Bei ›Lawsoniana‹ ist die Musterung genau umgekehrt, hier erscheint das Gold in der Blattmitte. Beide bilden Massen von rotbraunen Beeren aus und haben eine ausladende konische Strauchform. Sie sind ausgezeichnete solitäre Schaupflanzen und bringen Struktur in die Hintergrundkulisse einer großen Rabatte (siehe auch Seiten 62/63).
Der Spindelstrauch *Euonymus fortunei* BLONDY (›Interbolwi‹) mit einer schlüsselblumengelben Blattmitte des grünen Laubs ist einer der zahlreichen gold panaschierten Spindelsträucher, die auch gute, bodendeckende Sträucher für sonnige und schattige Standorte sind. Bei einigen kann die Färbung etwas grell ausfallen, sodass man sie vorsichtig verwenden sollte. Der sehr beliebte Spindelstrauch *Euonymus fortunei* ›Emerald 'n' Gold‹ ♛ wechselt im Laufe der Jahreszeiten die Farbe: Im Sommer sind die Blattränder von strahlendem Goldgelb und verfärben sich im Winter zu einem dunklen Altgold, das in der Sonne einen leicht rosafarbenen Hauch bekommt (siehe auch Seite 164).
Davon abgesehen, existieren auch zahlreiche gold und gelb panaschierte Immergrüne *Vinca*. Das vielleicht spektakulärste ist *Vinca minor* ›Illumination‹ mit dunkelgrünem Laub und heller goldgelber Mitte. Die blassblauen Blüten sind nur zweitrangig. Dieses Immergrün ist eine ausgesprochen attraktive

---

1 | Die golden und grün gestreiften Blätter des niedrigen Bambus *Pleioblastus auricomus* heben sich scharf umrandet und mit sanftem Schimmer gegen das buttercremefarben gemusterte grüne Laub des panaschierten Efeus *Hedera helix* ›Goldchild‹ im Unterstand ab.

2 | Großblättrige Stechpalme *Ilex* x *alta-clerensis* ›Golden King‹
3 | Spindelstrauch *Euonymus fortunei* ›Emerald 'n' Gold‹
4 | Immergrün *Vinca minor* ›Illumination‹
5 | Stechende Ölweide *Elaeagnus pungens* ›Frederici‹
6 | Stechende Ölweide *Elaeagnus pungens* ›Maculata‹
7 | Japanische Goldorange *Aucuba japonica* ›Pepperpot‹
8 | Persischer Efeu *Hedera colchica* ›Dentata Variegata‹

Andere gute gold panaschierte Ölweiden

Panaschierte Ölweiden sind beliebte Sträucher und haben einige der am häufigsten gepflanzten panaschierten, immergrünen Pflanzen hervorgebracht.
Die Wintergrüne Ölweide *Elaeagnus* x *ebbingei* ›Limelight‹ (siehe oben) ist ein ausladender, großer Strauch mit aufwärtsstrebenden Zweigen und graugrünen Blättern mit gedämpft gelber Mitte. Im Frühwinter erscheinen unauffällige cremeweiße Blüten, die einen betörenden Duft verströmen, der sich im ganzen Garten ausbreitet.
Elaeagnus x *ebbingei* ›Gilt Edge‹ ♛ ist insgesamt heller mit dunkelgrünen Blättern und einem breiten goldenen Blattrand. Diese Ölweide wächst langsamer, ist jedoch spektakulär.
Elaeagnus pungens ›Goldrim‹ ♛ besitzt dunkelgrüne, glänzende, gelbrandige Blätter.

Begleitpflanzen

Die gold panaschierten Blätter des Kolchischen Efeus *Hedera colchica* ›Sulphur Heart‹ ♛ bilden mit ihrer Form einen schönen Kontrast zum Laub der Strauch-Heckenkirsche *Lonicera nitida* ›Baggesen's Gold‹ ♛, sind jedoch farbidentisch.

Pflanze, gedeiht ausgezeichnet im Topf und eignet sich hervorragend für moderne Pflanzschemata in Kombination mit getrimmten Buchs-Formschnitten.
Vinca minor ›Aureovariegata‹ besitzt goldumrandete grüne Blätter und ähnliche blaue Blüten.
Einige der panaschierten Ölweiden *Elaeagnus* wachsen rasch zu großen Sträuchern mit einer reichlich prägnanten gelben Laubmusterung heran. Die häufig gepflanzte Stechende Ölweide *Elaeagnus pungens* ›Maculata‹ mit hellgolden gefleckten Blättern passt gut in große Gärten und toleriert einen Rückschnitt, wenn dies von Jugend an geschieht. Diese Sorte neigt dazu, rückfällig zu werden, das heißt zur ursprünglich grünen Belaubung zurückzukehren. Erscheinen also einfarbig grüne Blatttriebe, sollten diese sofort entfernt werden. Allerdings ist dabei Vorsicht geboten, da sich die Panaschierung an den ganz jungen Trieben noch nicht zeigt. Die kompaktere Stechende Ölweide *Elaeagnus pungens* ›Frederici‹ mit schmalen Blättern in Cremegelb mit grünem Rand ist für kleinere Gärten eher geeignet. Sie hat eine buschige Strauchform und wird bis zu eineinhalb Meter hoch. Ölweiden sind pflegeleichte Sträucher und gedeihen sogar an exponierten Standorten und in Küstennähe.
Was den Nutzen der gefleckten Japanischen Aukuben oder Goldorangen *Aucuba* betrifft, gehen die Meinungen auseinander. Einige empfinden die goldfarbenen Sprenkel und Flecken auf den leuchtend grünen Blättern als ausgesprochen unattraktiv. Dennoch bestreiten nur wenige, dass die Japanische Goldorange *Aucuba japonica* ›Golden King‹ ♛ mit ihren glänzenden, smaragdgrünen und gold gefleckten Blättern im Halbschatten einen spektakulären Anblick bietet. Die *Aucuba japonica* ›Marmorata‹ ist eine verbesserte Züchtung aus der Sorte ›Golden King‹. Sie ist ebenso kräftig gemustert, jedoch sonnenverträglicher. Die *Aucuba japonica* ›Pepperpot‹ wiederum ist eine kompaktere Hybride mit kleineren Blättern und feineren goldenen Einsprenkelungen. Zieht man männliche und weibliche Pflanzen, bilden einige Hybriden hellrote Beeren aus (siehe auch Seite 162).
Zahlreich sind auch die gold panaschierten Efeusorten *Hedera*, die heute zur Auswahl stehen. Die beliebte Gewöhnliche Efeu-Hybride *Hedera helix* ›Goldheart‹ (offiziell ›Oro di Bogliasco‹ ♛ genannt) mit dreilappigem Laub und einem großen gelben Sprenkel in der Blattmitte ist eine vitale Pflanze, die in kurzer Zeit Mauerüberwürfe bildet. *Hedera helix* ›Goldchild‹ ♛ gedeiht als Topfpflanze eher schwächlich, ist an Mauern gezogen jedoch ausgesprochen wüchsig und kräftig. Die grün marmorierten Blätter sind gold gerandet. Selektionen des Kolchischen Efeus *Hedera colchica* ♛ mit großen, meist ungelappten, herzförmigen Blättern sind ideal, um Mauern einwachsen zu lassen. Allerdings kann es nötig werden, diesem Efeu Drähte, Mauernägel oder Rankgitter als Kletterhilfen für den Anfang zu geben, da seine Haftwurzeln nicht so kräftig sind wie die des Gewöhnlichen Efeus. Der panaschierte Persische Efeu *Hedera colchica* ›Dentata Variegata‹ ♛ bildet dunkelgrünes, cremegold gerandetes Laub aus, und *Hedera colchica* ›Sulphur Heart‹ ♛ (früher ›Paddy's Pride‹) besitzt geradezu spektakuläre Blätter in Hell- und Dunkelgrün mit kräftigen gelben Sprenkeln in der Mitte.

Gräser, Bambus und Stauden mit gold panaschiertem Laub Segge *Carex oshimensis* ›Evergold‹ • Pampasgras *Cortaderia selloana* ›Aureolineata‹ • Lilientraube *Liriope muscari* ›Variegata‹ • Steinbrech *Saxifraga* ›Aureopunctata‹ • Tausendmutter *Tolmiea menziesii* ›Taff's Gold‹

Braun, Hellbraun und Orange

Unterschiedliche Braunschattierungen beherrschen das winterliche Landschaftsbild. Wir finden sie auf nackter Erde, an kahlen Stämmen und Ästen sommergrüner Bäume und Sträucher sowie in der Laubstreu auf dem Boden. Buche und Hainbuche behalten ihr kupferbraunes Laub und wandeln die kalte Wintersonne in mildes, warmes Licht. Das kastanienbraune und bronzefarbene Laub von Stauden und Gräsern ist häufig rosa und orangerot überhaucht oder hat sich zu einem satten Schokoladenbraun verfärbt, allesamt Farbtöne, die das Licht der niedrig stehende Wintersonne noch intensiver erscheinen lassen.

Die zähen Elfenblumen *Epimedium* (siehe Seite 78) zeigen sich mit ihrem winterharten Laub in Abstufungen von Bronze und Kastanienbraun und sind ein probates Mittel, um schattige, waldähnliche Nischen aufzuhellen. Allerdings sind diese blattreichen Stauden viel zu hübsch, um nur auf den Waldboden verbannt zu werden, denn sie gedeihen ebenso gut in Rabatten, wo ihre jungen Blätter, häufig grün mit bronzefarbenem Rand, im Sommer attraktive Blatthorste ausbilden. Die Elfenblume *Epimedium davidii* verfärbt sich im Winter zu einem ungewöhnlichen Ocker- und Kastanienton und hat rundliche, muschelförmige und gezahnte Blätter sowie gelbe Blüten im Frühjahr, während *Epimedium* x *rubrum* ♛ zu einem satten Mahagonibraun verblasst.

Das Laub einiger saure Substrate liebender, sommerblühender Heidekräuter verfärbt sich im Winter orangerot und gold: Die Besenheide *Calluna vulgaris* ›Joy Vanstone‹ ♛ besitzt goldfarbenes Laub, das eine satte orange Färbung annimmt, ›Wickwar Flame‹ ♛ erscheint in einem strahlenden Rostrot, und ›Ariadne‹ ist hellgoldfarben im Sommer und nimmt Schattierungen von Rot und Kupfer im Winter an.

Etliche Seggen zeigen milchschokoladenbraun verfärbtes Laub. Eine der besten Sorten ist die Palmwedel-Segge *Carex comans* ›Bronze‹ mit bronzebraunen, weiß überhauchten Blättern und einem Unterton von Rosa – eine besonders im Winter ausgesprochen attraktive Farbgebung. Man kann die Seggenhorste ihrem eigenen Wuchsverhalten überlassen oder sie zweimal jährlich radikal zurückschneiden, eine Methode, die eine bessere winterliche Erscheinungsform garantiert.

Ebenso ansprechend sind die kleineren rötlich braunen Palmwedel-Seggen wie *Carex comans* ›Taranaki‹ und die größere Fuchsrote Segge mit feineren Blättern *Carex buchananii* ♛. All diese Seggen gedeihen perfekt im marmorierten Schatten, sind jedoch auch für sonnige Standorte geeignet, wenn der Boden dort nicht zu trocken ist. Es gibt zwei weitere Seggen, deren Laub in olivgrünen Schattierungen und Hellbraun erscheint. Von diesen hat die *Carex dipsacea* die intensivsten orangebraun gefärbten Blätter, die im Winter und vor allem in der Sonne eine noch strahlendere Tönung annehmen. *Carex testacea* besitzt schmalere Blätter in derselben Farbkombination. Diese Seggen sind wintergrün und wachsen in Horsten mit bogenförmig überhängenden, pfriemenförmigen Blättern. Sie eignen sich gut als Begleitpflanzen für Bergenien im lichten Schatten unter Birken.

Die Segge mit der besten Färbung ist das Australische Feuergras *Uncinia rubra* mit Horsten aus steifen pfriemenförmigen Blättern in vielen Tönen von

---

1 | Die gerollten und gebogenen Blätter der Hainbuche *Carpinus betulus* verfärben sich kupferbraun und bleiben den ganzen Winter über an den Ästen und Zweigen.
2 | Besenheide *Calluna vulgaris* ›Ariadne‹
3 | Fuchsrote Segge *Carex buchananii*
4 | Australisches Feuergras *Uncinia rubra*
5 | Japanwaldgras *Hakonechloa macra* ›Aureola‹

Andere Winterpflanzen mit braunem Laub Neuseeland-Windgras *Anemanthele lessoniana* • Zickzackstrauch *Corokia* x *virgata* ›Frosted Chocolate‹ • Purpurglöckchen *Heuchera* ›Caramel‹ • Neuseeländer Flachs *Phormium* ›Surfer Bronze‹ • Steineibe *Podocarpus nivalis* ›Bronze‹ • Lebensbaum *Thuja occidentalis* ›Ericoides‹

Scharlachrot und Mahagonibraun – und übrigens eine perfekte Kulisse für hohe Schneeglöckchen. Das Japanwaldgras *Hakonechloa macra* ›Aureola‹ ♀ besitzt die Erscheinungsform eines Zwergbambus. Es bildet Horste aus zarten Halmen mit hellgelben, grün gestreiften Blättern. Im Winter bleiben Letztere an der Pflanze, trocknen pergamentartig aus und nehmen eine satte maisgelbe Färbung an.

Der Teppich-Knöterich *Persicaria affinis (Polygonum affine)* gilt nicht unbedingt als eine Pflanze für schönes winterliches Laub, doch dieser herbstblühende Knöterich breitet über zahlreiche oberirdische Ausläufer bodendeckende Matten aus, an denen sich schmale dunkelgrüne Blätter zeigen. Nach den ersten Frostnächten verfärben sich diese in unterschiedlichen Abstufungen eines intensiven Braunrots und bleiben den ganzen Winter über ein Teppich in warmen Farbtönen. Die schmalen, flaschenbürstenförmigen Blüten verblassen zu einem sanften Rostrot. Empfehlenswerte Hybriden sind *Persicaria affinis* ›Darjeeling Red‹ ♀ mit dunkelroten Blüten und ›Donald Lowndes‹ ♀ in intensivem Rosa.

Die Neuseeland-Iris *Libertia peregrinans* formt immergrüne Fächer aus schlanken, irisähnlichen Blättern, deren mittlere Nervatur streifig orange und gelb gefleckt ist, was der Pflanze besonders im Winter die Leuchtkraft eines Sonnenuntergangs verleiht (siehe Seite 167). Lockere Büschel weißer Blüten erscheinen im Frühsommer zwischen dem Laub. Die Neuseeland-Iris gedeiht in jeder gut drainierten Erde in der Sonne oder im lichten Schatten. Sie sieht unter einer Zaubernuss *Hamamelis* und zwischen Schneeglöckchen einfach bezaubernd aus.

Das Scharbockskraut *Ranunculus ficaria* ›Brazen Hussy‹ (siehe Seite 92) hat schokoladenbraune Blätter, die gerade rechtzeitig als Ergänzung zur Winterblüte des Alpenveilchens erscheinen. Verblassen die Blüten des Alpenveilchens, beginnt das Scharbockskraut seine hellgelben Blüten zu öffnen.

Begleitpflanzen

Pflanzen Sie einige Exemplare von *Carex comans* ›Bronze‹ zusammen mit der Großblütigen Tellima *Tellima grandiflora* Rubra-Gruppe (A) unter eine Amur-Kirsche *Prunus maackii* ›Amber Beauty‹ ♀ (B) oder die Fluss-Birke *Betula nigra*, und die Segge wird die Farbtöne der Baumrinde aufnehmen.

Seggen-Schnitt

Um Seggen mit feinen, schmalen Blättern zu schneiden, fassen Sie alle Halme und Blätter in einer Hand zusammen und entfernen mit einer normalen Schere (eine Gartenschere ist ungeeignet) das obere Drittel, einschließlich des langen Blütenstandes. Auf diese Weise fällt der Horst weiterhin bogenförmig auseinander, ohne jedoch den Boden zu berühren. Diese Maßnahme kann zweimal pro Jahr, Anfang und Ende des Sommers, nötig werden.

Bodendecker-Koniferen mit braunem Winterlaub

Zahlreiche Koniferen verfärben sich im Winter bronzefarben. Der Sibirische Zwerglebensbaum *Microbiota decussata* ♀ (unten) ähnelt einem Kriechenden Wacholder. Er bildet weiche, blassgrüne Blattfächer aus, die in der kalten Jahreszeit eine Bronzefärbung annehmen. Dieser Lebensbaum bildet einen attraktiven Teppich unter blaunadeligen Koniferen, besonders unter der Blaufichte *Picea pungens* ›Globosa‹ ♀. Der Kanadische Wacholder *Juniperus communis* var. *depressa* wächst in ausgedehnten Matten aus braungrünem Laub, das sich im Winter bronze verfärbt. Die Sorte *Juniperus communis* ›Repanda‹ ♀ zeigt ebenfalls eine schöne Winterfärbung, wenn sie in der prallen Sonne steht.

Rot, Purpur und Schwarz

Sattes Rot, Purpur und Schwarztöne verleihen einer winterlichen Pflanzung Wärme und Plastizität. Kalte Witterung und das fahle Winterlicht lassen die unterschiedlichen Abstufungen der Farben all jener Pflanzen intensiver erscheinen, die von vornherein Laub in diesen Tönen besitzen. Bei anderen Sträuchern und Stauden entwickeln sich diese Laubnuancen erst, wenn die Tage kürzer und die Temperaturen kälter werden. Laubfarben dieser Art sind dazu geeignet, zarte Winterblüten oder die bunten, kahlen Zweige von laubabwerfenden Sträuchern zu betonen.

Einige immergrüne Pflanzen passen sich der kalten Witterung dadurch an, dass sie rote und purpurfarbene Pigmente in ihrem Laub entweder neu ausbilden oder den Anteil dieser bereits vorhandenen Pigmente vergrößern. Man nimmt an, dass diese Veränderung der Farbe die vitalen Funktionen des Blattes bei kalter Witterung sichert und hilft, das Chlorophyll zu schützen, das für die Nahrungsproduktion in der Pflanze verantwortlich ist.

Einer der faszinierendsten Sträucher, bei denen dies geschieht, ist der Kohuhu *Pittosporum tenuifolium* ›Tom Thumb‹ ♛. Sein Laub wird im Winter intensiv purpurrot, wobei die Sonne auf die welligen Blätter glänzende Reflexe zaubert. Der Kohuhu wächst zu einem rundlichen Busch heran, dessen junge Blätter sich zuerst grün zeigen und sich anschließend im Laufe des Jahres zu einem rötlichen Purpur verfärben. Der Kohuhu ist eine ausgezeichnete Begleitpflanze für Hartriegelformen mit roten Zweigen oder die blasscremeweißen Blüten der Christrose. Davon abgesehen gedeiht er prächtig im Topf.

Das fazinierend glänzend grüne Laub einiger Mahonien nimmt im Winter herrliche Rottönungen an, besonders an sonnigen Standorten. Die Blattfarbe der Gemeinen Mahonie *Mahonia aquifolium* und ihrer Hybriden wandelt sich zu einem sanft leuchtenden Purpurrot, während die Blätter der Japanischen Mahonie *Mahonia japonica* ♛ satte orange und rote Tönungen annehmen, die auf armen, gut drainierten Böden besonders intensiv ausfallen (siehe auch die Seiten 68 und 201).

Einige Koniferen verfärben sich im Winter purpurrot. Selektionen der Japanischen Sicheltanne *Cryptomeria japonica* Elegans-Gruppe sind buschig wachsende hohe Sträucher oder kleine Bäume mit weichem, gefiedertem Laub in einem Meergrün, das im Winter zu einem bronze überhauchten Rot wird (siehe Seite 73). Die langsamwüchsige kleinere *Cryptomeria japonica* ›Elegans Nana‹ ist ein üppiger Busch in sanftem Grün, der sich im Winter purpurn verfärbt. *Cryptomeria japonica* ›Vilmoriniana‹ ♛ ist eine Zwergform mit dichtem, im Winter purpurrotem Laub. Sie eignet sich besonders für Steingärten. Die großblättrigen Bergenien *Bergenia* (siehe Seite 77) sind das perfekte Beispiel für diesen Farbwandel, denn sie verändern ihr helles Grün zu flammenden Mahagonitönen, Weinrot und Rhabarberrot, sobald sie im Winter der Sonne ausgesetzt sind. Und die Verwandte der *Heuchera*, die Großblütige Tellima *Tellima grandiflora* Rubra-Gruppe, verfärbt sich zu einem sanfteren Korallenrot (siehe Seite 84).

Die saure Substrate liebende immergrüne Traubenheide *Leucothoe* LOVITA (›Zebonard‹) ist ein kompakter Strauch mit bogenförmig überhängenden Zweigen, die rötliche Blätter tragen und im Winter eine Purpurfärbung annehmen. Die etwas aufrechtere *Leucothoe* SCARLETTA (›Zeblid‹) zeigt Blätter mit scharlachroten Spitzen, und *Leucothoe axillaris* ›Curly Red‹ hat an einer geordnet buschigen Pflanze breites sattrotes Laub im Winter, das sich einrollt. Sie alle eignen sich hervorragend als Topfpflanzen, allerdings auf kalkfreien Substraten (siehe auch Seite 159).

Einige Purpurglöckchen *Heuchera* haben knittrige, fast schwarze, silbrig schimmernde Blätter, wie zum Beispiel die Hybriden *Heuchera* EBONY AND IVORY (›E and I‹), ›Obsidian‹ und ›Beauty Colour‹. *Heuchera* ›Stormy Seas‹ ist eine vitale Pflanze mit purpurrotem Laub, das bei jeder Witterung frisch wirkt, und die robuste *Heuchera* ›Chocolate Ruffles‹ zeigt gerüschte Blätter in Schokoladenpurpur mit burgunderroten Unterseiten (siehe Seiten 82/83).

Die Strauchveronika *Hebe* ›Red Edge‹ ♛, eine Hybride der *Hebe albicans* ♛ (siehe Seite 144), ist ein klei-

ner, kompakter, runder Busch mit hübschen grauen, maronenbraun gerandeten Blättern. Im Winter tritt die maronenbraune Färbung besonders an den Zweigspitzen stärker in Erscheinung, sodass der Busch insgesamt pflaumenfarben wirkt. Die Hebe ›Caledonia‹ ♥ zeigt attraktives Laub in pflaumenrot an einem zwergenwüchsigen Busch.

Viele Wolfsmilchsorten *Euphorbia* nehmen im Winter satte Purpurtöne an, und die neu eingeführte *Euphorbia* BLACKBIRD (›Nothowlee‹) erweist sich als Glücksfall. Sie wird nicht höher als 45 Zentimeter und hat schmale Blätter, die in Weinrot und Grün changieren und an den Spitzen scharlachrot sind (siehe Seite 182).

Selektionen des Neuseeländer Flachses *Phormium tenax* Purpureum-Gruppe ♥ sind auffällige Exemplare für den Winter und bieten zur Abwechslung mit ihren spitzen Horsten aus breit ausfächernden Blättern ein ganz anderes Erscheinungsbild. Diese Pflanzen erreichen eine Höhe von eineinhalb Metern und mehr in unterschiedlichen Schattierungen von Purpur und Bronze. Pflanzen Sie diese in sonnige Rabatten zwischen niedrige, kuppelförmige Pflanzen. In Bodennähe sind die Zwergformen wie *Phormium tenax* ›Nanum Purpureum‹ mit purpurroten Blättern, *Phormium* ›Tom Thumb‹ mit bronzefarbenem Laub und der fast schwarze *Phormium* ›Platt's Black‹ empfehlenswert (siehe auch Seite 74).

Der Kriechende Günsel *Ajuga reptans* ›Atropurpurea‹ ist ein teppichbildender Bodendecker mit überwinternden Rosetten aus bräunlich purpurfarbenen Blättern und dichten Scheinähren mit kräftig blauen Blüten. Am besten pflanzt man ihn dort, wo er auch Sonne bekommt, um die Farbe zu betonen. Ist der Standort jedoch zu trocken, geht er ein. Der Pyramiden-Günsel *Ajuga pyramidalis* ›Metallica Crispa‹ ist eine Miniaturform mit hübschem gekräuselten und gewellten Laub, das im Winter eine schöne Struktur bietet und in dem sich das Sonnenlicht fängt. Er bildet eine gute Kombination mit dem Immergrün *Vinca minor* ›Illumination‹ und dessen Blättern mit hellgoldener Mitte.

Der grasartige Schlangenbart *Ophiopogon planiscapus* ›Nigrescens‹ ♥ ist eine der wenigen Pflanzen mit fast schwarzem Laub. Er sollte allerdings wohlüberlegt im Garten platziert werden. Über nackter brauner Erde verschwindet das Laub fast völlig, während es vor dem Hintergrund eines Kieswegs oder in Gesellschaft von Pflanzen mit silbrigem Laub faszinierende Akzente setzt. Darüber hinaus ist der Schlangenbart eine zauberhafte Begleitpflanze für

hellrote oder blassrosa Vorfrühlings-Alpenveilchen *Cyclamen coum* ♥ (siehe Seite 79) und auch als Topfpflanze eine gute Wahl.

Der sommergrüne Venus-Haarfarn *Adiantum venustum* ♥ wirft seine Blätter ab. Zurück bleibt eine biegsame Struktur aus schwarzen Stängeln – eine ungewöhnliche und attraktive Hintergrundkulisse für kleine grün blühende Christrosen oder Tuffs aus Schneeglöckchen. Der Tatarische Hartriegel *Cornus alba* ›Kesselringii‹ ♥ hat purpurschwarze Zweige und bietet sich für Kombinationen mit rötlich und gelb gefärbten Hartriegelruten an. Ebenso interessant wirkt dieser Hartriegel vor der weißen Rinde einer Himalaja-Birke *Betula utilis* var. *jacquemontii* ♥ (siehe Seite 205).

---

1 | Kohuhu *Pittosporum tenuifolium* ›Tom Thumb‹
2 | Großblütige Tellima *Tellima grandiflora* Rubra-Gruppe
3 | Traubenheide *Leucothoe* LOVITA (›Zebonard‹)
4 | Mahonie *Mahonia aquifolium* ›Atropurpurea‹
5 | Schlangenbart *Ophiopogon planiscapus* ›Nigrescens‹
6 | Strauchveronika *Hebe* ›Red Edge‹
7 | Der Kriechende Günsel *Ajuga reptans* ›Atropurpurea‹ bildet einen glänzenden weinroten Teppich unter den Schneeglöckchen.
8 | Tatarischer Hartriegel *Cornus alba* ›Kesselringii‹

Andere purpurfarbene Immergrüne
Kohuhu *Pittosporum tenuifolium* ›Purpureum‹ • *Rhododendron* ›Joanna‹ • *Rhododendron* PJM-Gruppe ›Peter John Mazitt‹

Immersilber und Immerblau

Silbriges Laub assoziieren wir häufig mit trockenen, sommerlichen Bedingungen und warmer Witterung. Dennoch treffen wir wesentlich häufiger in dunklen Wintertagen auf diese Laubfarbe, wo sie mit düsteren immergrünen Pflanzen und kahlen Ästen kontrastiert. Flaumig behaarte graue Blätter sind besonders mit leichtem Frostüberzug attraktiv. Bläuliches Laub wirkt vor allem in Gesellschaft von gold und weiß panaschierten immergrünen Pflanzen, wohingegen blaunadelige Koniferen als Solitärbäume ein interessanter Blickfang sind und bläulich gefärbte Gräser und Wolfsmilcharten sich prächtig mit Purpurglöckchen und Bergenien untermischen lassen.

Silbrig belaubte Pflanzen

Lavendel *Lavandula* bietet sich ganz von selbst für den winterlichen Garten an, denn ein gut gepflegter, beschnittener Busch wirkt mit seinen schmalen silbrigen Blättern ganz besonders in der kalten Jahreszeit. Sämtliche Sorten gedeihen am besten an sonnigen, gut drainierten Standorten und verhalten sich auf schweren Böden problematisch. Zu den empfehlenswertesten Lavendelsorten gehören die Hybriden *Lavandula* x *chaytorae*, die ihr ausgeprägt silbrigweißes Laub vom Wolligen Lavendel *Lavandula lanata* ♛ und die Winterhärte vom Echten Lavendel *Lavandula angustifolia* geerbt haben. Die silberlaubige Sorte *Lavandula* x *chaytorae* ›Sawyers‹ ♛ ist eine ausgezeichnete Wahl mit großen, kerzenartigen, dunkelpurpurfarbenen Blüten-Scheinähren, die bis zu 50 Zentimeter hoch werden (siehe Seite 167), während der ebenso schöne *Lavandula* x *chaytorae* ›Richard Gray‹ ♛ etwas niedriger ausfällt. Beide haben noch den Bonus, aromatisch duftendes Laub zu besitzen. Trimmen Sie Lavendel unmittelbar nach der Blüte im Spätsommer, und schneiden Sie ihn bis auf die jungen, bereits sichtbaren Triebe zurück. Auf diese Weise entwickeln sich attraktive Tuffs, die den ganzen Winter ihr schönes Erscheinungsbild behalten.

Ein weiterer Favorit für einen trockenen, sonnigen Standort ist das Heiligenkraut *Santolina chamaecyparissus* ♛, ein kleiner, dichter Busch mit grazilem, filigranem, silbergrauem Laub (siehe Seite 167). Das Heiligenkraut sollte nach der Blüte im Hochsommer alljährlich geschnitten und in Form gebracht werden, um seine dichte, buschige Wuchsform zu bewahren. Die Sommerblüte erscheint blasscremeweiß oder hellgelb. Es gibt auch eine grünlaubige Hybride *Santolina rosmarinifolia* ssp. *rosmarinifolia*, die gut mit den silberlaubigen Sorten kontrastiert. Die Italienische Strohblume *Helichrysum italicum* ♛ besitzt lange, schmale und silbrige Blätter sowie eine lockerere Wuchsform als Heiligenkraut und

---

1 | Gemüseartischocke *Cynara cardunculus*
2 | Italienische Strohblume *Helichrysum italicum* ›Korma‹
3 | Strauchiges Kreuzkraut *Brachyglottis* ›Sunshine‹
4 | Strauchiges Kreuzkraut *Brachyglottis* ›Walberton's Silver Dormouse‹
5 | Sonnenröschen *Helianthemum* ›The Bride‹
6 | Strauchveronika *Hebe albicans*
7 | Brandkraut *Phlomis italica*

Schutz silberlaubiger Pflanzen vor Winternässe

Die meisten Sträucher und Stauden mit behaartem silbrigem Laub stammen ursprünglich aus dem Mittelmeerraum und haben sich dem dort üblichen heißen und trockenen Klima angepasst. Sie gedeihen auch in kälteren Klimazonen gut, werden jedoch in zu nassen Wintern krankheitsanfällig. Um ihnen bessere Bedingungen zu bieten, sollten sie unbedingt an Standorten ohne Staunässe und, bei schweren Böden, in ein mit Kies durchmischtes Substrat gepflanzt werden. Zusätzlich können sie mit einer Kiesschicht umgeben werden, die verhindert, dass nasse Erde auf die Blätter spritzt. Auch das Entfernen von abgefallenem Laub im Spätherbst beugt einer Vernässung der Pflanzen vor.

Lavendel – ein Vorteil bei feuchtem Winterwetter, da sich das Laub nicht voll Wasser saugen kann. Sie bildet einen niedrigen Strauch von 60 Zentimeter Höhe und ähnlicher Breite. *Helichrysum italicum* ›Korma‹ ist heller und hat sehr schönes silbriges Laub. Die Italienische Strohblume sollte nach der Blüte im Spätsommer zurückgeschnitten werden. Damit wird ein dichter junger Neuaustrieb silbriger Blätter gefördert, der die Pflanze den ganzen Winter über attraktiv aussehen lässt.

Das grünlaubige Strauchige Kreuzkraut *Brachyglottis* ›Sunshine‹ ♛ (bekannter unter dem früheren Namen *Senecio*) stammt ursprünglich aus Dunedin am südlichsten Ende Neuseelands und hat sich als äußerst frosthartige immergrüne Pflanze erwiesen. Mit den Jahren kann sie zu einem großen Strauch heranwachsen, ist jedoch gut zu schneiden und in Form zu bringen, und wenn gewünscht, können alle hellschwefelgelben, gänseblümchenartigen Blüten, die im Sommer erscheinen, entfernt werden. Bei näherer Betrachtung stellt man fest, dass die grauen Blätter weiß umrandet und die Unterseite flaumig behaart ist. *Brachyglottis* ›Walberton's Silver Dormouse‹ ist eine neuere, wesentlich kleinere, auch für die Kultur in Töpfen geeignete Hybride. Die Salz-Melde *Atriplex halimus* ist ein empfehlenswerter wintersilbrig belaubter Strauch mit seidig schimmernden, ovalen Blättern (siehe Seite 165). Obwohl vital und von einer Höhe von drei Metern und mehr, kann er durch Schnitt gut in Zaum gehalten werden und gedeiht prächtig auf armen, sandigen Böden in der prallen Sonne. Da die Salz-Melde hohe Salzkonzentrationen vertragen kann, ist sie auch für küstennahe Bereiche bestens geeignet. Das Brandkraut *Phlomis italica* mit blasslilarosa Sommerblüten behält in milden Wintern seine flaumig behaarten grauen Blätter. Es ist ein Ausläufer bildender Strauch von bis zu einem Meter Höhe mit aufrechten Zweigen. Das Strauchige Brandkraut *Phlomis fruticosa* ♛ ist frosthärter, mit graugrünem Laub an aufrechten Zweigen (siehe Seite 165). Die gelben, salbeiähnlichen Blüten erscheinen im Sommer in den Blattachseln.

Einige der kleineren Strauchveroniken *Hebe* haben graue oder blaugraue Blätter. Die Fettblättrige Strauchveronika *Hebe pinguifolia* ›Pagei‹ ♛ ist eine der beliebtesten Sorten. Sie bildet eine leicht gewölbte Matte aus kleinen, ganzrandigen, silbrigen Blättern, und ihre winzigen weißen Blüten erscheinen im Sommer in Büscheln an den Zweigenden. Die höhere *Hebe albicans* ♛ und *Hebe recurva* ›Boughton Silver‹ ♛ wachsen mit ähnlich silbrigem Laub zu Kuppelformen heran, die bis zu 60 Zentimeter hoch werden. Ihr Laub ist größer und spitz zulaufend, die Blüten sind weiß und erscheinen im Sommer. In größeren Beeten sind sie besonders wirkungsvoll in Gruppen mit den aufrechten Tuffs aus China-Schilf *Miscanthus* oder den farbenfreudigen Zweigen des Tatarischen Hartriegels *Cornus alba* ›Sibirica‹ ♛.

Einige Sonnenröschensorten *Helianthemum* haben hübsches silbergraues Laub; ihre winzigen Blätter stehen an schlanken, biegsamen Stängeln, die niedrige Matten oder Hügelformen bilden. Sie wachsen überall in der Sonne und sehen besonders attraktiv

> **Begleitpflanzen**
>
> Silberlaubige Pflanzen wie zum Beispiel *Brachyglottis* ›Sunshine‹ ♛ hellen eine Winterrabatte auf und setzen Akzente. Hier bilden Form und Größe der Brachyglottis-Blätter einen guten Kontrast zum kleinen, leuchtend grünen Laub und der kompakten Wuchsform der Strauchveronika im Hintergrund.

am Rand eines Weges oder begleitend an Treppen aus. *Helianthemum* ›The Bride‹ ♀ ist eine ausgezeichnete Sorte mit weißen Blüten im Frühsommer. Die Pflanzen sollten nach der Blüte geschnitten werden, um den Neuaustrieb und die buschige Wuchsform zu fördern.

Die auffällig silbergrünen Blätter der Gemüseartischocke *Cynara cardunculus* ♀ überdauern in milderen Klimazonen auch den Winter. Obwohl das Laub bis zu einem Meter hoch wird, sinkt es am Ende des Sommers zu Boden, wenn die derben, verzweigten Blütenschäfte von zwei Meter Höhe den Höhepunkt erreicht haben. Werden Stiele und Blätter allesamt bis zum Boden zurückgeschnitten, nachdem die Blüten verblüht sind, erscheint frisches Laub aufrecht und bogenförmig überhängend, das den ganzen Winter über seine silbrige Färbung nicht verliert.

Der Wollziest *Stachys byzantina* besitzt ebenfalls winterhartes, mit feinen, weichen Haaren besetztes silbergraues Laub (siehe Seite 167) und bildet an trockenen, sonnigen Standorten langsamwüchsige Teppiche aus. Pelzige Scheinähren mit purpurroten Blüten erscheinen im Sommer, doch diese sind nur kurze Zeit attraktiv und werden am besten entfernt. Auf Bodenniveau gibt es auch etliche Selektionen des herbstblühenden Alpenveilchens, wie zum Beispiel das Efeublättrige Alpenveilchen *Cyclamen hederifolium* ›Silver Cloud‹, die fast einfarbig silbrige, den ganzen Winter an der Pflanze verbleibende Blätter austreiben.

Junge Pflanzen der zweijährigen Seidenhaar-Königskerze *Verbascum bombyciferum* sind mit ihren silberfarbenen Blattrosetten ebenso dankbare Winterpflanzen und treiben im Sommer hohe gelbe Blütenkerzen aus. Hat man Platz genug, kann man die Samen als Vogelfutter im Winter reifen lassen. Auf leichten Böden neigt diese Königskerze allerdings dazu, sich geradezu wuchernd auszubreiten, sodass Sämlinge gejätet werden müssen, bevor die Pflanze zum Ärgernis wird.

Blaulaubige Pflanzen

Überraschenderweise gibt es tatsächlich einige Pflanzen für den winterlichen Garten mit blauem Laub, obwohl hier eine saubere Trennlinie zwischen Blau und Grau gezogen werden muss. Alle Pflanzen mit bläulichem Laub brauchen unbedingt Sonne, um diese Farbe zu entwickeln, und sind für den Schatten ungeeignet.

Einige Wacholdersorten *Juniperus* zeigen grau-blaues Laub. Zu den Formen mit der intensivsten

Silber im Schatten

Nur wenige silberlaubige Pflanzen gedeihen auch im Schatten, doch die *Astelia chathamica* ♀ aus Neuseeland ist eine Ausnahme. Sie bildet einen aufrecht ausfächernden Blattschopf in einem hellen, metallisch schimmernden Silberton, der dem oberen Teil einer Ananas ähnelt. Sie lässt sich gut als Topfpflanze oder in einem Kiesbett ziehen, womit man verhindert, dass Erde auf ihr zauberhaftes Laub spritzt (siehe auch Seite 74).

8 | Efeublättriges Alpenveilchen *Cyclamen hederifolium* ›Silver Cloud‹
9 | Seidenhaar-Königskerze *Verbascum bombyciferum*
10 | Schuppen-Wacholder *Juniperus squamata* ›Blue Carpet‹
11 | Schuppen-Wacholder *Juniperus squamata* ›Blue Star‹

12 | Blaue Stechpalme *Ilex* x *meserveae* BLUE PRINCE
13 | Weinraute *Ruta graveolens* ›Jackman's Blue‹
14 | Arizona-Zypresse *Cupressus arizonica* var. *glabra* ›Blue Ice‹
15 | Wolfsmilch *Euphorbia characias* ssp. *wulfenii*
16 | Stechfichte *Picea pungens* ›Koster‹

Gräser mit blauer Winterfärbung

Unter den Gräsern weisen einige Schwingelsorten gute blaugraue Blätter auf. *Festuca glauca* ›Elijah Blue‹ (17) bildet ausgeprägte Horste aus eingerollten Blättern und sollte gruppenweise an freien, sonnigen Standorten gepflanzt werden. Die einzelne Pflanze hat keine lange Lebensdauer. Im Frühjahr muss das obere Drittel der Blätter zurückgeschnitten oder die Pflanze geteilt und verjüngt werden. Der Walliser Schaf-Schwingel *Festuca valesiaca* SILVER SEA (›Silbersee‹) weist sogar eine noch leuchtendere, fast eisblaue Färbung auf.

Blaufärbung gehört der Chinesische Wacholder *Juniperus chinensis* ›Pyramidalis‹ ♛ mit schöner Säulenform. Dieser Wacholder ist dicht, langsamwüchsig und wird bis zu zwei Meter hoch. Die bleistiftdünnen Felsengebirgs-Wacholder *Juniperus scopulorum* ›Blue Arrow‹ und ›Skyrocket‹ erreichen eine Höhe von vier Metern und sind daher gut geeignet, um Höhe in einen kleinen Garten zu bringen, ohne dass sie zu massiv wirken. Beide Sorten wachsen ausgesprochen schmal und aufrecht in die Höhe, wodurch sie sich auch als Fluchtpunkte eignen. ›Blue Arrow‹ besitzt stahlblaues Laub von besserer Qualität als ›Skyrocket‹. Einige Selektionen des Virginischen Wacholders *Juniperus virginiana* haben ein Laub, das sich im Winter purpurbläulich verfärbt, so zum Beispiel *Juniperus virginiana* ›Burkii‹, der innerhalb von zehn Jahren drei Meter Höhe erreicht und eine hervorragende, dichte und kompakte Säulenform mit stahlblauem Laub ausbildet, das im Winter purpurfarben wird.

Als niedrige, teppichbildende Sorte gibt es den Schuppen-Wacholder *Juniperus squamata* ›Blue Carpet‹ mit blaugrauen Blättern an kriechenden Zweigen und den kompakten *Juniperus squamata* ›Blue Star‹, der zu kleinen Kugelformen mit kristallartig nadeligem, silberblauem Laub heranwächst. Ist eine ausgeprägt konische Wuchsform bei einem solitär wachsenden Exemplar für einen kleinen Garten, ein Kiesbett oder einen Topf gewünscht, eignet sich die Blaufichte *Picea glauca* ALBERTA BLUE (›Haak‹) mit dicht stehenden silberblauen Nadeln. In einem Heidebeet ist diese Fichte ein attraktiver Blickfang.

Die sogenannten Blauen Stechpalmen, Formen von *Ilex x meserveae*, sind von Kathleen Meserve in den 1950er-Jahren auf Long Island bei dem Versuch gezüchtet worden, eine Stechpalme zu erhalten, die den kalten Wintern des östlichen Nordamerika trotzen kann. Sie bilden ausladende Sträucher mit rechteckigen Trieben und glänzendem blaugrünem Laub aus weichen Blattdornen.

Sie passen gut in zeitgenössische Gärten und sind attraktive Begleitpflanzen für silberlaubige Sträucher. Wie die Gemeine Stechpalme *Ilex aquifolium*, einer der Elternteile, können sie getrimmt und in Form geschnitten werden, und ihre kompakte Wuchsform und die zierlicheren Blätter erleichtern dies erheblich. *Ilex x meserveae* BLUE PRINCESS, die selten höher als zwei Meter wird, hat dunkle Zweige sowie dunkles Laub und bildet im Winter Massen an leuchtend scharlachroten Beeren aus. *Ilex x meserveae* BLUE PRINCE ist eine ausgezeichnete männliche Form und wird gebraucht, um eine gute Beerenernte bei den weiblichen Klonen zu sichern. Die Weinraute *Ruta graveolens* fügt der winterlichen Farbpalette einen metallischen Blauton in Form der Hybride ›Jackman's Blue‹ hinzu. Die Weinraute ist ein strauchwüchsiges Gartenkraut, das 60 Zentimeter hoch und breit wird und blaugrüne Zweige mit hübsch gelappten Blättern in intensivem Blaugrau hervorbringt. Im Sommer erscheinen senfgelbe Blüten. Sie sollte mit Vorsicht eingesetzt werden, da sie bei Berührung in der Sonne allergische Reaktionen hervorrufen kann. Es gibt auch ein blaublättriges Schneeglöckchen: das Großblütige Schneeglöckchen *Galanthus elwesii* ♛ mit breiten Blättern in einem satten Grünblau, das an sonnigeren Standorten wüchsiger ist als seine Verwandten mit grünem Laub.

Das leuchtendste blaugraue Laub im Sommer wie im Winter finden wir bei der Arizona-Zypresse *Cupressus arizonica* var. *glabra* ›Blue Ice‹ ♛, einem langsamwüchsigen Baum mit konischer Wuchsform, der eine Höhe von drei Metern erreicht. Er bildet kleine blaue Zapfen aus.

Hybriden der Stechfichte *Picea pungens* gehören zu den prächtigsten Bäumen mit bläulichem Laub für den winterlichen Garten, mit steifen, dicht mit silberblauen Nadeln besetzten Zweigen.

Picea pungens ›Koster‹ ♛ ist die populärste Blaufichte, mit regelmäßiger, konischer Wuchsform und einer Höhe von drei Metern in zehn Jahren. *Picea pungens* ›Globosa‹ ♛, die zu einem rundlichen Busch heranwächst, wird einen bis drei Meter hoch. Sie ist eine spektakuläre Begleitpflanze für die schwertförmigen Blätter des purpurfarben oder gelb blühenden Neuseeländer Flachs *Phormium*.

Auch die Wolfsmilch *Euphorbia* gehört zu den schönen bläulich gefärbten Blattpflanzen. Angefangen von den strauchigen Formen der *Euphorbia characias* ssp. *wulfenii* ♛ in einem dunklen Graublau bis zur Pannonischen Wolfsmilch *Euphorbia nicaeensis* in einem leuchtenden Blau mit aufrechten Schäften, die im Winter eine rosa Färbung annehmen, und der kleiner belaubten, kompakten *Euphorbia* ›Blue Haze‹. Sie alle brauchen unbedingt volle Sonne, um ihre schönste Laubfarbe zu entwickeln. Als Bodendecker wird die Graue Wolfsmilch *Euphorbia myrsinites* ♛ ihre blauen Stängel über Pflaster oder eine niedrige Mauer schlingen (siehe Seite 81).

Mehr Pflanzen mit silbrigem und blauem Laub Besenheide *Calluna vulgaris* ›Silver Queen‹ • Silber-Winde *Convolvulus cneorum* • Eukalyptus *Eucalyptus perriniana* • Strauchveronika *Hebe pimeloides* ›Quicksilver‹ • *Ozothamnus rosmarinifolius* ›Silver Jubilee‹ • Strauch-Gamander *Teucrium fruticans*

Standorte

Viele Gärten bieten eine Vielzahl unterschiedlicher Wuchsbedingungen: Es gibt offene und sonnige Plätze, andere wiederum sind durch Bäume oder Gebäude beschattet; vielleicht ist da auch ein ausgesprochen feuchter Bereich oder ein sehr trockener, steiniger Standort in Hausnähe. An manchen Orten mag die Erde sauer sein, an anderen eher neutral oder kalkhaltig. Es gibt Pflanzen, die an allen genannten Standorten gedeihen, während andere deutlich wählerischer sind und wieder andere unter den gegebenen Bedingungen sogar eingehen – somit sind passende Pflanzen für jeden Standort ganz zweifellos der Schlüssel zu einem erfolgreichen winterlichen Gartenbild.

Winterlinge *Eranthis* und Schneeglöckchen *Galanthus* hellen eine schattige Ecke auf.

Lehmböden

Lehmböden gehören für den Gärtner zu den schwierigsten Substraten. Rissig und hart gebacken im Sommer, kalt und schwer im Winter, kann man sie durch die Zugabe von Split und Kies verbessern, die kompakten Lehmschollen auflockern und sie mit Humus und Mist versetzen, um ihre Krümelstruktur zu verbessern. Im Laufe der Zeit erhält man auf diese Weise eine durchaus feine Gartenerde, mit der es sich arbeiten lässt, denn Lehmböden sind normalerweise ein nährstoffreiches Substrat, in dem viele Pflanzen gut und ohne größere Pflegemaßnahmen gedeihen.

Zier-Johannisbeeren wachsen im Allgemeinen gut auf Lehmböden. Eine empfehlenswerte Wahl ist die Blut-Johannisbeere *Ribes sanguineum* WHITE ICICLE (›Ubric‹) ♕, eine ausgesprochen frühblühende, etwa schulterhoch werdende Hybride. Mit ihren kleinen weißen Blüten an nackten Zweigen macht sie sich besonders attraktiv vor dunklem Hintergrund. Die sommergrünen Blüten-Johannisbeeren werden nach der Blüte geschnitten. Dabei schneidet man einen Teil des älteren Holzes bis zur Basis der Pflanze zurück. Damit wird der Neuaustrieb aufrechter junger Zweige gefördert, an denen die Blüten besonders vorteilhaft zur Geltung kommen.

Die niedrigwüchsige, immergrüne Lorbeerblättrige Johannisbeere *Ribes laurifolium* mit hängenden grünlich weißen Blütenrispen zum Winterausgang gedeiht prächtig in schwerem Lehmboden und im Halbschatten. Der üppig in die Breite wachsende Busch scheint sich am wohlsten zu fühlen, wenn er sich über eine Böschung ausbreiten kann. Möchte man sich auch eine sommerliche Blüte sichern, sollte man die Johannisbere von einer nicht allzu vitalen Waldrebe *Clematis* beranken lassen. Eine Hybride der Italienischen Waldrebe *Clematis viticella* x, wie die *Clematis* ›Little Nell‹ mit weißen blassrosa umrandeten Blüten, ist hierfür gut geeignet.

Die Karamell-Beere *Leycesteria formosa* ❦, ein Strauch aus dem Himalaja, wird als attraktiver Zierstrauch für den winterlichen Garten häufig übersehen. Dabei entwickelt er erst seine besondere Attraktivität, wenn er die Blätter abgeworfen hat und seine meergrünen Zweige auffällig werden. Ein leichter Schnitt zur Entfernung des dünn auslaufenden, überhängenden oberen Drittels seiner zwei Meter hohen aufrechten Zweige gibt dem Strauch eine faszinierende Erscheinungsform – besonders wirkungsvoll in Kombination mit den roten, gelben und glutroten nackten Ruten einer Hartriegelsorte, die ebenfalls gut auf Lehmböden gedeiht und sogar nasse Bedingungen toleriert. Im Sommer bildet die *Leycesteria* dichte, überhängende Trauben aus weißen trompetenförmigen Blüten mit weinroten Tragblättern, denen dunkelrote Beeren folgen, die besonders von Fasanen geliebt werden. Daher auch der englische Name »Fasanenbeere«.

Die farbenprächtigen Weiden *Salix* mögen ebenfalls Lehmböden, besonders wenn dieser leicht feucht ist. Die Auswahl an Weiden ist groß, und viele tragen attraktive Kätzchen (siehe Seiten 115 und 167).

Das grünlaubige Strauchige Kreuzkraut *Brachyglottis* ›Sunshine‹ ❦ (früher als *Senecio* ›Sunshine‹ bekannt) entwickelt sich auf Lehmboden und in der Sonne prächtig mit blassgrauen Blättern und pergamentweißem Überzug. Es handelt sich hier um einen potenziell großwüchsigen Strauch, der jedoch jederzeit radikal beschnitten werden kann (siehe Seite 146).

---

1 | Zwerg-Mispeln *Cotoneaster* gedeihen auf jedem Boden, und viele dieser Gehölze, wie zum Beispiel die anmutige Frucht-Zwerg-Mispel *Cotoneaster franchetii*, behalten ihre Blätter und Beeren, womit sich im winterlichen Garten ein deutlich freundlicheres Bild gestalten lässt.
2 | Blut-Johannisbeere *Ribes sanguineum* WHITE ICICLE (›Ubric‹)
3 | Lorbeerblättrige Johannisbeere *Ribes laurifolium*
4 | Karamell-Beere *Leycesteria formosa*
5 | Tatarischer Hartriegel *Cornus alba* ›Sibirica‹

Der normalerweise strauchwüchsige Ligusterblättrige Wasserdost Eupatorium ligustrinum ♥ aus Mexiko hat sich in den letzten milden Wintern als erstaunlich frosthart erwiesen. Er wächst zu einem mittelgroßen, rundlichen, immergrünen Strauch heran, mit kleinen, schmalen und glänzenden grünen Blättern sowie zarten blassrosa Blütenrispen an dunklen Zweigen im Herbst. Die Blüten verblassen zu einem Rostton und bleiben auch den Winter über am Strauch.

Die meisten Magnolien Magnolia gedeihen auf Lehmböden – gleichgültig ob sauer oder leicht basisch. Die Immergrüne Magnolie Magnolia grandiflora mit ihrem großen, ledrigen und immergrünen Laub, häufig an der Unterseite rostrot gefärbt, wächst gut auf im Winter nicht allzu nassen Lehmböden und wird häufig dicht an Hauswände gepflanzt. Obwohl diese Magnolie zu einem großen Baum heranwächst, kann sie auf die gewünschte Größe beschnitten werden und wird mittlerweile in zunehmendem Maße als eher geometrisch geformter Strauch gezogen – oft allerdings auf Kosten einer üppigen Sommerblüte. Magnolia grandiflora ›Little Gem‹ ist eine eher zwergwüchsige Sorte mit kleineren Blättern von sehr dunklem Grün und kastanienbrauner, flaumig behaarter Unterseite. Sie eignet sich für kleinere Gärten und erreicht sehr langsam eine Höhe von ungefähr drei Metern.

Viele laubabwerfende Magnolien glänzen ganz unerwartet im winterlichen Garten, denn ihre spitzen, flaumig behaarten Blütenknospen fangen das fahle Winterlicht ein. Auf den nackten silbrigen Zweigen wirken diese ebenso attraktiv wie die folgenden zauberhaften Blüten. Die Stern-Magnolie Magnolia stellata ♥ ist, was winterliche Knospen angeht, eine der besten (siehe Seite 47). Diese öffnen sich Anfang Frühjahr zu sternförmigen weißen Blüten. Mit ihrer kompakteren Wuchsform ist sie eine ausgezeichnete Wahl für den mittelgroßen Garten.

6 | Immergrüne Magnolie Magnolia grandiflora
7 | Stern-Magnolie Magnolia stellata

Pflanzung in schweren Lehmböden

Gartenfreunde, die mit schweren Lehmböden arbeiten müssen, sollten Bäume und Sträucher im Frühherbst pflanzen, damit diese Zeit haben, sich vor dem Winter einzugewöhnen. Um Vernässungen zu vermeiden, ist es ratsam, nur ein flaches Pflanzloch – von einer Spatenlänge, jedoch einen Meter breit – auszuheben und Boden und Seitenwände mit einer Gartengabel einzustechen, um einen guten Wasserablauf zu garantieren. Anstatt Kompost und Dünger in den Aushub zu füllen, sollte beides in einer großzügigen Schicht über dem Boden um die Pflanze herum verteilt werden.

Die Beschaffenheit von Lehm

Lehmböden sind nicht das Gegenteil von Kalkböden oder sauren Substraten, ihr pH-Wert (Säure- oder Basengehalt) kann von sehr sauer bis sehr basisch variieren. Frostharte Rhododendron-Hybriden gedeihen gut auf sauren Lehmböden, und basische Lehm- sowie Lössböden sind ideal für die meisten immergrünen Sträucher, die auch auf Kalksubstraten wachsen, wie Stechpalme, Aukube, Zwerg-Mispel und Buchs (siehe auch Seiten 39, 62–64, 162 und 174).

Der Tonanteil im Lehmboden bestimmt die Zähigkeit des Substrats und damit auch die Bearbeitbarkeit. Je mehr Ton sich im Substrat findet, desto höher ist die Bodendichte. Werden nackte Lehmböden nach dem Umgraben dem Frost ausgesetzt, so bewirkt dies eine natürliche Auflockerung.
Die Beimischung von Kalk hat einen ähnlichen Effekt, wobei zwar die Krümelstruktur gefördert wird, jedoch gleichzeitig der Basengehalt des Bodens ansteigt.

Winter-Zwiebelpflanzen, Gräser und Stauden für Lehmböden Purpurnwerdende Bergenie Bergenia purpurascens • Palmwedel-Segge Carex comans • China-Schilf Miscanthus sinensis • Reifrock-Narzisse Narcissus bulbocodium • Alpenveilchen-Narzisse Narcissus cyclamineus • Geflecktes Lungenkraut Pulmonaria saccharata • Australisches Feuergras Uncinia rubra

Saure Böden

Wer in seinem Garten mit saurem Boden arbeitet, hat insofern Glück, als er eine breite Palette an Sträuchern pflanzen kann, die im Winter für attraktives Laub und Blüten sorgen. Rhododendren und Kamelien bringen helle Blütenfarben und die Scheinbeere Massen an bunten Beeren ein. Einige Weißglockensträucher sowie Traubenheiden zeigen faszinierende Laubformen. In Bodennähe sorgen auch einige Heidesorten für ausgezeichnetes winterliches Laub.

Kamelien sind für alle Gärten mit sauren Böden eine ganz natürliche Wahl bei Blütensträuchern. Die *Camellia sasanqua*-Sorten, die im Winter blühen, sind etwas frostempfindlich und eignen sich lediglich für Standorte in milden Klimaregionen. *Camellia sasanqua* ›Narumigata‹ besitzt kleine, schalenförmige Blüten in rosa überhauchtem Cremeweiß. Sie wächst im reifen Alter zu einem großen Strauch

1 | Die spätwinterlichen Blüten der Kamelie *Camellia* x *williamsii* ›Saint Ewe‹ sind bemerkenswert langlebig, selbst bei Frost oder Schnee.

heran, kann jedoch nach der Blüte beschnitten werden. Diese Sorte blüht in Großbritannien auch im Freien. Dasselbe gilt für *Camellia sasanqua* ›Crimson King‹ ♛. Andere wiederum brauchen den Schutz einer Mauer oder können im Topf gezogen und im Winter in ein Kalthaus oder einen Wintergarten verbracht werden.

Varietäten der *Camellia japonica* sind frosthärter und Anfang Frühjahr ein faszinierender Anblick, wenn sie an Standorten gepflanzt werden, wo die Morgensonne gefrorene Blüten nicht schädigen kann. Allerdings können sie sogar schon ab Wintermitte blühen. *Camellia japonica* ›Nobilissima‹ zeigt üppige, pfingstrosenartige, wachsweiße Blüten mit einem cremefarbenen Schimmer vor dunkelgrünem Laub. Sie gehört zu den Ersten, die ihre Blüten öffnen. *Camellia japonica* ›Apple Blossom‹ ♛ ist wunderschön und hat blasspinkfarbene Blüten.

Für kleinere Gärten oder die Topfkultur eignet sich die kompakt- und aufrechtwüchsige *Camellia* x *williamsii* ›Jury's Yellow‹ ♛ mit zauberhafter, anemonenähnlicher Blütenmitte in Weiß und Blassgelb. Diese Sorte blüht normalerweise später, also Ende des Winters bis Anfang Frühjahr. Die herrliche *Camellia* x *williamsii* ›Saint Ewe‹ ♛ ist eine frostharte Hybride mit wetterbeständigen, einfachen Blüten in Pinkrosa, die in milden Gebieten auch unter einer leichten Schneedecke bestehen können.

Camellia x *vernalis* treibt duftende weiße Blüten vom Spätwinter an aus, und die so treffend als »Weihnachts-Kamelie« bezeichnete *Camellia* x *vernalis* ›Yuletide‹ besitzt kleine scharlachrote Blüten. Die alte Kamelien-Hybride *Camellia* ›Cornish Snow‹ ♛ ist ein ausgesprochen dankbarer, locker aufgebauter Strauch, der Massen an kleinen weißen Blüten im Spätwinter hervorbringt.

Einige immergrüne Rhododendren blühen ebenfalls früh im Jahr, doch sie sollten unbedingt an einem geschützten Standort stehen, denn sie tolerieren weder kalte Winde im Winter noch zu starke Sonneneinstrahlung im Sommer. Die sehr alte Hybride *Rhododendron* ›Nobleanum Venustum‹ ist ein großer Strauch mit dicken Büscheln aus trompetenförmigen rosa Blüten, mit dunkleren Einsprenkelungen an der Innenseite, die sich im Hochwinter öffnen und bis zum Frühjahr ununterbrochen weiterblühen. Schneidet man einige Knospenzweige ab, öffnen sich diese langsam in der Vase. Eine weitere altgediente Hybride *Rhododendron* ›Christmas Cheer‹ ist ein kompakter Strauch, der normalerweise im Spätwinter und Anfang Frühjahr blüht. Seine rosa Knospen öffnen sich zu weißen Blüten. Früher wurde er in einen Topf gesetzt und rechtzeitig zu Weihnachten zum Blühen gebracht.

Der Stachelspitzige Rhododendron *Rhododendron mucronulatum* ist einer der Ersten, der blüht. Er ist ein schlanker, sommergrüner Strauch mit magentafarbenen Blüten, die sich in großer Zahl an den kahlen Zweigen entfalten. Werden diese durch Frost

---

2 | Kamelie *Camellia sasanqua* ›Crimson King‹
3 | *Rhododendron* ›Nobleanum Venustum‹
4 | Kamelie *Camellia* ›Cornish Snow‹
5 | Wintergrüner Dahurischer Rhododendron *Rhododendron dauricum*
6 | Stachelspitziger Rhododendron *Rhododendron mucronulatum* ›Cornell Pink‹

Begleitpflanzen für winterblühende Rhododendren

Da ein Großteil frühblühender Rhododendren meist violettrosa, lila oder purpurfarbene Blüten trägt, kann man diese Blütenfarben noch durch das Unterpflanzen von Zwergzwiebelpflanzen in ähnlichen oder komplementären Farbnuancen betonen. Das Vorfrühlings-Alpenveilchen *Cyclamen coum* ♛ (A) mit seinen kirschroten, rosa oder lavendelfarbenen Blüten bietet sich ganz natürlich als Kombination an. Dies gilt auch für den Sibirischen Blaustern *Scilla siberica* ♛ (B), den blassblauen Schneestolz *Chionodoxa luciliae* ♛ und die blauen Formen des Balkan-Windröschens *Anemone blanda* ♛ (C). Ein Lungenkraut *Pulmonaria* mit blauen oder blau-rosaroten Blüten ist ebenfalls eine gute Alternative. Das dunkelgrüne Laub und die limonengrünen Blüten der Stinkenden Nieswurz *Helleborus foetidus* ♛ (D) sind ein harmonisches Pendant zur offenen und lockeren Wuchsform und den zarten Blüten der Rhododendren.

7

geschädigt, setzt die Pflanze die Blüte mit neuen Knospen erst wieder fort, wenn sich die Witterungsbedingungen gebessert haben. Rhododendron mucronulatum ›Cornell Pink‹ ♛ trägt Blüten in zartem Rosa.

Es gibt auch eine Gruppe von halbimmergrünen Rhododendren, die Mitte des Winters blühen und vor allem in einer Waldlandsituation ein bezauberndes Bild bieten. Der Wintergrüne Dahurische Rhododendron Rhododendron dauricum ist uneingeschränkt frosthart und leicht zu ziehen. Er erträgt kalte Temperaturen äußerst gut, indem er abgefrorene Triebe einfach ersetzt. Dieser Rhododendron ist ein kleiner bis mittelgroßer rundlicher Strauch mit lockerem, verzweigtem Wuchs. Seine schmalen Blütenköpfe öffnen sich vor der Mitte des Winters an in lila, blassrosa und sogar weißen Farbtönen. Rhododendron dauricum ›Midwinter‹ ♛ hat entzückende trompetenförmige Blüten in einem reinen Purpurrot mit auffällig hellrosa Staubfäden. Diese Farbe ist im Winter sehr selten, und wenn der Rhododendron im Schutz laubabwerfender Bäume mit einem

Saure Böden liebende Pflanzen und basische Substrate

Es existiert ein kompliziertes Verhältnis zwischen dem pH-Wert des Bodens (Säure- und Basengehalt) und der Verfügbarkeit von Nährstoffen für gewisse Pflanzen. Auf basischen Böden sind bestimmte Nährstoffe, vor allem Eisen, in den Bodenpartikeln eingeschlossen und damit für Pflanzen nicht aufzuschließen. Pflanzen, die auf basischen Böden gut gedeihen, haben sich an diesen Mangel angepasst, doch bei Heidegewächsen und anderen saure Böden liebenden Pflanzen beginnt sich das Laub gelb zu verfärben, das Wachstum reduziert sich oder wird eingestellt, und im schlimmsten Fall geht die Pflanze ein. Obwohl der pH-Wert des Bodens durch bestimmte Maßnahmen verändert werden kann, ist die Wirkung nicht von Dauer und somit nicht ideal. Wer basische Böden in seinem Garten hat, sollte daher saure Substrate liebende Pflanzen in Töpfen oder Hochbeeten mit Heidesubstraten, kalkfreier Erde oder Kompost ziehen und die restliche Fläche Pflanzen vorbehalten, die basische Bedingungen vorziehen.

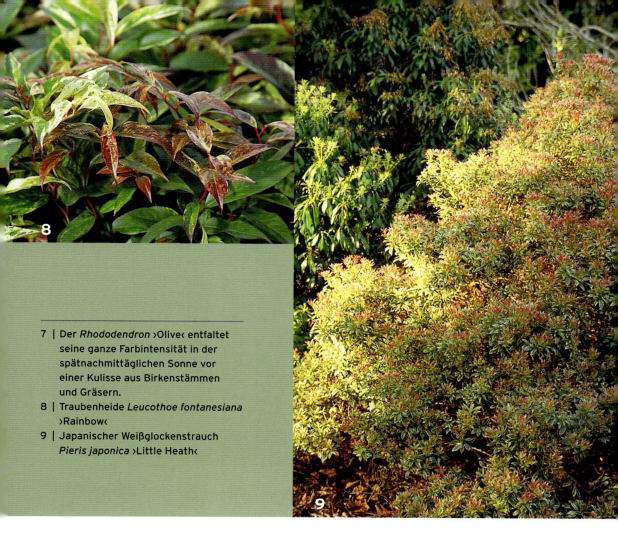

7 | Der *Rhododendron* ›Olive‹ entfaltet seine ganze Farbintensität in der spätnachmittäglichen Sonne vor einer Kulisse aus Birkenstämmen und Gräsern.
8 | Traubenheide *Leucothoe fontanesiana* ›Rainbow‹
9 | Japanischer Weißglockenstrauch *Pieris japonica* ›Little Heath‹

Schneeglöckchenteppich im Unterstand gepflanzt wird, ist das eines der schönsten Gartenbilder im Winter, die ich kenne. Der *Rhododendron* ›Olive‹ ist eine besonders schöne Hybride des *Rhododendron dauricum* mit schmalem, dunkelgrünem Laub und trompetenförmigen, karmin-purpurroten Blüten, die sich im Spätwinter in Massen öffnen.

Traubenheiden *Leucothoe* sind wunderbare, niedrigwüchsige Laubsträucher, die besonders den marmorierten Schatten von Bäumen lieben und auf sauren, im Sommer einigermaßen feuchten Substraten gedeihen. *Leucothoe fontanesiana* ›Rainbow‹ hat bogig überhängende Zweige und spitze, ovale Blätter – in der unteren Hälfte dunkelgrün und an der Oberfläche bezaubernd cremeweiß, rosa und gelb marmoriert. Die amerikanische Züchtung ›Girard's Rainbow‹ besitzt eine ähnliche kuppelförmige Wuchsform von einem Meter Höhe und Breite. Eine Anzahl niedrigwüchsiger Hybriden mit rein dunkelgrünem Laub, die sich im Winter satt scharlachrot und weinrot verfärben, wurden ursprünglich von einem Baumschulgärtner in Ohio gezüchtet. Diese etwa 60 Zentimeter hohen, weit ausladenden Sträucher mit gebogenen Trieben sind hervorragende Bodendecker. Allerdings benötigen sie ausreichend Licht, um die schöne Winterfarbe ihrer Blätter zu entwickeln. Junge Pflanzen sind ebenso attraktiv im Topf mit kalkfreiem Substrat, möchte man auch in Hausnähe etwas Farbe im Winter genießen. *Leucothoe* SCARLETTA ›Zeblid‹ besitzt Blätter, die sich hellrot an den Spitzen verfärben, und *Leucothoe* LOVITA (›Zebonard‹) nimmt einen dunklen karmesin-purpurroten Ton an (siehe auch Seite 143).

Weißglockensträucher *Pieris* werden hauptsächlich wegen ihrer spektakulären jungen Triebe im Frühjahr gezogen, die in allen möglichen Schattierungen von Pfirsichfarben und Rosa über Orange bis Rot erscheinen, und aufgrund ihrer zierlichen weißen oder rosa Blüten. Einige formen große Sträucher, doch die meisten in Gärten gezogenen Exemplare sind kompakte, rundliche Büsche mit schmalem, immergrünem Laub, entweder von einem glänzenden Grün oder creme und weiß panaschiert. Die Blütenknospen erscheinen im Frühwinter und hängen elegant an den Spitzen der Zweige. *Pieris japonica* ›Little Heath‹ ♕ zeigt schmale, sauber cremeweiß gerandete Blätter mit karmesinroten Blattstielen. *Pieris japonica* ›Christmas Cheer‹ treibt gelegentlich sehr frühe Knospen aus, die sich im Winter zu

cremeweißen, an den Spitzen rosa überhauchten Blüten öffnen (siehe Seite 115). *Pieris japonica* ›Katsura‹ ist eine sehr schöne, relativ neue Sorte mit dunkelgrünem Laub und außerordentlich attraktiven dunkelrosa Blütenknospen im Winter. Wie die Traubenheiden sind auch die Weißglockensträucher ausgezeichnete Topfpflanzen.

Es gibt auch einige sehr gute Beerensträucher für saure Böden, darunter besonders die niedrigwüchsigen immergrünen Scheinbeeren *Gaultheria* (die häufig, jetzt aber nicht mehr korrekt, unter der Bezeichnung *Pernettya* kursieren). Sie kommen aus Südamerika, sind jedoch uneingeschränkt frosthart. Sie bilden biegsame, dichte Zwergsträucher von bis zu 90 Zentimeter Höhe und einer Breite von eineinhalb Metern. Ihre kleinen, glockenförmigen, weißen Blüten erscheinen im Frühsommer, gefolgt von Massen an Beeren, die den Großteil des Winters am Strauch verbleiben. Sie sollten gruppenweise als männliche und weibliche Exemplare gepflanzt werden, um eine gute Beerenernte zu erzielen, die in einer breiten Farbpalette von Weiß über viele Rosaschattierungen bis Koschenillerot, Magenta und dunklem Purpur vorkommen. *Gaultheria mucronata* ›Wintertime‹ ♀ bildet die größten, rein weißen Beeren aus, und *Gaultheria mucronata* ›Bell's Seedling‹ ♀ mit dunkelroten Beeren ist selbstbestäubend und benötigt daher keinen männlichen Partner in der Nähe. *Gaultheria procumbens* ♀ wiederum ist ein guter Bodendecker mit kriechenden Zweigen, die einen immergrünen Teppich unter Bäumen bilden. Die saftigen rubinroten Beeren zeigen sich sehr vorteilhaft zwischen den Blättern und bekommen bei Beginn der kälteren Jahreszeit einen purpurn getönten Überzug. Junge Pflanzen eignen sich hervorragend als winterliche Topfpflanzen und bilden attraktive Kombinationen mit der Skimmie *Skimmia japonica* ›Rubella‹ ♀.

Die Rosmarinweide *Itea virginica* ›Henry's Garnet‹ ist für den Gärtner, der mit saurem Boden arbeitet, ein wahrer Schatz. Es handelt sich hier um einen locker wüchsigen, bis zu einem Meter hohen Zwergstrauch mit schönen hellbraunen Zweigen und hellgrünen, langen und schmalen Blättern und einer Fülle an weißen, spülbürstenförmigen Blüten im Sommer. Im Herbst verfärben sich die Blätter zu einem satten Karminrot, bleiben auch bis weit in den Winter am Strauch und nehmen einen granatroten Ton an, bevor sie im Spätwinter abfallen.

Hybriden des Japanischen Fächerahorns *Acer palmatum* mögen eine gut durchlüftete, saure Erde im leichten, marmorierten Schatten. Obwohl sie im

---

10 | Scheinbeere *Gaultheria mucronata* ›Bell's Seedling‹

11 | Rosmarinweide *Itea virginica* ›Henry's Garnet‹

Winter ihr Laub abwerfen, bestechen sie doch durch ihre graziöse, schirmartige Wuchsform aus elegant verzweigten Ästen und ihrer häufig in korallenroten und rosa Tönen erscheinenden Rinde (siehe Seite 206).

Als echte Hochmoorpflanze liebt die Rosmarinheide *Andromeda polifolia* saure Böden und gehört zu den wenigen immergrünen Sträuchern, die selbst im Winter feuchte Bedingungen regelrecht genießen. Die schmalen graugrünen Blätter stehen an aufrechten Zweigen und verleihen dem Zwergstrauch den Habitus eines niedrigen Rosmarinbusches *Rosmarinus officinalis*. Die dicken Schirmtrauben aus kugeligen bis glockigen rosa oder weißen Blüten bereichern auch farblich das Frühjahr.

Während einige Heiden sowohl auf sauren als auch auf basischen Böden gut gedeihen (siehe Seite 111), braucht die Besenheide *Calluna vulgaris* saure Bedingungen. Diese Heidekräuter blühen im Sommer, doch viele Sorten bilden attraktives Winterlaub aus, dessen Färbung bei fallenden Temperaturen immer intensiver wird. *Calluna vulgaris* ›Beoley Gold‹ ♛ hat braungelbes Laub und weiße Blüten, während *Calluna vulgaris* ›Robert Chapman‹ ♛ über goldenem Sommerlaub Blüten in einem warmen Purpurton ausbildet, der sich im Winter feuerrot verfärbt. Im Gegensatz dazu hat die *Calluna vulgaris* ›Silver Fox‹ silbrige Blätter und weiße Blüten, und die *Calluna vulgaris* ›Wickwar Flame‹ ♛ mit lavendelfarbenen Blüten zeigt dunkelorangerotes Laub im Sommer, das später im Jahr zu einem flammenden Rot wird. Diese Sommerheiden müssen Anfang Frühjahr geschnitten werden, bevor die frischen Triebe erscheinen.

Begleitpflanzen für Heidekräuter

Alle Sorten der Schnee-Heide *Erica carnea* und die Englische Heide *Erica* x *darleyensis* tolerieren kalkhaltige Erde, gedeihen aber auch auf sauren Substraten, was sie zu winterblühenden Begleitpflanzen für die Besenheiden *Calluna* macht, die ein interessantes winterliches Laub besitzen. Sowohl Besenheiden als auch Schnee-Heiden werden häufig in Kombination mit Koniferen gepflanzt, und ihre Farbe ist oft ausgeprägter, wenn sie auf sauren Böden gedeihen. Die Berg-Kiefer *Pinus mugo* ›Winter Gold‹ mit hellgoldenem Laub (siehe Seite 73) ergibt eine wunderbare Kombination mit der Besenheide *Calluna vulgaris* ›Robert Chapman‹ ♛ und dem dunklen Laub und den intensiv rubinroten Blüten der Schnee-Heide *Erica carnea* ›Myretoun Ruby‹ ♛ (oben). Das attraktive, stachelige bläuliche Nadelkleid der Stechfichte *Picea pungens* ›Globosa‹ ♛ wirkt besonders in Gesellschaft der weißen Blüten von *Erica carnea* ›Springwood White‹ ♛ (siehe Seite 111) und des sanft silbrigen Laubes von *Calluna vulgaris* ›Silver Fox‹.

Andere Wintersträucher für saure Böden Kamelie *Camellia* ›Cornish Spring‹ • Winterrinde *Drimys winteri* • Zaubernuss *Hamamelis* ›Brevipetala‹ • Japanischer Weißglockenstrauch *Pieris japonica* ›Valley Valentine‹ • *Rhododendron* ›Praecox‹ • Fleischbeere *Sarcococca confusa* • Skimmie *Skimmia* x *confusa* ›Kew Green‹

Kalkböden

Niemand, der seinen Garten auf kalkreichem Boden anlegt, muss sich Sorgen machen, da auf ihm eine größere Palette an Pflanzenarten und -sorten gedeiht als auf sehr sauren Böden – wenn auch echte »Kalkhasser« wie Rhododendren, Kamelien und Besenheiden eben nicht gepflanzt werden können. Die meisten kalkhaltigen Böden haben einen guten Wasserabfluss, was im Winter ein großer Vorteil ist, da Pflanzen kaum vernässen und der Boden zu jeder Zeit umgegraben werden kann. Außerdem wärmt sich die Erde schnell auf und verschafft damit allen Frühlingsblühern einen guten Start.

Es existieren genügend immergrüne Sträucher, die Kalkboden vertragen. Der Scheinlorbeer *Daphniphyllum himalaense* ssp. *macropodum* wird gern wegen seiner dunkelgrünen, rotstieligen Blattquirle angepflanzt. Das lorbeerähnliche, glänzende Laub besitzt eine bläuliche Unterseite. Obwohl der Scheinlorbeer zu einem kleinen, ausladenden Baum heranwächst, kann man ihn durch radikalen Schnitt auf einer Höhe von zweieinhalb Metern halten.

Andere immergrüne, im Winter attraktive Pflanzen sind die gefleckten Goldorangen *Aucuba*, die zwar in den feuchten Strauchgärten der Vergangenheit etwas überstrapaziert wurden, mittlerweile jedoch wieder dank ihrer schönen, glänzenden, goldgefleckten Blätter wie bei der *Aucuba japonica* ›Crotonifolia‹ ♀ oder sogar der noch spektakuläreren *Aucuba japonica* ›Golden King‹ ♀ zu neuem Ansehen gelangten. Werden männliche und weibliche Pflanzen gezogen, bilden die weiblichen Sträucher leuchtend rote Beeren aus. Aukuben wachsen zu ausladenden, buschigen Sträuchern heran, die eine Höhe von zwei Metern und mehr erreichen. Diese Sträucher sind das ganze Jahr über interessante und ausgezeichnete Kulissenpflanzen. Die höherwüchsigen Sorten wie *Aucuba japonica* ›Variegata‹ empfehlen sich für Hecken und Sichtschutz, besonders unter Bäumen. Exemplare mit kompakterer Wuchsform ergeben gute Topfpflanzen. Sie alle sind sehr tolerante Gehölze, die auch im Vollschatten gedeihen und denen Luftverschmutzung nichts anhaben kann. Gelegentlich werden die Astspitzen im Winter und Anfang Frühjahr schwarz. Daran ist normalerweise Zug im vorangegangenen Sommer und nicht der Frost schuld (siehe auch Seite 137).

Alle Spindelsträucher *Euonymus* gedeihen prächtig auf kalkhaltigen Böden. Die panaschierten Sorten

---

1 | Scheinlorbeer *Daphniphyllum himalaense* ssp. *macropodum*
2 | Glanzmispel *Photinia* x *fraseri* ›Red Robin‹
3 | Goldorange *Aucuba japonica* ›Crotonifolia‹
4 | Spindelstrauch *Euonymus fortunei* ›Silver Queen‹
5 | *Euonymus japonicus* ›Chollipo‹
6 | Seidelbast *Daphne mezereum*

Verbesserung von Kalkböden

Kalkböden können durch die Beimischung von organischem Material verbessert werden, das den Humusgehalt des Substrats und damit seine Fähigkeit, Feuchtigkeit und Nährstoffe zu halten, steigert. Gut verrotteter Mist und Gartenkompost können im Frühjahr mit der Gabel eingearbeitet oder im Herbst auf der Oberfläche verteilt werden. Frischer Mist allerdings sollte vermieden werden, da dieser zu viel Nitrate in das Substrat einführt, was schwächliche und damit frostanfällige Pflanzen zur Folge haben kann.

Möchte man lebendigere Farben an einem großen immergrünen Strauch im Winter genießen, sollte man eine Glanzmispel *Photinia* wählen, etwa *Photinia* x *fraseri* ›Red Robin‹ ♀, eine Züchtung aus Neuseeland mit leuchtend roten jungen Trieben, die im Sommer eine glänzend grüne Färbung annehmen. Häufiges Schneiden fördert immer wieder den jungen Austrieb. Eine Alternative ist *Photinia* ›Redstart‹ mit schmaleren Blättern und einer sehr wüchsigen, aufrechten Form. Der frische Austrieb ist scharlachrot, und den weißen Blüten im Frühsommer folgen orangerote Früchte im Herbst.

wie *Euonymus fortunei* mit glattrandigen, ovalen immergrünen Blättern sind farbenfrohe Bodendecker, können jedoch gleichermaßen an Mauern oder Zäunen gezogen oder zu Kuppelformen getrimmt werden. *Euonymus fortunei* ›Emerald Gaiety‹ ♥ mit cremeweiß panaschiertem Laub (siehe Seite 125) und *Euonymus fortunei* ›Emerald 'n' Gold‹ ♥ mit goldener und grüner Panaschierung (siehe Seite 136) lassen sich besonders erfolgreich als Zwergformen und niedrigwüchsige Kletterer an der Basis geschützter Mauern einsetzen. Beide zeigen sich in sonnigeren Lagen im Winter wie von einem rosafarbenen Hauch überzogen. *Euonymus fortunei* ›Silver Queen‹ besitzt etwas größere Blätter und eine auffälligere cremeweiße Panaschierung. Dieser Spindelstrauch wächst langsamer als die beiden anderen Sorten, bietet jedoch im reifen Stadium das vielleicht eleganteste Erscheinungsbild. Der aufrechte *Euonymus japonicus* ›Chollipo‹ ♥ ist ein dichter Strauch mit bis zu zwei Meter Höhe und dunkelgrünem, kräftig goldumrandetem Laub. *Euonymus japonicus* ›Latifolius Albomarginatus‹ hat große grüne, weißrandige Blätter.

Seidelbast *Daphne* ist ein herrlicher, winterblühender Strauch für den Kalkboden und guten Wasserabzug. Der in Europa und Asien beheimatete Gemeine Seidelbast *Daphne mezereum* hat die Erscheinungsform eines rundlichen, lockeren Busches mit einem Meter Höhe. Dieser sehr früh blühende (ab Januar bis März) Seidelbast bildet intensiv nach Nelken duftende, purpurrote Blüten aus, die dicht an nackten, aufrechten Zweigen sitzen. Er harmoniert besonders mit einem Unterwuchs aus Christrosen oder Schneeglöckchen. Den Blüten folgen sehr giftige rote Beeren. Es gibt auch eine weißblühende Form *Daphne mezereum* f. *alba* mit gelben Beeren. Diese Seidelbastsorten sind leider nur kurzlebig, das heißt, sie überdauern nur selten zehn bis 15 Jahre. Die Vögel verbreiten die Beeren, sodass überall unverhofft Sämlinge erscheinen können, die man als Ersatz für die vergreisten Exemplare nutzen kann. Der schattenliebende Lorbeer-Seidelbast *Daphne laureola* (siehe Seite 172) hat gelbgrüne Blüten, die sich in traubigen Blütenständen an den Spitzen der Zweige öffnen und am frühen Abend ihren Duft verströmen. Nur wenige Zweige all dieser Sorten verströmen in der Vase im Haus einen würzigen Geruch, der einen Raum erfüllt, und ein winterlicher Garten ist ohne diesen süßen Duft nicht vollkommen (siehe auch Seiten 192-194).

Kalkholde Stauden und Zwiebelpflanzen sind alle Christrosen *Helleborus* (siehe Seiten 97-102), Schneeglöckchen und Winterlinge. Auf solchen Substraten werden sie sich schnell ausbreiten. Nelken *Dianthus* bringen hübsches bläuliches Laub und im Sommer duftende Blüten in den Garten.

Die Kretische Schwertlilie *Iris unguicularis* ♥ mag mageren, trockenen Boden in der Sonne (siehe Seite 103), und die Zwerg-Zwiebeliris-Sorten gedeihen auch an einem heißen, trockenen Standort, ihre Blüten entfalten dort einen intensiveren Duft. Die immergrüne Stinkende Schwertlilie *Iris foetidissima* ♥ liebt trockenen Schatten (siehe Seite 39) ebenso wie das Kaukasus-Vergissmeinnicht *Brunnera* mit seinen vergissmeinnichtähnlichen blauen Blüten, die sich sehr früh im Frühjahr zeigen, und das in vielen Fällen später auffällig gemustertes, silbriges Laub austreibt (siehe Seite 46).

---

7 | Nelke *Dianthus*
8 | Kretische Schwertlilie *Iris unguicularis*
9 | Stinkende Schwertlilie *Iris foetidissima*

Weitere Pflanzen für Kalkböden Strauchveronika *Hebe* ›Red Edge‹ • Stechpalme *Ilex aquifolium* ›Ferox‹ • Lavendel *Lavandula angustifolia* • Feuerdorn *Pyracantha* ›Orange Glow‹ • Rosmarin *Rosmarinus officinalis*

Sandige Böden

Obwohl sandige Böden verhältnismäßig leicht und nährstoffarm sind, lässt es sich im Winter gut mit ihnen arbeiten. Man kann sie durch die Zugabe von organischem Material wie Gartenkompost, Mist und sehr wirksam mit Bentonit (Gemisch aus Tonmineralien, in Gärtnereien oder Baumärkten zu beziehen) verbessern. Auf diese Weise steigert man sowohl den Nährstoffgehalt als auch die Fähigkeit, Feuchtigkeit zu halten. Einige Pflanzen allerdings neigen dazu, in sandigen Substraten zu schnell zu wachsen und dann zu vergehen, da ihre Wurzeln in unteren Schichten nicht genügend Nahrung finden. Möchte man bessere Resultate auf diesen Böden erzielen, sollte man anspruchslose Pflanzen wählen, die sich an die Bedingungen von mageren Böden und Trockenheit angepasst haben.

Viele silberlaubige Pflanzen lieben karge, trockene Standorte auf sandigen Böden. Der seidig-graue Strauch Salz-Melde *Atriplex halimus* ist ein zauberhafter Anblick im Winter, wenn die Sonne auf sein aluminiumfarbenes Laub scheint. Die Salz-Melde ist ausgesprochen vital und wüchsig und spricht dennoch gut auf einen restriktiven, sogar halbjährlichen Schnitt an. Das silbergraue, strauchwüchsige Brandkraut *Phlomis* und seine Sorten sind ebenfalls empfehlenswerte Kandidaten für sandige Böden, wobei die frosthärteste Varietät *Phlomis fruticosa* ♛ ist, mit mattgraugrünen Blättern und kompakten gelben Blüten im Sommer. Das frostempfindlichere *Phlomis italica* hat hübschere, lilarosa Blüten und sollte wie eine frostharte Fuchsie behandelt und Anfang Frühjahr bis zum Boden zurückgeschnitten werden. Die silberlaubigen Heiligenkrautsorten bilden attraktive rundliche Büsche mit filigranen Blättern in der Sonne aus. Noch besser gedeiht Lavendel auf heißen, sandigen Standorten, und die kriechende Staude Wollziest *Stachys byzantina* ist auf diesen Böden ein guter Bodendecker (siehe Seiten 144-147).

Bergenien *Bergenia* (siehe Seiten 77-79) sind anpassungsfähige Stauden, die trockene, sandige Substrate tolerieren. Die Wolfsmilchsorten *Euphorbia* aus dem Mittelmeerraum haben bläulichgrünes Laub im Winter zu bieten (siehe Seite 148), während das überwinternde, bodennahe Laub des distelartigen Mannstreu *Eryngium variifolium* die Farben Creme und Grün und einige Strauchveronikaformen *Hebe* (siehe Seite 120) ein frisches Grün für einen zauberhaften Garten im Winter zu bieten haben. Weitere Farben kommen von der Neuseeland-Iris *Libertia peregrinans* mit ihren schopfartig wachsenden, schmalen Blättern in Orange und Hellbraun (siehe Seite 140).

Obwohl sie nicht wirklich wintergrün sind, so bleiben die horstbildenden Fetthennen auch im Winter attraktiv. Lässt man sie ungeschnitten, bleiben die flachen herbstlichen Samenstände bis weit ins neue

---

1 | Salz-Melde *Atriplex halimus*
2 | Brandkraut *Phlomis fruticosa*

Jahr an der Pflanze, wenn sich bereits die ersten Anzeichen neuen Lebens in Form schlafender Knospen in den Blattrosetten bemerkbar machen – eisblau bei der Prachtfetthenne *Sedum spectabile* ♛, apfelgrün bei *Sedum spectabile* ›Iceberg‹ und dunkelkastanienbraun bei *Sedum* ›Purple Emperor‹. Sind die Samenstände unansehnlich geworden, entfernt man sie und kann den neuen Blattaustrieb genießen. Diese Fetthennen entwickeln sich in einem leichten, sandigen Substrat am besten.

Die ansprechende Staude Dorniger Bärenklau *Acanthus spinosus* ♛ ist eine Pflanze für die Gartenstruktur mit glänzenden, tief, oft bis zur Mittelrippe, eingeschnittenen Blättern, die in milderem Klima den Winter überdauern. In harten Wintern kann das Laub zurückfrieren, wird jedoch im darauffolgenden Frühjahr wieder austreiben. Dieser Bärenklau sollte dort gepflanzt werden, wo sich seine wuchernden Wurzelausläufer nicht weiter ausbreiten können.

Sandige Böden im Schatten erweisen sich für manche Pflanzen als schwieriges Substrat. Der Kirschlorbeer *Prunus laurocerasus* ›Otto Luyken‹ dagegen bleibt unter diesen Bedingungen das ganze Jahr über gut in Form (siehe Seite 118).

Die hervorragende Strauchrose *Rosa virginiana* ♛ gedeiht sehr gut auf sandigen Böden und sogar an der Küste. Ihre aufrechten Zweige bilden langsam Ausläufer, sodass mit der Zeit ein regelrechtes Rosendickicht entsteht. Die deutlich gesägten Blätter verfärben sich im Herbst zu einem wahren Feuerwerk aus Rot- und Orangetönen. Sind sie abgefallen, bleiben rötliche Zweige mit reichlich scharlachroten Hagebutten zurück (siehe auch Seite 36). Die Kartoffel- oder *Rugosa*-Rosen gedeihen ebenso gut und blühen prächtig auf sandigen Substraten, und ihre prallen, tomatenähnlichen Hagebutten bleiben bis weit in den Winter am Strauch. Die Kartoffel-Rose *Rosa rugosa* ›Alba‹ ♛ mit schimmernden, weißen, einfachen Blüten, die mit den spektakulären Hagebutten so gut harmonieren, ist eine bewährte Züchtung.

Die Mahonie *Mahonia aquifolium* ›Atropurpurea‹ ist ein sehr nützlicher, bodendeckender Strauch auf armen Böden, und das Laub, das sich in satte Burgundertöne verfärbt, ist eine Bereicherung im Winter (siehe Seite 68).

Die meisten Birken mögen Sandboden, und im Winter ist ihre weiße Rinde ein willkommener, aufhellen-

Weitere Pflanzen für sandige Böden Tatarischer Hartriegel *Cornus alba* ›Elegantissima‹ • Englisches Heidekraut *Erica* x *darleyensis* • Italienische Strohblume *Helichrysum italicum* • Kretische Schwertlilie *Iris unguicularis* •

der Blickpunkt, wenn der Stamm aus einem Teppich winterblühender Heidekräuter oder bronzefarbener Seggen aufragt. Die in Europa beheimatete Hänge-Birke *Betula pendula* ❦ hat eine rissige silbergraue Rinde mit dunklen Vertiefungen. Sie passt sehr gut in naturnahe Pflanzungen und ergibt in Gruppen gepflanzt ein schönes Bild. Die *Betula pendula* ›Tristis‹ ❦ ist vielleicht die eleganteste Form mit einem leichten, luftigen Habitus und graziös überhängenden Zweigen. Trotz ihrer Größe wirft sie nur einen leichten Schatten und ist daher auch bei begrenztem Raumangebot empfehlenswert (siehe auch Seite 213).

3 | Heiligenkraut *Santolina chamaecyparissus*
4 | Neuseeland-Iris *Libertia peregrinans*
5 | Wollziest *Stachys byzantina*
6 | Lavendel *Lavandula x chaytorae* ›Sawyers‹
7 | Pracht-Fetthenne *Sedum spectabile*
8 | Kirschlorbeer *Prunus laurocerasus* ›Otto Luyken‹
9 | Virginische Rose *Rosa virginiana*
10 | Hänge-Birke *Betula pendula*

Schuppen-Wacholder *Juniperus squamata* ›Blue Star‹ • Duftblüte *Osmanthus heterophyllus* ›Goshiki‹ • Lebensbaum *Thuja occidentalis* ›Rheingold‹

Nasse Bedingungen

Die Annahme, es gäbe im Winter kaum attraktive Pflanzen für vernässte Substrate, ist weit verbreitet. Aber schauen Sie sich doch bitte in der Landschaft um. Weiden gedeihen hier prächtig und haben mit ihren jungen Zweigen vielerlei Farbigkeit zu bieten. Einige Gräser und Seggen tolerieren diese Verhältnisse ebenfalls, vorausgesetzt, sie stehen mit ihren Wurzeln nicht permanent im Wasser, und es gibt sogar eine Binse für Nass- und Uferbereiche.

Verfügen Sie über viel Platz, sollten Sie die Weiße Pestwurz *Petasites albus* in Erwägung ziehen. Sie muss allerdings mit Bedacht gepflanzt werden, da sie stark wuchert. Dennoch ist sie ein ausgezeichneter Bodendecker für einen naturnahen Gartenbereich mit nassem Boden und eignet sich sogar für Bachufer. Im Winter zeigt sie ihre duftenden weißen Korbblüten in traubigen Blütenständen, die direkt aus dem Boden wachsen. Diesen folgen bis 50 Zentimeter große, doppelt gezähnte, nierenförmig rundliche Blätter, die erfolgreich Brombeeren, Brennnesseln und andere Konkurrenten verdrängen. Die Alpen-Pestwurz *Petasites paradoxus* ist etwas weniger wuchernd, besitzt ebenfalls duftende Blüten und Blätter mit weißfilziger Unterseite.

Es gibt für mich wenige Bäume, die im Winter schöner aussehen als die Fluss-Birke *Betula nigra*, ein schnellwüchsiger Baum mit einer lockeren, grazilen Wuchsform. Ohne das sommerliche Laubkleid wird die filigrane, winterliche Erscheinungsform noch durch die abblätternde, rissige, rosaorangefarbene und weißliche Rinde unterstrichen, in der sich Licht und Wind fangen. *Alnus incana* ›Aurea‹ ist eine sehr schöne Form der Grau-Erle mit gelblichem Laub. Ist das Laub abgefallen, so zeigen sich deutlich die orangegelben Zweige, die junge Rinde und die Kätzchen, die in der Wintersonne warm leuchten.

Die Weiden *Salix* sind laubabwerfende Sträucher und Bäume, die nasse Standorte bevorzugen (siehe auch Seite 115). Sie haben häufig farbige junge Äste und werden am vorteilhaftesten in offenen Situationen gepflanzt, wo sie gut zur Geltung kommen. Die

Weidenzweige fürs Haus

Die leuchtend gefärbten Zweige vieler Weiden sind ein dekorativer Winterschmuck für Haus, Wohnung und Terrasse. Als Beimischung zu anderen winterlaubigen Pflanzen in Kästen im Freien werden sie einfach fest in das Topfsubstrat gesteckt, wo sie sogar Wurzeln schlagen können.

Locken-Weide *Salix* ›Erythroflexuosa‹ hat schön organgebraun gefärbte, ungewöhnlich gelockte und gedrehte Zweige. Sie kann zu einem vitalen Baum heranwachsen und bietet mit ihren ungewöhnlichen, bizarren Astformen einen spektakulären Anblick. Ende Frühjahr kann man sie bis zum Boden herunterschneiden, um den Austrieb junger farbiger Zweige zu fördern. Die Trauer-Weide *Salix babylonica* var. *pekinensis* ›Tortuosa‹ ❦ besitzt ebenfalls gedrehte Zweige, die besonders im Gegenlicht vor einem strahlend blauen Himmel wirken.

Einige der buntesten Zweige und Äste finden wir bei den Hybriden der Silber-Weide *Salix alba*, etwa bei

---

1 | Weiße Pestwurz *Petasites albus*
2 | Fluss-Birke *Betula nigra*
3 | Schlitzblättrige Grau-Erle *Alnus incana* ›Aurea‹
4 | Locken-Weide *Salix* ›Erythroflexuosa‹
5 | Trauer-Weide *Salix babylonica* var. *pekinensis* ›Tortuosa‹

Salix alba var. *vitellina* ⚆ mit hellgelben jungen Zweigen und *Salix alba* var. *vitellina* ›Britzensis‹ ⚆ mit orangefarbenen bis scharlachroten Zweigen. Diese Weiden gedeihen am besten in tiefer, feuchter Erde. Ihre Zweige müssen alle zwei Jahre entweder bis zum Kronenansatz (auf Kopf setzen) oder bis zum Boden (auf Stock setzen) heruntergeschnitten werden, um einen starken und bunten Austrieb zu fördern.

Weiden sind hervorragende Begleitpflanzen für die Hybriden von Weißem Hartriegel *Cornus alba* und Bailey's Hartriegel *Cornus sericea*, die ebenfalls wegen ihrer farbenfrohen winterlichen Äste gepflanzt werden können und auch auf nassen Böden gedeihen (siehe Seiten 207-210).

Viele der in Horsten wachsenden Rasenschmielen *Deschampsia* tolerieren Schattensituationen und feuchte Substrate. Aus ihren grünen Blattbüscheln wachsen leicht bogenförmig überhängende Halme mit lockeren Rispen, an denen sich kleine Blüten zeigen. *Deschampsia cespitosa* ›Bronzeschleier‹ hat bronzefarbene Ähren, und *Deschampsia cespitosa* ›Goldtau‹ trägt kleine goldgelbe Blüten, die strohfarben verblühen. Die Blätter sind fast immergrün, und die Halme bleiben annähernd den ganzen Winter über sichtbar (siehe auch Seite 44).

Hainsimsen *Luzula* sind ebenfalls Pflanzen, die sich auf feuchten Substraten im Schatten wohlfühlen. Die immergrüne Wald-Hainsimse *Luzula sylvatica* ist ein guter Bodendecker für diese Standorte. Im Frühling wird der Horst von kastanienroten Blütenrispen belebt, die über die Blätter hinausragen. Um im Winter Farbe in Schattenecken zu bringen, sollten Sie kleine Gruppen aus *Luzula sylvatica* ›Aurea‹ pflanzen, deren Frühlingslaub limonengelb ist, sich im Sommer gelbgrün verfärbt und im Herbst zu einem rostgoldenen Ton nachdunkelt (siehe Seite 134). *Luzula sylvatica* ›Taggart's Cream‹ ist eine panaschierte Form mit cremeweiß gestreiften jungen Blättern. Sie alle wachsen bis zu einer Höhe von einen Meter in der Blüte.

Die Binse *Juncus patens* ›Carman's Gray‹ eignet sich ebenfalls hervorragend für nasse Bodenverhältnisse. Sie gedeiht sogar in stark vernässten Böden gut und selbst dann, wenn sie mit dem Fuß im Wasser steht. Sie bildet einen aufrechten, etwa 60 Zentimeter hohen Horst aus blaugrünen, schlauchähnlichen, immergrünen Blättern und braunen Blütenschöpfen.

---

6 | Bunte Weide *Salix alba* var. *vitellina* ›Britzensis‹
7 | Rasenschmiele *Deschampsia cespitosa* ›Bronzeschleier‹

Weitere Pflanzen für nasse Böden Großblättrige Erle *Alnus x spaethii* • Rosmarinheide *Andromeda polifolia* • Bambus *Chusquea culeou* • Tatarischer Hartriegel *Cornus alba* ›Sibirica‹ • Bailey's Hartriegel *Cornus sericea* ›Budd's Yellow‹ • Gemeine Esche *Fraxinus excelsior* ›Jaspidea‹

Waldland

Nicht alle Gärten haben Raum für ein Wäldchen. Dennoch kann eine waldähnliche Situation auch unter wenigen Laubbäumen geschaffen werden, durch die sich ein mit Rindenmulch bedeckter Weg schlängelt. Im Winter dringt Licht bis zum Waldboden, und es gibt eine große Auswahl an Pflanzen, die sich diese Bedingungen zunutze machen. Entfernt man die untersten Astetagen, um das Blätterdach weiter in die Höhe zu verlagern, dann können Stauden bis dicht an die Stämme heranwachsen.

Um einer Waldlandsituation eine immergrüne Struktur zu geben und eine Atmosphäre der Düfte zu schaffen, sollten Sie einige Hybriden der Mahonie *Mahonia* x *media* pflanzen. Diese Formen haben steife Zweige, längliche, stachelzähnige Blätter und aufrechte, gelbe Blütenrispen (siehe Seite 201). Für eine weitere Duftnuance ist die Fleischbeere *Sarcococca* empfehlenswert. Sie bildet kompakte Büsche mit glattrandigem Laub und zierlichen, cremefarbenen Blütenbüscheln und gedeiht sogar im Vollschatten (siehe Seite 202).

Was buntes Winterlaub betrifft, sind Elfenblumen *Epimedium* kaum zu übertreffen. In der Natur gedeihen diese niedrigwüchsigen, bodendeckenden Stauden im Wald und an schattigen, felsigen Standorten, und sie tolerieren – mit Ausnahme der japanischen Arten, die unbedingt saure Substrate benötigen – fast jede Bedingung. Die Sorten, die ihre Blätter bis zum Frühjahr behalten, verfärben sich im Winter in sämtlichen Schattierungen von Kastanienrot bis Mahagonibraun oder poliertem Kupferrot, bevor der Neuaustrieb erscheint. Eine der frosthärtesten Sorten ist *Epimedium* x *rubrum* ♛ mit herzförmigen Blättern, die im Winter einen satten Kupferton annehmen. *Epimedium davidii* erscheint in den ungewöhnlicheren Nuancen von Ocker und Braun und besitzt muschelförmige, fein gezähnte Blätter (siehe auch Seite 79). Als zusätzliche Farbtupfer sollten

---

1 | Die immergrünen Blattrosetten des Roten Fingerhuts *Digitalis purpurea* schmiegen sich in Erwartung des Frühlings zwischen die gefallenen Eichenblätter.

Sie einige Bunte Frühlings-Schneerosen *Helleborus x hybridus* einbringen, mit weißen, cremefarbenen, blassrosa oder weinroten Blüten (siehe Seiten 97–100), die Sie in lockerer Folge mit einigen weißen Schneeglöckchen umgeben.

Der Lorbeer-Seidelbast *Daphne laureola* ist ein pflegeleichter, kleiner, buschiger Strauch, der in trockenen Waldlandsituationen und dort auch auf Kalkböden gedeiht. Er hat hübsches immergrünes Laub und Blütenbüschel aus kleinen, röhrenförmigen, gelbgrünen Blüten, die endständig über dunkelgrünen Blattrosetten erscheinen. Auch wenn diese nicht sonderlich spektakulär sind, verströmen sie dennoch einen starken Duft, der sich vor allem in der Dämmerung entfaltet.

Pflanzen mit großen, auffälligen Blättern sind in Waldlandsituationen wichtig, denn diese reflektieren das gefilterte Licht und stechen aus der Fläche des Blattteppichs auf dem Waldboden hervor. Die Haselwurz *Asarum europaeum* sollte daher mit ihren glänzenden, sattgrünen nierenförmigen Blättern hier nicht fehlen, die eine schöne, immergrüne Folie für Wald-Phlox *Phlox divaricata*, Schaumblüte *Tiarella* und den im Herbst blühenden Steinbrech *Saxifraga fortunei* ♥ bilden. Die amerikanische Version der Haselwurz, die Geschwänzte Haselwurz *Asarum caudatum*, ist mit etwas größerem, rundlicherem und mattgrünem Laub ausgestattet und gedeiht sogar in Nadelwäldern. Auch hier ist es möglich, Kolonien des herbstblühenden Efeublättrigen Alpenveilchens *Cyclamen hederifolium* ♥ anzusiedeln, das im Sommer staubtrockene und im Winter leicht feuchte Situationen liebt. Den pinkfarbenen oder weißen Blüten folgen marmorierte Blätter (siehe Seite 88). Es überrascht immer wieder, dass ausgerechnet eine grünblütige Pflanze im winterlichen Garten so auffällig wirken kann, aber die Stinkende Nieswurz *Helleborus foetidus* ♥ erfüllt diese Anforderungen perfekt. Sie gedeiht prächtig in steinigen Bereichen, zwischen Hecken und in Wäldern der freien Natur und hat sehr dunkle, saftig grüne, stark geteilte, fächerförmige Blätter, aus denen kräftige Schäfte von circa 60 Zentimeter Höhe wachsen, an denen nickende glockenförmige Blüten in einem blassen Apfelgrün stehen, die häufig sogar kastanienfarben gerandet sind. Diese Blüten leuchten selbst in dunklen Ecken, und erst in unmittelbarer Nähe macht sich der unangenehme Geruch bemerkbar. Die Nieswurz

---

2 | Mahonie *Mahonia* x *media* ›Charity‹
3 | Fleischbeere *Sarcococca ruscifolia*
4 | Lorbeer-Seidelbast *Daphne laureola*
5 | Japanische Pachysandra *Pachysandra terminalis*

ist keine sehr langlebige Pflanze, bringt jedoch zahlreiche Sämlinge hervor, die die Linie fortsetzen. *Helleborus foetidus* der Wester Flisk-Gruppe zeigt sich mit faszinierend weinroten Blütenschäften und noch ausgeprägteren roten Rändern um jeden Blütenkelch (siehe Seite 102).

Eine ausgesprochen nützliche, teppichbildende Pflanze für den Unterstand ist die Japanische Pachysandra *Pachysandra terminalis* mit ihren immergrünen Blattwirbeln an der Spitze kurzer Stängel. Bis auf Kalkböden toleriert sie alle Bedingungen und überdeckt erfolgreich die Erde unter lockerwüchsigen Sträuchern wie der *Mahonia* x *media* ›Charity‹ ♛. Es existiert auch eine panaschierte Form *Pachysandra terminalis* ›Variegata‹ ♛, deren Blattrosetten attraktiv cremeweiß gerandet sind.

Die ausgesprochen hübschen blauen Immergrünformen *Vinca* sind in vielen Situationen verwendbar und zuverlässige Bodendecker im Schatten. Einige Zuchtformen haben panaschiertes Laub, und bei einigen sind die Blüten rötlichpurpurn oder weiß wie bei *Vinca minor* f. *alba* ♛. Sie alle sollten mit Vorsicht gepflanzt werden, da sie dazu neigen, kleinere Stauden zu ersticken. Als ausgesprochener Glücksgriff in geschütztem Waldland kann sich die *Vinca difformis* ♛ erweisen, deren eisblaue, kleine Blüten sich den ganzen Winter über zwischen den hellgrünen Blättern zeigen.

Ein extrem spät blühendes Waldgras, das sich auch über Winter hält, ist das Plattährengras *Chasmanthium latifolium*. Es bildet Horste von circa 60 Zentimeter Höhe und ähnlicher Breite, besitzt breite grüne Blätter und abgeflachte, haferähnliche Blütenrispen an übergeneigten Halmen, die sich bei kalten Temperaturen rosa überhaucht zeigen.

Der Waldboden

Auf dem Waldboden gedeihen etliche Stauden, die sich das zusätzlich im Winter einfallende Licht und winterliche Regenfälle zunutze machen, wenn die sommergrünen Gehölze ihre Blätter verloren haben. Im Garten sorgt dies für interessante Blattstrukturen und gelegentlich zarte Blüten, die sich im winterlich gedämpften Licht gut entfalten.

Christrose *Helleborus* x *hybridus* ›Usha‹ (A), Elfenblume *Epimedium* x *rubrum* ♛ (B), Stinkende Nieswurz *Helleborus foetidus* Wester Flisk-Gruppe (C), Haselwurz *Asarum europaeum* (D), Efeublättriges Alpenveilchen *Cyclamen hederifolium* ♛ (E) und Immergrün *Vinca minor* f. *alba* ♛ zwischen Schneeglöckchen *Galanthus nivalis* ♛ (F).

Weitere Pflanzen für Waldland Kissen-Primel *Primula vulgaris* • Mäusedorn *Ruscus aculeatus* • Fleischbeere *Sarcococca hookeriana* var. *humilis* • Immergrüner Schneeball *Viburnum davidii* • Lorbeer-Schneeball *Viburnum tinus*

Mauern und Zäune

Eine warme und geschützte Mauer ist ein besonders wertvolles Element in jedem Garten, besonders im Winter, und wird leicht über Gebühr mit Pflanzen genutzt. Für kalte, schattige Wände und Zäune allerdings kann man weniger aus dem Vollen schöpfen, dennoch gibt es eine große Anzahl immergrüner und laubabwerfender Sträucher und Kletterer, die an solchen Standorten gedeihen und abwechselnd Akzente durch Laub, Wuchsform und erstaunlich auffällige Blüten setzen.

Kühle, schattige Standorte

Der Winter-Jasmin *Jasminum nudiflorum* ♛ ist vielleicht die populärste winterblühende Pflanze als Schmuck an sonnigen oder schattigen Mauern. Obwohl seine natürliche Wuchsform reichlich ausladend und wirr ist, lässt er sich problemlos schneiden und an Rankhilfen ziehen. Davon abgesehen, kann man ihn durchaus durch andere Mauersträucher und Kletterpflanzen wachsen lassen (siehe Seite 110). Eine sonnenabgewandte Mauer unterhalb eines Fensters ist schwierig zu verkleiden, doch die Fächer-Zwerg-Mispel *Cotoneaster horizontalis* ♛ wächst in diesen Situationen üppig, indem sie ihre grätenähnlich wachsenden Zweige seitlich ausbreitet und den gewünschten Bereich überdeckt. Ihre kleinen dunkelgrünen Blätter verfärben sich schön, bevor sie im Herbst abfallen und den Blick auf das interessante Muster der Zweige freigeben. Im Sommer trägt die Zwerg-Mispel zierliche weiße Blüten, gefolgt von siegellackroten Beeren, die sich den ganzen Winter über zeigen. Ein sorgfältiger Schnitt ist bei diesem Strauch nicht nötig. Es genügt, die Zweige einzukürzen, die über den Bereich hinausragen, den die Pflanze überdecken soll. Die Zwerg-Mispelform *Cotoneaster atropurpureus* ›Variegatus‹ ♛ ist vielleicht noch empfehlenswerter, da ihre Blätter sauber cremeweiß gerandet sind, was der Pflanze im Sommer insgesamt einen leicht silbernen Schimmer verleiht.

Ein gemusterter Efeu *Hedera* ist eine einleuchtende Wahl für die schwierige Situation an einer kalten, schattigen Wand. Es gibt viele Zuchtformen mit großen und kleinen Blättern und vitaler oder bescheidener Wüchsigkeit. Es existiert ein breites Angebot an Blattformen und -mustern, und durch eine sorgfältige Auswahl kann eine Sorte gefunden werden, die für Licht und Akzente in dunklen Ecken oder an einer schattigen Wand sorgt (siehe Seiten 65-67, 127 und 135-137).

Die Zimmeraralie *Fatsia japonica* ♛ ist ebenfalls ein nützlicher Strauch mit großen, glänzend grünen Blättern in der Form einer Hand an aufrechten Stängeln (siehe Seite 118). Sie wirkt perfekt vor einer schattigen Wand und gedeiht gut im Topf am Fuß einer Mauer, wo kein Substrat vorhanden ist. Bleibt der Strauch ungeschnitten, kann er eine Höhe von drei Metern und mehr erreichen. Alte Pflanzen geraten leicht aus der Form, das heißt, sie zeigen im unteren Bereich keine Blätter mehr, werden stelzenwüchsig. Solche Exemplare kann man im Frühjahr radikal zurückschneiden, um einen vitalen Neuaustrieb anzuregen, und bald wird sich gesundes junges Laub einstellen. Die Zimmeraralie hat den Vorteil, im Frühwinter große, weiße, efeuähnliche Blüten auszutreiben, die in spektakulärem Kontrast zu ihren dunkelgrünen Blättern stehen.

---

1 | Die hellgelben Blüten des Winter-Jasmins *Jasminum nudiflorum* zieren viele Mauern und Fassaden ländlicher Häuser.
2 | Das Laub der Fächer-Zwerg-Mispel *Cotoneaster horizontalis* verfärbt sich rot, bevor es im Herbst fällt und rote, schimmernde Beeren an den Zweigen zurücklässt.
3 | Becherkätzchen *Garrya* x *issaquahensis* ›Glasnevin Wine‹
4 | Feuerdorn *Pyracantha* ›Orange Glow‹

Weitere Immergrüne für schattige Mauern Immergrüner Spindelstrauch *Euonymus fortunei* ›Silver Queen‹ • Kanaren-Efeu *Hedera canariensis* ›Gloire de Marengo‹ • Rosmarinweide *Itea ilicifolia* • Spalthortensie *Pileostegia viburnoides*

Die Hybride aus Efeu und Aralie, x *Fatshedera lizei* ♀, besitzt große efeuförmige Blätter in glänzendem Grün. Im Winter macht sich ein großblumiges weißes Schneeglöckchen wie *Galanthus* ›S. Arnott‹ ♀ am Fuß der x *Fatshedera* in Kombination mit dem später blühenden Salomonssiegel *Polygonatum* und untermischt mit Sämlingen des Flattergrases *Milium effusum* ›Aureum‹ ♀ besonders gut.

Ein perfekt für eine schattige Mauer geeigneter hoher, aufrechter Strauch ist das Becherkätzchen *Garrya elliptica*, das der berühmte Botaniker und Pflanzenjäger David Douglas 1828 in den Küstenwäldern im Nordwesten der USA entdeckte und das sich seither als wertvolle, winterblühende Pflanze erwiesen hat. Der Strauch treibt lange, ledrige und stark gewellte Blätter mit einer flaumigen Unterseite aus und bringt im Winter lange, hängende, zart cremegrüne kätzchenartige Blütenstände hervor. *Garrya elliptica* ›James Roof‹ ♀ hat die größten Kätzchen. Sie werden bis zu 30 Zentimeter lang (siehe Seite 112). Dieses Becherkätzchen ist äußerst wüchsig, kann jedoch nach der Blüte beschnitten werden, um einen jungen Austrieb an der Basis zu fördern. Die immergrünen Blätter können im Sommer ziemlich unansehnlich werden. Es gibt auch eine Hybride *Garrya* x *issaquahensis* ›Glasnevin Wine‹ mit rötlich purpurfarbenen Jungtrieben. Der hübsche Felsen-Storchschnabel *Geranium macrorrhizum* ›Album‹ ♀ sollte am Fuß des Becherkätzchens gepflanzt werden, um den Strauchansatz zu kaschieren. Eine schattige, fensterlose Hausmauer ist der ideale Platz für den hohen immergrünen Kreuzdorn *Rhamnus alaternus* ›Argenteovariegata‹ ♀ mit graugrünen, cremeweiß gerandeten Blättern. Er zeigt eine schmale, aufrechte Wuchsform und kontrastiert wirkungsvoll mit einer im Vordergrund gepflanzten grünlaubigen, rundlichen Orangenblüte *Choisya ternata* ♀ und dem kleinen Duftenden Seidelbast-Busch *Daphne odora* ›Aureomarginata‹, der auch im Winter mit dem Duft seiner Blüten die Luft erfüllt (siehe Seiten 118 und 192).

---

5 | x *Fatshedera lizei* und der Kolchische Efeu *Hedera colchica* ›Sulphur Heart‹ bilden mit ihrem immergrünen Laub einen Überwurf über eine schattige Mauer.

6 | Schneeball *Viburnum* x *burkwoodii* ›Anne Russell‹

7 | Berg-Kronwicke *Coronilla valentina* ssp. *glauca* ›Citrina‹

8 | Winterrinde *Drimys winteri*

9 | Zierquitte *Chaenomeles* x *superba* ›Pink Lady‹

Weitere immergrüne Gehölze für sonnige Mauern Säckelblume *Ceanothus arboreus* ›Trewithen Blue‹ • Seidelbast *Daphne bholua* ›Jacqueline Postill‹ • Spindelstrauch *Euonymus fortunei* ›Emerald 'n' Gold‹ • Immergrüne

Die immergrünen Feuerdornformen *Pyracantha* können als freistehende Sträucher bis zu einer Höhe von drei Metern und mehr gezogen werden. Allerdings kommen die cremeweißen Blüten im Frühjahr und die roten, orangefarbenen oder gelben Beeren häufig besser zur Geltung, wenn er an einer Wand gezogen wird. Feuerdorn ist absolut frosthart und blüht und bildet beerenartige Früchte auch an Mauern, wo wenig Sonne hinkommt. Nach der Blüte sollten die langen Jungtriebe bis auf die sich entwickelnden Beerenbüschel zurückgeschnitten werden. Die Vögel scheinen die Früchte übrig zu lassen, bis alle anderen Nahrungsquellen ausgeschöpft sind, und ein Feuerdorn mit seinen Unmengen an Beeren ist im Winter ein schöner Anblick. Neuerdings wurden Sorten gezüchtet, die gegen Blattkrebs und Feuerbrand resistent sind – Krankheiten, für die andere Feuerdorn-Hybriden empfänglich sind. *Pyracantha* ›Orange Glow‹ ♛ ist ein zuverlässiger, vitaler und reich blühender Strauch, der Massen an orangeroten Beeren produziert. Ebenso empfehlenswert sind *Pyracantha* DARTS RED (›Interrada‹) ♛, mit großen, matten roten Beeren, *Pyracantha* SAPHYR ORANGE (›Cadange‹) ♛ mit satt orangefarbenen Beeren und *Pyracantha rogersiana* ›Flava‹ ♛ mit hellgelben Beeren. *Pyracantha* ›Harlequin‹ zeigt sehr kleine, blassgrüne, rosa überhauchte Blätter mit cremeweißen Einsprenkelungen an den Rändern. Man verwendet ihn am besten als Hintergrundkulisse. Außerdem ist er ein gutes Rankgerüst für eine Klematis mit lichtem Wuchs, wie zum Beispiel die *Clematis* ROSEMOOR (›Evipo002‹).

Die Schneeball-Hybride *Viburnum* x *burkwoodii* ›Anne Russell‹ ♛ ist ein aufrechter, immergrüner Strauch mit spitzen, ovalen Blättern in Dunkelgrün und mit pelziger Unterseite. Man kann ihn an einer schattigen Mauer ziehen, wo seine stark duftenden Köpfe aus rosaroten Knospen und weißen Blüten, die sich vom Spätwinter an öffnen, gut zur Geltung kommen. Die farbenfrohen, immergrünen Kamelien *Camellia* (siehe Seiten 155–157) sind wunderbare Pflanzen für Mauern, doch sie brauchen einen Standort ohne Morgensonne, die frostgeschädigte Blüten zerstören würde.

Wärmere Mauern und Zäune

Der Fuß einer sonnigen Trockenmauer oder eines Zaunes ist der passende Standort für eine Kronwicke *Coronilla*, wie die *Coronilla valentina* ssp. *glauca* ›Citrina‹ ♛, die bis zu eineinhalb Meter hoch wird und blasse zitronengelbe Blüten austreibt, oder die Zwerghybride *Coronilla valentina* ssp. *glauca* ›Pyg-

Kletterhortensie *Hydrangea serratifolia* • Großblütige Magnolie *Magnolia grandiflora* • Schnurbaum *Sophora* SUN KING (›Hilsop‹)

maea‹ in leuchtendem Gelb. Die Kronwicken treiben ihre duftenden Blüten den ganzen Winter über und manchmal sogar bis in den Sommer aus und haben darüber hinaus noch ein sehr attraktives blaugrünes, gefiedertes Laub. *Coronilla valentina* ssp. *glauca* ›Variegata‹ hat cremeweiß gerandete Blätter und sieht vor einer Backstein- oder Steinmauer zauberhaft aus. Alle Kronwicken benötigen einen leicht geschützten Standort, sind jedoch sehr genügsam. Obwohl die Zierquitte *Chaenomeles* auch schattige Standorte toleriert, blüht sie, an einer warmen Mauer gezogen, auch häufig im Spätwinter. *Chaenomeles* x *superba* ›Pink Lady‹ ♛ mit karmesinrosa Blüten und dunkler getönten Knospen ist eine verlässliche und reichlich früh blühende Sorte. Vor einer Mauer wird sie zwei Meter hoch und ebenso breit.

Die Winterrinde *Drimys winteri* ♛ ist in ihrer Heimat Chile ein immergrüner Baum, aber im Garten häufiger eher ein großer Strauch. Er hat große, glänzende, ledrige Blätter und trägt büschelweise stark duftende, elfenbeinweiße Blüten an langen Trieben im Frühsommer. Rinde und Zweige duften aromatisch. Die Winterrinde zieht ein gemäßigtes Klima und saure Böden vor. In kälteren Klimazonen sollte sie im Schutz einer Mauer stehen. Fühlt sie sich wohl, ist sie ein langlebiger Strauch.

Kletterpflanzen für warme Mauern

Der Winter ist auch für Kletterpflanzen gewöhnlich keine Jahreszeit zum Blühen. Dennoch gibt es einige *Clematis*-Formen, die sich besonders in den kalten Monaten von ihrer schönsten Seite präsentieren. Ihre zarten Blüten sind behütete Schätze eines jeden Gärtners, und es ist kein Wunder, dass sie zu den beliebtesten Gartenpflanzen überhaupt gehören. Obwohl wir bei immergrünen Kletterpflanzen automatisch an schattige Mauerplätze, die Domäne des Efeus, denken, finden sich auch etliche, die einen sonnigeren Standort vorziehen.

Die schönste winterblühende Waldrebe *Clematis* ist die Balearen-Waldrebe *Clematis cirrhosa* var. *balearica* (A), eine immergrüne Waldrebe aus dem Mittelmeerraum, die bis zu vier Meter hoch wird. Aufgrund ihrer hübschen, fein zerteilten, glänzenden und farnartigen Blätter, die sich im Winter bronze verfärben, ist sie auch unter der Bezeichnung Farnblättrige Waldrebe bekannt. Die kleinen glockenförmigen Blüten sind an der Spitze leicht ausgestellt und durchscheinend cremeweiß mit braunroten Einsprenkelungen auf der Innenseite. Sie duften angenehm nach Zitrone und erscheinen büschelweise den ganzen Winter über. Die älteren Blüten verfärben sich häufig rosa, vertrocknen und bilden seidige Samenköpfe aus. Ihr Duft ist besonders ausgeprägt, stellt man einige Zweige in eine Vase ins Zimmer.

Diese *Clematis* kann sogar als Baum gezogen werden, eine Form, bei der die cremefarbenen Glöckchen besonders entzückend aussehen. Doch normalerweise wird sie an eine vorzugsweise helle Wand gepflanzt, um einen guten Kontrast für das dunkelgrüne, farnartige Laub herzustellen. Sie ist verhältnismäßig frosthart, braucht jedoch den Schutz einer warmen Mauer und muss gelegentlich nach der Blüte zurückgeschnitten werden, damit sie ihre Form bewahrt. In kälteren Regionen können die älteren Blätter absterben, bevor das neue Laub im Frühjahr erscheint – das ist genau der richtige Zeitpunkt für Schnittmaßnahmen.

Die Varietät mit dem Namen *Clematis cirrhosa* var. *purpurascens* ›Freckles‹ ♛ (B) blüht im Herbst. Die Innenseite ihrer Blütenblätter ist kräftig kastanienrot gesprenkelt, während die *Clematis cirrhosa* ›Wisley

Zierquitten

Zierquitten sind pflegeleichte Mauersträucher, die nach der Blüte im Frühling lediglich geschnitten und gezogen werden müssen. Ihr glänzendes Laub und ihre kupferfarbenen neuen Triebe machen sie das ganze Frühjahr und den Sommer über zu einer attraktiven Gartenpflanze. Viele bringen im Herbst duftende, goldgelbe, quittenähnliche Früchte hervor, und ihre zarten Blüten öffnen sich an den kahlen Zweigen vom Spätwinter an. Sind die Knospen an den Ästen erst erschienen, können Zweige abgeschnitten und in einer Vase im Haus bis zur Öffnung der Blüten vorgetrieben werden.

Chaenomeles speciosa ›Nivalis‹ (rechts)
Reinweiße Blüten mit goldgelben Staubfäden; zauberhaft vor einer Feuersteinmauer.

Chaenomeles speciosa ›Moerloosei‹ ♀
Zartrosa und weiße Blüten, ähnlich der Apfelblüte.

Chaenomeles speciosa ›Geisha Girl‹ ♀
Gefüllte dunkelapricotrosafarbene Blüten.

Chaenomeles x *superba* ›Crimson and Gold‹ ♀
Dunkelkarmesinrote Blütenblätter, goldgelbe Staubfäden; sehr attraktiv.

Cream‹ ♀ (C) größere, ungefleckte cremeweiße Blüten und weniger zerteilte Blätter trägt.
Die zauberhafte winterblühende Nepal-Waldrebe *Clematis napaulensis* zeigt ungewöhnliche, cremegelbe, nickende sowie glockenförmige, an der Spitze zurückgebogene Blüten und auffällig lange Staubblätter mit purpurfarbenen Staubbeuteln, die weit aus der Blüte ragen. Mit einer Höhe bis zu vier Metern ist diese Waldrebe ein vitaler Kletterer mit hellgrünen Blättern, die im Sommer eine Ruhepause einlegen, bevor sie im Herbst neu austreiben. Sie braucht unbedingt einen Platz im Schutz einer warmen, sonnigen Mauer oder in einem Wintergarten.
Es fällt schwer, die andere immergrüne Armands Waldrebe *Clematis armandii* zu empfehlen, denn ihre großen, derb ledrigen, lanzettlichen Blätter sind am Ende des Winters ziemlich unansehnlich und bleiben so, bis sie im Sommer abgeworfen werden. Die cremefarbenen Blüten erscheinen Anfang Frühjahr.
Der Sternjasmin *Trachelospermum jasminoides* ♀ (D) ist ein sogenannter Schlinger unter den Kletterpflanzen, der Draht oder Rankgerüste benötigt, dann jedoch mit seinem schmalen, spitzen, dunkelgrünen Laub, das im Winter das Sonnenlicht einfängt, einen samtigen Überwurf über Mauern bildet. Im Sommer trägt er intensiv, aber nicht aufdringlich duftende, elfenbeinfarbene jasminähnliche Blüten. Er gilt als frostempfindlich, scheint jedoch an warmen, sonnigen Mauern normale Winter gut zu überstehen, wenn man die Triebe schattiert und den Fuß mit Laub abdeckt. Die buntlaubige Form *Trachelospermum jasminoides* ›Variegatum‹ ♀ erweist sich als robuster und ist eine wunderbare Kletterpflanze, wenn auch eher langsamwüchsig. In kälteren Klimazonen verfärbt sich das Laub sämtlicher Sternjasminformen im Winter scharlachpurpurn, wobei die buntlaubigen Sorten zauberhafte, leicht pinkfarbene Schattierungen aufweisen. Frostbeständiger als *Trachelospermum jasminoides* ist *Trachelospermum asiaticum* ♀ (E), ebenfalls ein immergrüner Schlinger mit glänzend grünem Laub, köstlichem Duft und elfenbein- bis cremegelben Blüten im Sommer. Er ist ein geeignetes Klettergerüst für eine der Italienischen Waldreben *Clematis viticella*, die später blühen.

Töpfe und Container

Ansprechende winterliche Gartenszenen können auch mit Pflanzen in Töpfen und Blumenkästen erzielt werden. Auf diese Weise kommen selbst Gartenfreunde mit eingeschränktem Platzangebot in den Genuss winterlicher Blüten- und Laubpracht. Das Schöne an Pflanzen in Töpfen und Kästen ist, dass die Szenen im Laufe der Wintermonate problemlos immer wieder neu gestaltet und verändert werden können. Stellen Sie also Töpfe mit Winterpflanzen in verblühten Rabatten, oder gruppieren Sie diese in Hausnähe, sodass sie von den Fenstern des Hauses aus gesehen werden können.

Ein großer Tontopf, ein durchgeschnittenes Holzfass, Steinurnen oder Metallkästen können mit unterschiedlichen, im Winter attraktiven Pflanzen bestückt werden. Gestalterische Effekte erzielt man mit immergrünem Laub – zum Beispiel durch Buchsbaum-Formschnitte. Auch übergroße Terrakotten oder glasierte Tontöpfe können unbepflanzt an strategisch günstigen Plätzen wirken. Auch wenn ein Behälter mit mehreren Pflanzen sehr interessant aussehen kann, sind doch Gruppen von Pflanzkästen unterschiedlicher Größe und Form wesentlich wirkungsvoller. Besonders vorteilhaft ist es, wenn die Töpfe aus demselben Material sind. Verwenden Sie also einheitlich Terrakotten, moderne Formen aus galvanisiertem Metall oder glasierten Ton in unterschiedlichen Farben, denn auf diese Weise wird das Interesse des Betrachters allein auf die Pflanzen gelenkt. Arbeiten Sie mit einer Mischung aus Laubpflanzen in unterschiedlicher Färbung zusammen mit den jahreszeitlich bedingten Blütenpflanzen, und es entsteht ein den ganzen Winter über üppiger kleiner Garten. Einige kriechende Pflanzen wie Efeu können helfen, die Kanten eines Behälters weicher zu gestalten.

Eine hübsche Topfgruppe an einem sonnigen Ort könnte sich wie folgt zusammensetzen: aus einem großen Kasten mit der Japanischen Skimmie *Skimmia japonica* ›Rubella‹ ♀ mit dunkelgrünen Blättern und leuchtend rubinroten Blütenknospen, den grasartigen Blättern des Neuseeland-Windgrases *Anemanthele lessoniana* (früher *Stipa arundinacea*), das einen wahren Wasserfall aus Orange und Rot im Winter zeigt, aus den rosaroten Schäften und silbrig gestreiften Blättern der Palisaden-Wolfsmilch *Euphorbia characias* SILVER SWAN (›Wilcott‹) sowie aus dem knittrigen, kastanienbraunen Laub des Purpurglöckchens *Heuchera* ›Plum Pudding‹. Ergänzen und betonen könnten diese Kombination die silbrigen Rosetten der Kronen-Lichtnelke *Lychnis coronaria* ♀ und die einfarbig grünen, herzförmigen Blätter einer Elfenblume *Epimedium*. Fügen Sie einen großen Topf mit der immergrünen Lilientraube *Liriope muscari* ›Variegata‹ mit breiten, grasartigen, blassgold gerandeten Blättern hinzu, um das Bild abzurunden (siehe rechte Seite oben). Die Skimmie allerdings muss im Sommer aus der Sonne genommen werden.

Im Frühwinter kann man Töpfe mit wechselnden, farbigen jahreszeitlichen Blüten daruntermischen.

---

1 | Ein variantenreiches und attraktives Pflanzbild kann auch durch die Gruppierung von Töpfen und Blumenkästen erzielt werden. Kleine Pflanzen gehen auf diese Weise nicht im Gesamtbild unter, und Töpfe sind im Verlauf der Jahreszeit auswechselbar.

2 | Ein Terrakottatopf mit Thymian sieht den ganzen Winter über attraktiv aus. Davon abgesehen kann das Würzkraut für die Küche geerntet werden.

3 | Schneeglöckchen und Winterlinge mit Kriechendem Günsel *Ajuga reptans* ›Atropurpurea‹

4 | Schneeglöckchen *Galanthus nivalis* aus dem Garten ausgepflanzt und in einen Topf als Schmuck für die Terrasse gesetzt

5 | Christrose *Helleborus niger*

Weitere blühende winterliche Topfpflanzen Schnee-Heide *Erica carnea* ›Springwood White‹ • Schwertlilie *Iris* ›George‹ • Danfords Schwertlilie *Iris danfordiae* • Primel *Primula* Cowichan-Gruppe • Blaustern *Scilla siberica*

Hierfür eignen sich eingeschränkt frostfeste Zwerg-Alpenveilchen, frühe Primel-Hybriden und Heidekraut (siehe Seite 111). Winter-Stiefmütterchen gibt es in einer breiten Farbpalette. Sie blühen abwechselnd das ganze Jahr über, wenn die verblühten Blüten regelmäßig entfernt werden. Allerdings sind sie im Spätwinter und Anfang Frühjahr am schönsten. Gärtnereien bieten auch eine große Auswahl an zwergwüchsigen immergrünen Pflanzen für Winterbeete an, die als nützliche Füllpflanzen eingesetzt werden können. Von der Mitte des Winters an setzen Töpfe mit frühen Zwiebelpflanzen wie Zwerg-Iris, Schneeglöckchen, Krokusse und Vorfrühlings-Alpenveilchen *Cyclamen coum* ♛ den Blütenreigen fort.

Für eine gelungene Topfpflanzenkomposition zur Aufhellung schattiger Ecken bietet sich an: die Skimmie *Skimmia* x *confusa* ›Kew Green‹ ♛, deren apfelgrünes Laub und blasscremefarbene Blütenknospen (siehe Seite 69) in Kombination mit Farnen wie dem immergrünen Hirschzungen-Farn *Asplenium scolopendrium* ›Kaye's Lacerated‹ ♛ mit breiten, hellgrünen, tief eingeschnittenen und am Rand geriffelten Farnwedeln und den gefiederten Blättern des Rotschleier-Farns *Dryopteris erythrosora* ♛ (siehe Seiten 122/123). Obwohl das strahlend limonengrüne Laub der *Heuchera* KEY LIME PIE (›Tnheu042‹) im Winter etwas ausbleicht, leuchtet auch der blassere Farbton im Schatten, und die sanft gerüschten Blätter bereichern die Struktur des Gesamtbildes (siehe Seite 83). Um diese Gruppe komplett zu machen, mischen Sie Töpfe mit Schneeglöckchen darunter, sobald deren Blüte beginnt, und

---

6-10 | Immergrüne Stauden kombiniert mit jahreszeitlichen Farben durch Alpenveilchen, Stiefmütterchen und Veilchen. Das dunkle Laub des Schlangenbarts *Ophiopogon planiscapus* ›Nigrescens‹ (6) und die Wolfsmilch *Euphorbia* BLACKBIRD (10) bilden einen belebenden Kontrast zu hellerem Laub, fiedrigen Gräsern und zarten Blüten.

Die Pflege von Topfpflanzen

Eine große Auswahl an Pflanzen kann das ganze Jahr über in Töpfen gezogen werden. Dazu jedoch muss man ihnen die nötige Pflege angedeihen lassen. An erster Stelle steht natürlich die Versorgung mit Wasser. Notwendigerweise brauchen vor allem Pflanzen in kleinen Töpfen im Sommer ausreichend Feuchtigkeit, damit das Substrat in der Sonne nicht austrocknet. Dagegen besteht bei zu großzügigen Wassergaben im Winter bei einigen Pflanzen die Gefahr, dass die Erde vernässt und die Pflanzen verrotten. Stellen Sie daher Töpfe auf ein poröses Material wie Kies und sorgen Sie dafür, dass das Wasser jederzeit ablaufen kann – größere Pflanzenbehälter sollten auf Untersetzfüßen oder Steinen erhöht über der Oberfläche stehen. Andere immergrüne Pflanzen können während des Winters in zu kleinen Töpfen an Austrocknung eingehen, da die Wurzeln erfrieren und damit kein Wasser mehr aufnehmen. Es ist daher empfehlenswert, die Töpfe dicht zusammenzustellen, damit sie sich gegenseitig schützen.

Arbeiten Sie mit einer an die Topfkultur angepassten Komposterde, vorzugsweise mit einem auf Lehm basierenden, mit Langzeitdünger angereicherten Kompost, wenn die Pflanzen lange Zeit im Topf bleiben sollen. Es ist zwar nicht nötig, Tonscherben auf den Topfboden zu geben, doch es ist ratsam, Splitt und einen leichten Kompost einzumischen, der torffrei ist. Auf diese Weise erhöhen Sie das Gewicht des Behälters und verhindern, dass er allzu leicht umkippt.

Mit der Zeit mögen sich Algen oder Moose auf der Oberfläche des Substrats ausbreiten: Eine Schicht Kies oder Rindenmulch kann das verhindern und sieht auch noch gut aus. Pflanzen in kleinen Töpfen können im Frühjahr in frische Erde umgetopft werden. Bei Pflanzen in großen Behältern sollte die oberste Substratschicht entfernt und durch frische Komposterde ersetzt werden.

fügen Sie Kästen mit dem kleinen goldenen Mutterkraut *Tanacetum parthenium* ›Aureum‹ hinzu, das zu diesem Zweck stets ein paar Sämlinge austreibt. Panaschierten Efeu könnte man durch die anderen Pflanzen winden lassen. Diese Pflanzen sind in zahlreichen Kombinationen auch in einem einzigen großen Behälter denkbar, ist der Platz für mehrere Töpfe zu klein.

Sucht man nach einer Szene mit vielen unterschiedlichen Laubfarben, kann man aus dem Vollen schöpfen. In den vergangenen Jahren sind eine Unmenge purpurn gefärbter Laubpflanzen auf den Markt gekommen, und es gibt zahllose Purpurglöckchen *Heuchera* in Purpurtönen, metallischem Silber und Schwarzschattierungen. Die Sorten *Heuchera* LICORICE (›Tnheu044‹), ›Cancan‹ ♀, ›Cascade Dawn‹ und ›Prince‹ sind für den Winter allesamt empfehlenswert. Die kleinen purpurfarbenen Varietäten des Neuseeländer Flachses *Phormium* haben kontrastreiche Erscheinungsformen zu bieten – Purpur bei *Phormium* ›Dark Delight‹, bronze überhauchtes Purpur bei ›Surfer Bronze‹, Scharlachrot und Bronze bei *Phormium* ›Maori Chief‹ sowie Rosa bei *Phormium* ›Maori Sunrise‹. Die neuere Wolfsmilchzüchtung *Euphorbia* BLACKBIRD (›Nothowlee‹) hat eine buschige Wuchsform und schmale Blätter in grünlichem Purpur und Maronenbraun, und das mahagonibraun belaubte Rötliche Gras aus Neuseeland *Uncinia rubra* besitzt steifes, grasartiges Laub.

Weitere Laubfarben sind braungoldene und apricotfarbene Schattierungen bei der *Heuchera* CRÈME BRÛLÉ (›Tnheu041‹) (siehe auch Seiten 44, 74/75, und 82/83).

Einige kurzlebige Farbkombinationen kann man mit den geschnittenen Ruten von Hartriegel und Weiden erzielen, die man einfach in die Töpfe mit Winterpflanzen steckt. Der Tatarische Hartriegel *Cornus alba* ›Sibirica‹ ♀ mit seinen rubinroten Zweigen (siehe Seite 153) passt ausgezeichnet zu den bronzefarbenen, pfriemenartigen Blättern der Fuchsroten Segge *Carex buchananii* ♀ (siehe Seite 138). Sie ist eine gute Wahl für die Topfpflanzung, denn im Gegensatz zu den anderen braunen Neuseeland-Gräsern hat sie einen aufrechteren Wuchs. Alternativ können die Hartriegelzweige auch mit der Stinkenden Nieswurz *Helleborus foetidus* ♀ kombiniert werden, in deren rötlich geränderten, blassgrünen Blüten sich die Farbe des Hartriegels wiederfindet (siehe Seite 173).

Die großen Bunten Frühlings-Schneerosen *Helleborus* x *hybridus* eignen sich nicht unbedingt für die Kultur in Töpfen, da sie ein ausgedehntes Wurzelsystem besitzen, das sich nicht leicht durch einen Pflanzbehälter einengen lässt. Doch einige Christrosen-Hybriden *Helleborus* x *sternii* sind kleinerwüchsige Selektionen (siehe Seite 102). Ihre silbrig, cremeweiß und grün geäderten Blätter zeigen eine ausgesprochen attraktive Zeichnung. Die Blattstiele sind rot und die Blüten von einem blassen, cremigen Rosa. Pflanzt man sie in hohe, vasenförmige Töpfe und düngt sie im Frühjahr, hat man viele Jahre Freude an ihnen.

---

11 | Die schopfartige, aufrechte Erscheinungsform der Zwerg-Palme *Chamaerops humilis* var. *argentea* kontrastiert mit den sanft runden Formen der Purpurglöckchensorten und der Segge *Carex*.

12, 13, 14 | Um in einer Gruppe von Topfpflanzen Akzente zu setzen, sollten Sie mit variantenreichen Laubformen und -texturen spielen, wie zum Beispiel mit der Gehörnten Stechpalme *Ilex cornuta* (12), der Astelie von der Insel Chatham (Neuseeland) *Astelia chathamica* (13) und dem zweifarbigen Buchsbaum *Buxus sempervirens* ›Elegantissima‹ (14).

Weitere immergrüne winterliche Topfpflanzen Strauch-Heckenkirsche *Lonicera nitida* ›Baggensen's Gold‹ • Kohuhu *Pittosporum tenuifolium* ›Tom Thumb‹ • Fleischbeere *Sarcococca confusa* • Lorbeer-Schneeball *Viburnum tinus* ›Eve Price‹

Der Garten der Sinne

Schöne Blüten und farbenprächtiges Laub sind nicht die einzigen Kriterien bei der Pflanzenwahl für einen interessanten winterlichen Garten. In der kalten Jahreszeit sind Düfte ebenso ausdrucksstark wie die Rindentexturen der Gehölze. Gemüse und Kräuter setzen neue und erfrischende Akzente, und raschelndes Laub, wallende Gräser und Bambussorten schaffen Dynamik. Auch die Wintersonne hat eine ganz besondere Qualität und betont mit ihrem fahlen, oft unwirklichen Licht Formen und Farben, die in anderen Jahreszeiten nicht erkennbar werden.

Gräser im Hintergrund der Blütenköpfe der Fetthenne fangen das gedämpfte winterliche Licht ein.

Licht

Ein sich ständig veränderndes Licht gehört zu den schönsten Merkmalen des Winters. Strahlend und glitzernd bei klarem Himmel, kann es bei aufziehenden Regen- oder Schneeschauern in bedrohlich dumpfes und düsteres Grau umschlagen. Im morgendlichen Dunst wiederum verschwimmen Formen und Silhouetten, und lediglich die schimmernden Tautropfen an den Spinnennetzen, Grashalmen, Zweigen und Ästen lassen Strukturen erahnen. Gefrorene Blüten und Beeren blinken wie bunte Edelsteine, und das sanfte Sonnenlicht fällt in pastellfarben changierenden Strahlen durch die bunten Triebe der Bäume und Sträucher.

Das Licht im winterlichen Garten unterscheidet sich grundlegend von der grellen Sonne im Sommer. In gemäßigten Zonen ist der Einfallswinkel des Sonnenlichts flach und beleuchtet glänzendes Laub und schimmernde Rinden. An offenen, sonnigen Plätzen reflektieren großblättrige immergrüne Sträucher das Licht: Lorbeer und Stechpalmen sind in dieser Beziehung besonders wirkungsvoll (siehe Seite 118), und die kleinen, welligen, grünen Blätter des Klebsamens haben ebenfalls schimmernde, spiegelnde Oberflächen zu bieten (siehe Seite 127).

Einige Teile des Gartens dagegen liegen im Winter noch tiefer im Schatten, wenn die tief stehende Sonne nicht mehr über eine Mauer oder einen Zaun steigt oder eine entlegene Ecke erreicht. Viele Pflanzen tolerieren diese Verhältnisse, vorausgesetzt ihr Standort befindet sich nicht im Unterstand von Koniferen oder immergrünen Gehölzen. Blüten mit hellen oder grellbunten Blütenblättern sind für diese Nischen eine gute Wahl: Schneeglöckchen, Aronstab und etliche Alpenveilchen blühen und beenden ihren

---

1 | Die spätnachmittägliche Sonne beleuchtet die trockenen, buschigen Ährenblüten des China-Schilfs *Miscanthus sinensis*.

Für den Winter planen

Entwirft man einen Gartenplan auch im Hinblick auf die Gestaltung im Winter, sollte man besonderen Wert auf die Ausblicke vor den Fenstern des Hauses legen (siehe Seiten 18/19). Stellen Sie fest, wohin und wie die Sonne einfällt und wo sich die tiefsten Schatten bilden. Und vergessen Sie nicht, dass sich völlig neue Situationen ergeben, sobald die Blätter im Herbst fallen.

2 | Frühlings-Christrose *Helleborus orientalis*
3 | Das strahlende Licht der winterlichen Morgensonne wird hier durch eine leichte Schneedecke verstärkt.

Vegetationszyklus sehr früh im Jahr, bevor sommerblühende Pflanzen sie wieder in den Schatten stellen (siehe Seiten 88–91 und 94–96).

Die winterblühenden Geißblattsorten, Seidelbast und Schneeball erfüllen die Luft mit ihrem starken Duft, und ihre zarten Blüten kommen besonders gut vor dunklem Hintergrund zur Geltung (siehe Seiten 192 und 201/202).

Das sanfte Licht betont die Farben der trockenen Halme und schimmert auf dem sandfarbenen, keksbraunen und pergamentfarbenen Graslaub. Im Gegenlicht der Wintersonne scheinen die verdorrten Ähren des China-Schilfs praktisch wie von innen heraus zu leuchten, und die schmalen, gelockten Blätter der Seggen flackern und zucken wie Flammen über dem Boden. Die Sonne lässt auch die Rosttöne vieler Samenköpfe erstrahlen. So zaubert die Morgen- oder Abendsonne einen rötlichen Schimmer auf die sonst stumpfen, braunen Samenstände der Fetthennen an ihren ausgeblichenen Schäften (siehe Seiten 41–44).

Eine ganz andere Erscheinungsform erhalten laubabwerfende Bäume vor dem Hintergrund eines Winterhimmels oder an klaren Abenden im Schein der untergehenden Sonne. Das düstere Skelett der Eichen und Eschen scheint kurz vor Einbruch der Dunkelheit seltsam ins Unermessliche zu wachsen, und Zedern verdichten sich zu tintenschwarzen, massigen Silhouetten. Im Garten kontrastieren die markanten Formen dunkler Strukturpflanzen wie der Eiben und Stechpalmen mit den lichten und luftigen Astmustern der hoch über sie hinausragenden Birken.

Der Spätnachmittag ist an sonnigen Tagen die Zeit, die das Herz erwärmt, wenn wir die Stämme und Zweige der Hartriegel, Weiden und Bambusse betrachten. Pflanzen Sie diese dort, wo ihre reichen Farbnuancen das gelbe Licht des nahenden Abends einfangen. Dann kommt gleichfalls der Zeitpunkt, sich an Gehölzen mit polierter brauner Rinde zu erfreuen, wie zum Beispiel an der Mahagoni-Kirsche oder Tibetanischen Bergkirsche *Prunus serrula* ♕, und an den weißrindigen Birken, die im schwindenden Licht plötzlich aus dem Schatten treten (siehe Seiten 203–207).

Es lässt sich kaum leugnen, dass es gnadenlos graue und triste Wintertage gibt, an denen es schon eine besondere Motivation für einen Gartenspaziergang geben muss. Genau dann sind schon kleine strahlende und leuchtende Farbreflexe eine unwiderstehliche Attraktion. Winterblühende Heidekrautarten, Vorfrühlings-Alpenveilchen *Cyclamen coum* ♕, Seidelbast *Daphne mezereum*, frühblühende Rhododendren, Kamelien und Christrosen setzen diese leuchtenden Akzente im winterlichen Garten und dienen gleichzeitig als Stimmungsaufheller (siehe Seiten 88, 97–103, 111 und 155–159).

Setzt Regen oder Schneefall ein, so kann man den Garten auch vom Haus aus genießen. Setzen Sie spektakuläre Pflanzen also immer so, dass sie von möglichst vielen Fenstern aus sichtbar sind. Im Frühwinter kann ein Placken Bergenien diese Rolle übernehmen, deren Farbe allmählich von einem leuchtenden Moosgrün zu Bronze, Kupfer und schließlich in Hellrot übergeht (siehe Seiten 77–79). Und die ersten willkommenen Blüten am Winter-Jasmin *Jasminum nudiflorum* ♕ zaubern Sonnenstrahlen in einen grauen Tag (siehe Seite 110).

Nach einem Nachtfrost zeigt sich ein Garten wie verwandelt. Blätter, Zweige und Stämme haben einen glitzernden silbrigen Überzug bekommen und erscheinen zart und brüchig wie Eisblumen in der windstillen Luft. Frosttage können klar und blau oder verhangen und magisch wirken. Fällt Schnee, dann ändert sich das Licht erneut, wird gewöhnlich bleiern und grau, bevor der Schnee niedergeht, und dann, wenn sich eine Schneedecke über alles gelegt hat und die Sonne herauskommt, ist alles in gleißendes, glitzerndes Licht vor stahlblauem Himmel getaucht.

---

4 | Die Nachmittagssonne scheint mild und warm durch das kupferrote Laub einer Buchenhecke.

Duft

Sträucher mit duftenden Blüten werden von jeher in unseren Gärten geschätzt – vor allem im Winter. In dieser Jahreszeit sind deutlich weniger Insekten und andere Bestäuber unterwegs, sodass gewisse Pflanzen ein besonders intensives Parfüm verströmen, das weithin trägt. Davon abgesehen, blühen diese Pflanzen tendenziell länger als ihre sommerblühenden Verwandten. Häufig ist selbst das Laub aromatisch. Das trifft vor allem auf Koniferen wie Wacholder und Lebensbäume sowie auf Kräuterpflanzen zu. Einige der winterblühenden Zwiebelpflanzen duften ebenfalls, obwohl ihr Geruch flüchtiger ist, doch die wenigen Stauden, die zu diesem Zeitpunkt Blüten zeigen, scheinen sich vorwiegend auf deren optische Attraktivität zu verlassen.

Allgemein als Schneeforsythie bekannt, ist *Abeliophyllum distichum* ein locker aufgebauter Strauch, der zwei Meter hoch wird, normalerweise jedoch als viel kleinerer Strauch erscheint. Blasslila Knospen öffnen sich zu weißen Blüten entlang der nackten, purpurfarbenen Zweige im Spätwinter. Obwohl die Schneeforsythie frosthart ist, braucht sie einen sonnigen Standort, um gut zu blühen und ihren Mandelduft zu entwickeln. Sie bietet in Kombination mit einem Teppich aus winterblühenden Heidekrautsorten wie der Schnee-Heide *Erica carnea* ›Winter Beauty‹ in ihrem Unterstand ein zauberhaftes Bild. Die wasserfallartig erscheinenden, gelben Blüten der *Azara microphylla* ♛ sind nicht sonderlich groß, doch ihr köstlicher Vanilleduft ist erstaunlich intensiv – vor allem an milden Tagen im Spätwinter. Dieser kleinblättrige immergrüne Strauch aus Chile wächst dort als kleiner Baum, hat jedoch trotz seiner bogenförmig überhängenden Äste eine schmale Silhouette, sodass er durchaus in ein Beet und an die Basis einer warmen Mauer gepflanzt werden kann.

---

1 | Die zierlichen Blüten der Zaubernuss *Hamamelis* fangen das Licht an einem kalten Morgen ein. Ihr würziger Duft erfüllt die eisige Luft.

> **Der richtige Platz für Duftsträucher**
>
> Viele dieser Sträucher pflanzt man am besten im Hintergrund von Rabatten, wo ihre Blüten und ihr Duft auch im Winter genossen werden können, bevor sie im Sommer unauffällig hinter der anderen Bepflanzung verschwinden. Ein oder zwei duftende Pflanzen mit attraktiverem Laub sind allerdings vielleicht neben einem Gartentor oder einem Gartenweg wünschenswert, wo wir uneingeschränkt in ihren Genuss kommen.

Die Chinesische Winterblüte *Chimonanthus praecox* wurde im 18. Jahrhundert aus China eingeführt und wird seitdem in unseren Gärten gezogen und besonders wegen ihrer süß duftenden Blüten an den nackten Zweigen im Winter wie ein Schatz gehütet. Die Winterblüte kann zu einem großen Strauch heranwachsen, wird jedoch normalerweise an einer warmen Wand gezogen, um die Ausbildung möglichst großer Knospen für die Blüte der kommenden Saison zu fördern. Die sternförmigen Blüten haben unregelmäßige, schmale Blütenblätter, die auch farblich von durchscheinendem Elfenbeinweiß über Cremeweiß bis Gelb changieren, wobei die kürzeren inneren Petalen an der Basis maronenbraun markiert sind. *Chimonanthus praecox* ›Grandiflorus‹ ♛ ist eine noch bessere Form mit größeren, gelben Blüten und einem auffälligen Purpurfleck an der Basis ihrer Petalen. *Chimonanthus praecox* ›Luteus‹ ♛ besitzt große, regelmäßigere, goldgelbe Blüten ohne Musterung und duftet intensiv nach exotischen Gewürzen. Leider brauchen junge Pflanzen eine Weile, um sich einzugewöhnen und zu blühen, sodass hier Geduld gefragt ist. Die Chinesische Winterblüte hat unscheinbare Blätter im Sommer, kann jedoch als Klettergerüst für eine Waldrebe dienen.

Ein Seidelbaststrauch in seiner duftenden Blütenpracht ist eines der Winterwunder, das immer wieder verblüfft. Einige im Winter duftende Pflanzen haben völlig unauffällige Blüten, sodass sich der Spaziergänger wundert, woher der Duft überhaupt kommt. Doch die vielen Seidelbastformen *Daphne bholua* mit ihren dichten Büscheln aus rosa Blüten mit purpurfarbener Rückseite sind einfach nicht zu übersehen. Die Urform *Daphne bholua* (wobei *bholua* der nepalesische Name für diese Pflanze ist) ist ein hoher, aufrechter Strauch und nicht so frosthart wie seine Hybriden, die weitaus bessere Gartenpflanzen sind. Diese Seidelbastsorten blühen normalerweise ab Wintermitte, und zwar lange bevor die Blätter erscheinen – wobei es allerdings auch immergrüne Formen gibt. *Daphne bholua* var. *glacialis* ›Gurkha‹ ist besonders frosthart und hat einen schönen Duft. Dieser Seidelbast wurde ursprünglich als hochalpine Pflanze in Ostnepal gesammelt und ist eine laubabwerfende Form, die ihre purpurrosa und weißen Blüten am nackten Holz trägt. *Daphne bholua* ›Jacqueline Postill‹ ♛ hat große, spektakuläre, intensiv duftende Blüten, die sich purpurrosa im Knospenstadium zeigen und sich anschließend zu cremerosa Blüten öffnen. Sie wurde vom Züchter Alan Postill 1982 gezüchtet und hat sich als sehr frosthart und ausgezeichnete Gartenpflanze erwiesen. Sie ist normalerweise immergrün, wirft jedoch einen Teil ihrer Blätter an kalten, exponierten Standorten ab. Andere empfehlenswerte Sorten sind *Daphne bholua* ›Peter Smithers‹ mit einer Duftmischung aus Limone und Jasmin und die frühblühende *Daphne bholua* ›Darjeeling‹. Beide sind immergrüne oder halbimmergrüne Sträucher.

Der immergrüne Duftende Seidelbast *Daphne odora* duftet von allen winterblühenden Seidelbastformen am stärksten. Obwohl die Art als frostempfindlich gilt, haben sich die Sorten mit golden gerandetem Laub als frostfester erwiesen. *Daphne odora* ›Aureomarginata‹ ♛ wird häufig gezogen. Ältere Pflanzen sind oft anfällig für eine Viruskrankheit, die sich in fleckigem Laub äußert und letztendlich zum Absterben der Pflanze führt. Man kann dann nichts weiter tun, als den Strauch zu ersetzen. Die durchschnittliche Lebenserwartung von *Daphne odora* ›Aureomarginata‹ liegt bei ungefähr zehn Jahren, sodass es ratsam erscheint, rechtzeitig für einen Ersatz der älteren Pflanze zu sorgen, der deren Rolle übernehmen kann. Glücklicherweise sind von diesem Seidelbast verhältnismäßig leicht noch nicht verholzte Stecklinge im Sommer zu gewinnen.

Es gibt auch einen ungewöhnlichen, laubabwerfenden Seidelbast, den Jesso-Seidelbast *Daphne jezoensis* mit duftenden gelben Blüten im Winter, die an einem kleinen Busch erscheinen, der seine jungen Blätter im Herbst austreibt und sie im Sommer abwirft. Die Beschreibung von *Daphne mezereum* und *Daphne laureola* lesen Sie bitte auf Seite 164 und 172. Alle Seidelbastformen gedeihen entweder in der Sonne oder im Halbschatten und sowohl auf sauren als auch auf basischen Böden, vorausgesetzt das Substrat ist feucht und gut drainiert. Sie brauchen das ganze Jahr über gleichmäßig feuchte Bedingungen und mögen es weder zu feucht noch zu trocken.

---

2 | Schneeforsythie *Abeliophyllum distichum*
3 | Chinesische Winterblüte *Chimonanthus praecox* ›Luteus‹
4 | Seidelbast *Daphne bholua*
5 | Seidelbast *Daphne bholua* ›Jacqueline Postill‹
6 | Duftender Seidelbast *Daphne odora* ›Aureomarginata‹
7 | Jesso-Seidelbast *Daphne jezoensis*

Im Allgemeinen sind sie für die Kultur im Topf nicht geeignet und wachsen einfach besser in der Erde. Ihr idealer Standort ist in Hausnähe, wo ihr Duft ausgiebig genossen werden kann.

Edgeworthien *Edgeworthia* sind mit dem Seidelbast eng verwandt und entfalten Blütenbüschel im Winter, die wie dieser intensiven Duft verströmen. Sie sind nach Michael Edgeworth (1812–1881) benannt, einem Amateurbotaniker, der während seiner Tätigkeit als Beamter in Indien viele neue Pflanzen gesammelt hat. *Edgeworthia chrysantha* wird bis zu 1,2 Meter hoch und wächst zu einem regelmäßig verzweigten Busch mit aufrechten Trieben heran. An den Spitzen der Zweige erscheinen im Frühwinter büschelweise seidige Blütenknospen, die sich zu stark duftenden, satt gelben Blüten öffnen, die von schimmernden weißen Härchen bedeckt sind. Bei der Varietät *Edgeworthia chrysantha* ›Red Dragon‹

Duftendes Laub

Viele Pflanzen besitzen Laub, das einen aromatischen Duft ausströmt, wenn es gerieben oder nur berührt wird. Und obwohl das Aroma im Winter nicht sonderlich auffällig ist, ist es doch angenehm, die Blätter dieser Pflanzen im Vorübergehen zwischen den Fingern zu reiben. Heiligenkrautsorten *Santolina* (A) haben einen leicht an Apotheke erinnernden Geruch, und der Duft des Echten Lavendels (D) ist unverwechselbar und ausgeprägt, während Thymiansorten (B) sehr unterschiedliche Aromen wie Zitrone, Kümmel und Eukalyptus sowie den traditionellen Thymianduft besitzen.

Die Australische Minze *Prostanthera cuneata* ♀ (C) ist ein kleiner immergrüner Strauch mit leuchtend sma-

sind diese von einem verblüffend leuchtenden Orange. Edgeworthien werden am besten im leicht marmorierten Schatten und an einem geschützten Standort gezogen. Sie sind normalerweise laubabwerfend und treiben ihre Blätter nach der Blüte aus. Ihr Holz ist ungewöhnlich geschmeidig und biegsam und wird in Japan zur Herstellung von Banknotenpapier benutzt.

Die immergrüne Ölweide *Elaeagnus* x *ebbingei* und die Stechende Ölweide *Elaeagnus pungens* blühen im Spätherbst und Frühwinter mit so winzigen cremeweißen, neben dem Laub sitzenden Blüten, dass es gelegentlich fast unmöglich ist, die Ursache für den Duft auszumachen. Ölweiden sind große, gerüstbildende Sträucher für eine Rabatte, die auch trockene Situationen überleben, Schnitt tolerieren und sich als Heckenpflanzen eignen. Die silbrige Unterseite ihres Laubes hat eine aufhellende Wirkung, und es gibt zahlreiche Selektionen mit panaschiertem Laub (siehe Seite 137).

(Fortsetzung Seite 200)

---

8 | Die kupferorangefarbenen Blüten der Zaubernuss *Hamamelis* x *intermedia* ›Aphrodite‹ (siehe Seite 198) glühen in der Nachmittagssonne. Im Hintergrund erheben sich die pergamentfarbenen Rispen des China-Schilfs *Miscanthu*s über der Pflanzung.
9 | Edgeworthie *Edgeworthia chrysantha*
10 | Edgeworthie *Edgeworthia chrysantha* ›Red Dragon‹

ragdgrünen Blättern, die in kleinen dichten Rosetten an den Zweigen stehen. Sie verströmen beim Zerreiben einen frischen aromatischen Duft, der an Eukalyptus erinnert. Im Sommer erscheinen wie kleine Schmetterlinge blasslila Blüten am Ende der Zweige. Es handelt sich hier um die frosthärteste Australische Minze, die hoch oben in den Snowy Mountains Ost-

australiens gedeiht und Temperaturen von −10 °C aushält, wenn sie vor eine warme Mauer in die pralle Sonne gepflanzt wird.

Die aufrecht und buschig wachsende immergrüne Gemeine Myrte *Myrtus communis* ♀ hat kleine, glänzende dunkelgrüne Blätter, die nach Wacholder duften und einen hübschen Kontrast zu den weißen, sommer-

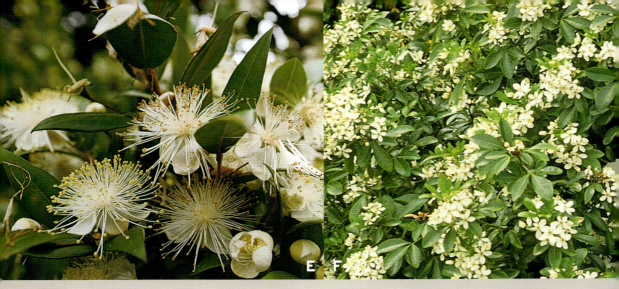

lichen Blüten (E) bilden. Die Myrte ist in mediterranen Gärten weit verbreitet und wurde im 16. Jahrhundert in Britannien eingeführt, wo sie bald als Glücksbringer für Haushalt und Familie galt, wenn man sie neben einer Tür pflanzte. Kleine Myrtenzweige wurden traditionell auch in Brautsträuße eingearbeitet. Die kompaktere Braut-Myrte *Myrtus communis* ssp. *tarentina* ♀ ist für kleinere Gärten geeignet und hat rosa überhauchte Blüten im Herbst. Es gibt auch Formen mit cremeweiß gerandetem Laub, die jedoch weniger frosthart zu sein scheinen, obwohl sie in Meeresnähe gute Pflanzen sind.

Der Rhododendron *Rhododendron* ›Praecox‹ ♀ (siehe Seite 115) hat ebenfalls Blätter, die beim Zerreiben einen aromatischen Duft aussenden. Dasselbe gilt für die Orangenblüte *Choisya ternata* ♀ (F) (siehe Seite

Die Zaubernuss

Die Formen und Züchtungen der Zaubernuss *Hamamelis* besitzen ungewöhnlich geformte Blüten, die sich wie schmale Bänder an den Ästen kräuseln, dem unwirtlichen Winterwetter widerstehen und wochenlang am Baum verbleiben. Die schmalen, spinnenartigen Petalen in Gold, Rubinrot, Bernsteingelb oder Feuerrot werden von maronenbraunen Blütenkelchen gehalten und verströmen einen intensiven würzigen Duft, der an windstillen Wintertagen den ganzen Garten erfüllen kann. Zaubernussgehölze sind große Sträucher oder kleine Bäume mit ausladender Aststruktur. Um diese schöne, natürliche Form zu erhalten, sollte man von einer Schnitttätigkeit absehen. Am eindrucksvollsten wirken sie in Einzelstellung vor immergrünem Hintergrund, wenn sich ihr Duft ungestört und rein verbreiten kann. Besonders üppig erscheint ihre Blüte auf neutralem oder saurem Substrat.

Die Chinesische Zaubernuss *Hamamelis mollis* ♀ (A) bildet eine Fülle gelber Blüten aus und verströmt

118) aus Mexiko. Die Skimmien *Skimmia anquetilia* und *Skimmia* x *confusa* (G) sind schöne immergrüne, im Winter Beeren tragende Sträucher mit aromatischem Laub, wenn auch der Geruch reichlich stechend und nicht sehr angenehm ist (siehe Seite 70). Viele Koniferen verströmen ein würziges Aroma, wobei einige Lebensbäume *Thuja* (H) je nach Art recht unterschiedlich und intensiv riechen können.

Etliche aromatische Laubsorten sind im Geruch allerdings definitiv unangenehm. Manche Menschen mögen den Geruch von der Stinkenden Schwertlilie *Iris foetidissima* ♀ (siehe Seite 85) nicht, denn ihre Blätter verströmen angeblich einen unangenehmen Geruch. Allerdings gehen die Meinungen dazu sehr weit auseinander.

angeblich den intensivsten Duft aller Zaubernussformen. Im Herbst verfärben sich ihre Blätter buttergelb. Sie wächst zu einem großen, locker aufgebauten, ausladenden Strauch heran und passt ausgezeichnet in naturnahe Gartenszenen.
Die *Hamamelis* ›Brevipetala‹ (B) ist eine aufrecht wachsende Sorte mit dicken Blütenbüscheln und gedrungenen Petalen in intensivem Gelb, das aus der Ferne betrachtet geradezu orangerot erscheint. Die Blütenpracht überzieht die Zweige der Zaubernuss ab

Wintermitte so dicht gedrängt, dass der Eindruck entsteht, der Baum stehe in Flammen. Ihr Duft ist schwer und süß.
Die Hybriden mit der Bezeichnung *Hamamelis* x *intermedia* sind in zahlreichen Farbtönen erhältlich: vom zartesten Primelgelb der Sorte ›Pallida‹ ♀ (C) (siehe auch »Gute Begleitpflanzen«, Seite 199) bis zu Ziegelrot bei ›Diane‹ ♀ (D). ›Jelena‹ ♀ (E) (siehe auch »Gute Begleitpflanzen«, Seite 199) ist eine zauberhafte und vitale Varietät mit kupferrot überhauchten gel-

ben Blüten; ihr Laub verfärbt sich vor dem Blattfall scharlachrot. ›Primavera‹ erscheint als eine besonders aufrecht wachsende Form mit gelben, leicht purpurn gefärbten Blütenblättern. ›Harry‹ (F) besitzt große, orangefarbene Blüten mit einer dunkler getönten roten Basis. Das einzelne Blütenbüschel erinnert an das Innere eines saftigen Pfirsichs, wenn der Stein entfernt wurde. ›Arnold Promise‹ 🏆 ist wiederum eine wuchsfreudige Sorte mit ausgesprochen ausladender Gestalt und attraktiv gefältelten Blättern. Die leuchtend gelben Blüten öffnen sich im Spätwinter. ›Aphrodite‹ (G) gehört ebenfalls zu den eher in die Breite wachsenden Zaubernusssträuchern mit großen, intensiv orangefarbenen Blüten und schöner, gelber Herbstfärbung. Die kupferrote ›Ruby Glow‹ und die hellorangefarbene ›Orange Peel‹ (H) sind beide aufrechter im Wuchs und zeigen ein intensiv orangerotes Herbstlaub.

Der Kauf einer Zaubernuss

Die Sir Harold Hillier Gardens in Hampshire besitzen die größte Hamamelis-Sammlung (National Collection) Großbritanniens. Es ist ein wunderbarer Park, auf dessen Gelände man junge und alte Zaubernussformen begutachten und sich die schönsten Sorten aussuchen kann. Hier werden zahllose Varietäten gezeigt, und ich kann nur raten, sich seine Favoriten während der Blüte auszusuchen, um sich bezüglich der exakten Blütenfarbe und des Duftes aus der Nähe und vor Ort zu vergewissern. Schließlich handelt es sich hier um durchaus teure Sträucher, da sie veredelt und kompliziert wurzelecht zu vermehren sind. Gelegentlich werden auch aus Samen gezogene *Hamamelis* angeboten, deren Blüte und (oft nicht vorhandener) Duft sich jedoch als ausgesprochen enttäuschend erweisen können.

Warum der Name »Zaubernuss«?

Der Volksname Zaubernuss geht auf die nordamerikanische *Hamamelis virginiana* zurück. Frühe Siedler schnitten in Virginia Zweige des Strauchs ab, den sie dort vorfanden, und nutzten diese als Wünschelruten zur Wassersuche – so wie sie Haselzweige in ihrer englischen Heimat verwendet hatten. Blätter und Holz schienen ihnen ähnlich zu sein, und die Zweige besaßen tatsächlich dieselben magischen Eigenschaften bei der Suche nach Grundwasser. So kam der Strauch zu seinem Namen. Die Virginia-Zaubernuss liefert im Übrigen auch den Stoff für den kosmetischen Wirkstoff Hamamelis Adstringent.

Die Formen mit den blassen Blütenfarben wirken besonders gut vor einem grauen Winterhimmel. Die Hybriden mit roten und orangefarbenen Blüten dagegen entfalten ihr Farbfeuerwerk besonders im Gegenlicht der Morgen- oder spätnachmittäglichen Sonne. Die Frühlings-Zaubernuss *Hamamelis vernalis* (I) aus Amerika ist ebenfalls eine Erwähnung wert. Sie ist ein großer, aufrechter Strauch und hat kleinere Blüten, ist dafür jedoch noch freudig blühender als die anderen Zaubernusssorten. Diese zeigen normalerweise eine blassorange bis kupferfarbene Tönung und haben im Unterschied zu den Chinesischen Zaubernussformen einen schweren, beißenden Geruch. Die Sorte *Hamamelis vernalis* ›Sandra‹ ♀ mit ausgeprägt gelben Blüten ist die schönste Hybride und stammt aus der Baumschule »Hillier Nurseries«. Das Laub ist ausgesprochen attraktiv: Die jungen Blätter sind purpurn überhaucht, und die Herbstfärbung präsentiert sich in einem Cocktail aus Orange, Feuerrot und Rot.

Gute Begleitpflanzen

Die gelbblütige Zaubernuss *Hamamelis x intermedia* ›Pallida‹ ♀ kommt besonders gut in Gesellschaft des immergrünen Pampasgrases *Cortaderia selloana* ›Aureolineata‹ ♀ zur Geltung (A).
Für *Hamamelis x intermedia* ›Jelena‹ ♀ (B) empfiehlt sich für eine spektakuläre Wirkung besonders die Kombination mit den weißen Zweigen der Tangutischen Himbeere *Rubus cockburnianus* ›Goldenvale‹ ♀ und mit den schwarzen grasartigen Blättern des Schlangenbarts *Ophiopogon planiscapus* ›Nigrescens‹ ♀ (C).

11

(Fortsetzung von Seite 195)

Eine der Mahonien *Mahonia* aus dem asiatischen Raum, die als Erste zu uns kamen, war die Japanische Mahonie *Mahonia japonica* ♛. Sie ist ein großer, aufrechter, immergrüner Strauch mit weichen, stachelzähnigen, meergrünen Blättern und bogig aufrechten Rispen aus primelgelben Blüten, die intensiv nach Maiglöckchen duften. Sie ist noch immer eine der schönsten Formen für die Kultur im Garten, gedeiht gut im Schatten, auf fast jeder Bodenart und blüht üppig. Die ersten Blüten erscheinen im Frühwinter, und der Strauch bildet selbst noch zum Saisonende immer wieder neue Knospen aus. Steht diese Mahonie in der prallen Sonne und auf kargem Boden, zeigen sich einige Blätter im Winter in attraktiven Schattierungen von Orangerot und Scharlachrot.

Die *Mahonia japonica* wurde mit der weniger frostharten, aber umso spektakulärer blühenden Lomariablättrigen Mahonie *Mahonia lomariifolia* ♛ eingekreuzt. Daraus ergab sich *Mahonia* x *media*, und mittlerweile existiert eine große Anzahl von beliebten Hybriden. Diese gerüstbildenden Sträucher bilden ausgeprägte Büsche von bis zu zweieinhalb Meter Höhe mit langem, ledrigem, immergrünem, stachelzähnigem Laub und wirbelig angeordneten runden, steifen Zweigen, die aufrechte büschelige Rispen aus sanftgelben Blüten tragen. *Mahonia* x *media* ›Lionel Fortescue‹ ♛ ist die Erste, die im Spätherbst blüht, gefolgt von *Mahonia* x *media* ›Winter Sun‹ ♛ mit leuchtend gelben Blüten und *Mahonia* x *media* ›Underway‹ ♛, einer kompakten Form mit langen, strahlend gelben Blütentrauben, und schließlich die beliebte Sorte ›Charity‹ mit eher hängenden Blütenrispen und schwächerem Duft. Den Blüten folgen grünlich pflaumenfarbige Beeren.

Diese Mahonien sind äußerst nützliche Pflanzen für lichtes Waldland, wo sie immergrüne, üppige Formen unter sommergrünen Bäumen ausbilden. Es lohnt sich, Mahonien entlang eines Weges zu pflanzen, sodass auch ihr Duft zur Geltung kommt – allerdings sollte man dabei aufgrund der stacheligen Blätter einen Respektabstand einhalten. Mit der Zeit können die einzelnen Pflanzen zu groß, struppig und damit unansehnlich werden. Es ist dann ratsam, das Hauptholz im Frühjahr bis zur Basis zurückzuschneiden, um einen Neuaustrieb zu fördern.

Es gibt auch etliche winterblühende Geißblattformen *Lonicera*, die allesamt intensiv duftende Blüten austreiben. Die Büsche sind im Sommer verhältnismäßig unauffällig, sodass sie idealerweise im Hintergrund einer Rabatte, vor einen Zaun, einem Gartengebäude oder sogar als Teil einer informalen Hecke oder eines Sichtschutzes gepflanzt werden sollten. Eine Hybride zwischen zwei duftenden, winterblühenden Arten mit noch intensiverem Aroma ist *Lonicera* x *purpusii* ›Winter Beauty‹ ♀. Sie trägt kleine, leicht knittrige Blüten in einem blassen, grünlichweißen Gelb an langen, kahlen Zweigen, die ab Wintermitte bis Anfang Frühjahr unermüdlich erscheinen. Das Geißblatt bildet einen ziemlich ausladenden Busch, der nach der Blüte geschnitten werden kann, um ihn in Form zu halten. In milden Wintern behält dieses Geißblatt gelegentlich sein Laub, was kein Vorteil ist, da dadurch die Blüten verdeckt werden. Einen ebenfalls ausgesprochen intensiven Duft verströmt im Winter die Fleischbeere *Sarcococca*. Wird sie gruppenweise gepflanzt, kann es sogar des Guten zu viel sein. Die *Sarcococca confusa* ♀ ist die erste Form, die blüht. Sie trägt ganzrandige, spitz zulaufende, immergrüne Blätter an einem kompakten Busch von bis zu 1,2 Meter Höhe und Breite. Die cremefarbenen, quastenförmigen Blüten stehen dicht gedrängt entlang der Zweige. Ihnen folgen schwarze Beeren. Die Mäusedornblättrige Fleischbeere *Sarcococca ruscifolia* (siehe Seite 172) ist ähnlich, besitzt jedoch fleischigere, dunkelgrüne Blätter und rote Beeren. Die attraktivste Form ist *Sarcococca hookeriana* var. *digyna* ♀, die Ausleger bildet und schmale mittelgrüne Blätter und rötliche Zweige aufweist. Ihre Blüten sind größer als die der anderen mit rosa Markierungen auf den Blütenblattrückseiten und feinem Duft. Die Hybride ›Purple Stem‹ besitzt ebenfalls besonders schöne purpurfarbene Zweige und Blattstiele, und selbst die Mittelrippen des Laubes sind purpurn überhaucht. Diese zähen und frostharten Pflanzen stammen ursprünglich aus dem Himalaja und gedeihen gut im Schatten, ja sogar im trockenen Schatten, und auf jedem Boden.

Sie benötigen einen unauffälligen Platz in Hausnähe oder an einem Weg, wo ihr Duft in seiner ganzen Reinheit zur Geltung kommt. Außerdem sind sie die geeigneten Sträucher für schattige Problemecken, in denen nichts anderes wächst, denn sie vermögen sich selbst im Unterstand von Nadelbäumen durchzusetzen.

Wählt man einen sommergrünen Schneeball *Viburnum*, so ist einer der besten frostfesten Winterblüher *Viburnum* x *bodnantense*.

Eine Züchtung aus den 30er-Jahren des 20. Jahrhunderts ist der Winter-Schneeball *Viburnum* x *bodnantense* ›Dawn‹ ♀, der zu den beliebtesten Sorten gehört. Sie bildet einen steifen, aufrechten Strauch von ungefähr drei Meter Höhe und trägt intensiv duftende, dunkelpinkfarbene Blüten in dicken Büscheln an kahlen Zweigen. *Viburnum* x *bodnantense* ›Charles Lamont‹ ♀ mit Blüten in einem blasseren Pink und der beinahe weiße *Viburnum* x *bodnantense* ›Deben‹ ♀ sind ebenfalls empfehlenswert.

---

11 | Japanische Mahonie *Mahonia japonica*
12 | Mahonie *Mahonia* x *media* ›Winter Sun‹
13 | Geißblatt *Lonicera* x *purpusii* ›Winter Beauty‹

Einer der Elternteile von *Viburnum* x *bodnantense* ›Dawn‹ ist der Duftende Schneeball *Viburnum farreri* ❦, ein alter Favorit von mir, mit einem starken Duft, der an Mandelmus erinnert und sich lange in der Luft hält. Er war früher unter der Bezeichnung *Viburnum fragrans* bekannt, wurde jedoch zur Erinnerung an den großen Pflanzenjäger Reginald Farrer umbenannt, der diese Schneebälle aus China eingeführt hatte (auch wenn sie von einem gewissen William Purdom entdeckt worden waren). Die kleinen Büschel aus röhrenförmigen Blüten sind als Knospen rosa und öffnen sich den ganzen Winter über ununterbrochen zu beinahe reinweißen Blüten. Die jungen Blätter erscheinen mit bronzefarbenen Spitzen und fallen im Herbst als purpurfarbener Laubregen ab.

14 | Winter-Schneeball *Viburnum* x *bodnantense* ›Dawn‹
15 | Fleischbeere *Sarcococca hookeriana* var. *digyna*
16 | Winter-Schneeball *Viburnum* x *bodnantense* ›Charles Lamont‹

Der Schnitt von Schneeball

Diese sommergrünen Schneeballformen tolerieren die meisten Bodenarten, mit Ausnahme vernässender Bedingungen. Es handelt sich um wuchsfreudige Sträucher, die für ihren Standort häufig zu groß werden. Im Frühjahr sollten sie daher radikal geschnitten werden, um altes Holz zu entfernen und eine üppige Blüte anzuregen. Dabei ist es empfehlenswert, lieber einige wenige Zweige bis zur Basis zurückzuschneiden, statt den gesamten Busch um die Hälfte einzukürzen. Letzteres führt nur dazu, dass der Strauch viele aufrechte Schösslinge austreibt, die die schöne und ausgewogene Erscheinungsform des Strauchs verderben.

Weitere Pflanzen mit duftender Winterblüte Silber-Akazie *Acacia dealbata* • Kamelie *Camellia sasanqua* • Englisches Heidekraut *Erica* x *darleyensis* • Winter-Geißblatt *Lonicera fragrantissima* • Japanische Aprikose *Prunus mume* ›Beni-chidori‹ • Skimmie *Skimmia japonica* ›Fragrans‹

Textur

Gemusterte Rinden und schimmernde Zweige sorgen im Garten für variantenreiche Texturen zu jeder Jahreszeit. Dennoch wird das ästhetische Zusammenspiel all dieser Elemente besonders im Winter erkennbar, wenn die Blätter gefallen sind und die Stauden ihre oberirdischen Organe eingezogen haben. Einige Bäume haben rissige oder abblätternde Rinden in warmen Zimttönen, Braun und Rostrot. Bei anderen wiederum ist die Rinde samtigweich poliert und von sattem Mahagonibraun bis zu reinem, fleckenlosem Weiß. Die glatten, farbigen Zweige und Stämme der Hartriegelformen und anderer Sträucher erstrahlen im Sonnenlicht, und die Korkenzieher-Hasel und die Korkenzieher-Weide recken ihre bizarren Äste eindrucksvoll gegen den klaren, blauen Winterhimmel.

Die Rinde

Die Tibetanische Bergkirsche Prunus serrula ✿ ist der perfekte Winterbaum mit idealer Größe für kleine Gärten, während er in ausgedehnteren Gärten sogar gruppenweise gepflanzt werden kann. Diese Zierkirsche wird weder wegen ihrer schmalen, weidenähnlichen Blätter gezogen noch aufgrund ihrer vernachlässigbaren kleinen weißen Blüten im Frühjahr oder der geringen Kirschernte im Herbst, sondern vielmehr wegen der Schönheit ihrer in allen Jahreszeiten faszinierenden Rinde. Besonders auffällig erscheint diese im Winter, wenn die tief stehende Sonne die kastanienrote Färbung der glatten Rindenoberfläche an Stamm und Zweigen erglühen lässt. In der Jugend ist diese Rinde von glattem, glänzendem Rot, das zum Anfassen einlädt. Mit zunehmendem Alter entwickelt sich die für viele Kirscharten so typische horizontale Ringelung aus einem korkigen Gewebe.

Diese zauberhafte Zierkirsche wird am besten als Solitärbaum in eine Rasenfläche oder eine vorspringende Rabatte gepflanzt, sodass ihr Stamm von allen Seiten gesehen und von allen Vorübergehenden berührt werden kann. Die Wurzeln sind jedoch

---

1 | Die Tibetanische Bergkirsche oder Mahagoni-Kirsche Prunus serrula mit glänzender, mahagonibrauner Rinde erhebt sich aus wolkigen Horsten der Palmwedel-Segge Carex comans ›Bronze‹. Dahinter kontrastiert das pergamentfarbene Laub des China-Schilfs Miscanthus mit dem glänzenden Laub immergrüner Sträucher.

Die gefährdete Himalaja-Birke

Das lateinische Wort utilis bedeutet »nützlich«, und im Himalaja werden die Stämme dieser weißen Birke tatsächlich vielseitig genutzt. So entstehen aus ihrem Stammholz zum Beispiel provisorische Brücken über reißende Gebirgsbäche. Darüber hinaus dienen sie als begehrtes und seltenes Feuerholz und sind aus diesem Grund in ihrer angestammten Heimat vom Aussterben bedroht.

Säuberung der Himalaja-Birke

Um den weißen Stamm der Himalaja-Birke den Winter über makellos sauber zu halten, bürsten Sie diesen mit einer harten Bürste und klarem Wasser ab. Damit entfernen Sie die Algenschicht, die sich möglicherweise gebildet hat und das Erscheinungsbild der Birke stört.

sehr flach und können auf Graswegen zum Problem werden. Ein gelegentlicher Schnitt ist möglich, um überkreuzende Äste zu entfernen und die Krone auszulichten, damit die roten Zweige weiterhin gut zur Geltung kommen. Pflanzen Sie um den Stammanlauf Horste aus der Palmwedel-Segge Carex comans ›Bronze‹, deren schmale kupferfarbene Blätter die Farbe der Rinde in blasserem Ton wieder aufnehmen. Und ergänzen Sie die Seggen mit Gruppen aus blassrosa Christrosen und einigen Schneeglöckchen.

Die Himalaja-Birke Betula utilis ist ebenfalls wegen ihrer Rinde ein interessantes und schönes Gartenelement. Diese zeigt sich in sämtlichen Schattierungen von Elfenbeinweiß und sattem Cremeweiß bis zu Milchkaffeebraun und Kupferbraun. Die Sorte Betula utilis var. jacquemontii ♛ mit weißer Rinde ist besonders im Winter ein faszinierender Anblick, wenn sie vor dem Hintergrund einer dunklen Hecke aufragt oder als Fluchtpunkt auf einem Rasenstück dient. Die Himalaja-Birke wächst zu einem mittelgroßen Baum mit einer filigranen Aststruktur heran. Die Blätter fallen für eine Birke verhältnismäßig groß aus, werfen dennoch nur einen lichten Schatten. Im Herbst verfärbt sich das Laub buttergelb, und im Spätwinter erscheinen plötzlich lang herabhängende gelbe Kätzchen an den kahlen Zweigen. Ein charmantes Gartenbild entsteht durch die Kombination mit den herbstblühenden weißen Efeublättrigen Alpenveilchen Cyclamen hederifolium var. hederifolium f. albiflorum im Unterstand, deren weißen Blüten silbermarmoriertes Laub folgt.

Um die Blütensaison auszudehnen, mischen Sie unter die Alpenveilchen die gelben Winterlinge Eranthis. Diese Zwiebelpflanzen vertrocknen im Sommer problemlos im Schatten des Birkenlaubs.

Unter den neueren Züchtungen ist Betula utilis ›Silver Shadow‹ ♛ ebenso empfehlenswert wie die Holländische Züchtung ›Doorenbos‹ ♛ – beide mit schimmernden weißen Stämmen. Letztere wird im Handel häufig auch als Betula utilis ›Snowqueen‹ angeboten. Sie zeigt ihre weiße Rinde schon nach dem zweiten oder dritten Jahr und damit früher als die meisten Hybriden. Betula utilis ›Grayswood Ghost‹ ♛ ist eine ausgesprochen schöne Form mit kalkweißer Rinde. Sie sollte mitten in einem Beet aus winterblühender Heide stehen. Die Chinesische Birke Betula albosinensis var. septentrionalis ♛ besitzt eine kupferrosa Rinde und wirkt besonders vor einer Buchenhecke, wenn sich die blassere Rinde gegen das Kastanienbraun des trockenen Buchenlaubs abzeichnet. Betula albosinensis ›Bowling Green‹ zeigt eine exquisite, honigfarbene, papierartig abblätternde Rinde, die sich leicht im Wind bewegt und in der Wintersonne leuchtet.

2 | Himalaja-Birke Betula utilis var. jacquemontii
3 | Chinesische Birke Betula albosinensis ›Bowling Green‹
4 | Die weiße, sich abschälende Rinde der Himalaja-Birke Betula utilis var. jacquemontii bildet einen schönen Kontrast zu den dunklen Ruten des Schwarzholz-Hartriegels Cornus alba ›Kesselringii‹.

Weitere Bäume mit attraktiver Rinde Ansehnlicher Ahorn Acer x conspicuum ›Phoenix‹ • Acer x conspicuum ›Silver Vein‹ • Erdbeerbaum Arbutus menziesii • Eukalyptus Eucalyptus dalrympleana • Wald-Kiefer Pinus sylvestris • Amur-Kirsche Prunus maackii • Grannen-Kirsche Prunus serrulata

Die Ermans Birke *Betula ermanii* ist vielleicht die Birke mit der verlockendsten Rinde. Sie ist cremeweiß, gelegentlich rosa überhaucht mit feinen, blassbraunen, schmalen Bandmarkierungen, die aus lockerem Korkgewebe bestehen und den Gasaustausch ermöglichen. Dazwischen ist die Rinde seidig glatt wie feinstes Handschuhleder.

Alle diese Birken können gruppenweise zu dritt oder in größerer Ansammlung gepflanzt werden, wenn genügend Platz vorhanden ist. In kleineren Gärten lässt sich ein junges Exemplar problemlos radikal zurückschneiden, möchte man einen strauchartig verzweigten Ausschlag an der Basis fördern, damit sich ein vielstämmiger Baum bildet. Alternativ kann man allerdings auch drei junge Exemplare in ein gemeinsames Pflanzloch setzen, was sich vielleicht als noch wirkungsvoller erweist. Jedenfalls pflanzt man sie alle am besten als junge Bäume, damit sie sich möglichst schnell aneinander gewöhnen. Einige der unteren Äste können im Frühwinter entfernt werden, um mehr Stammanlauf und die seitlichen Äste zur Geltung zu bringen. Gleichzeitig dünnt man damit auch die Krone des Baumes so weit aus, dass im Frühjahr und Sommer mehr Regen bis zum Boden durchdringen kann. Es mag verlockend sein, die weiße Rinde abzuschälen, doch es ist besser, man überlässt dies dem Wind. Diese Birken sind sehr frosthart und gedeihen prächtig auf fast jedem Boden. Zu lange und intensive Trockenperioden im Sommer allerdings können ihnen gefährlich werden. Der Davids Ahorn, auch Schlangenhaut-Ahorn genannt, hat wunderschöne, wie Schlangenhaut gemusterte Stämme. Die Form *Acer davidii* ›George Forrest‹ ♛ ist ein zierlicher Baum mit grüner, silbrig gestreifter Rinde, und der Schlangenhaut-Ahorn *Acer grosseri* var. *hersii* ♛ besitzt eine silbrig geäderte Rinde, die ein Zebramuster nachahmt. Der Streifen-Ahorn *Acer rufinerve* ♛ ist ein Ahorn mit besonders guter Wuchsform und ebenfalls sehr dekorativer Rinde. Die jungen Triebe erscheinen in einem bläulichen Grün, werden dann grünweiß gestreift, und die Blätter verfärben sich in einem leuchtenden Rot, bevor sie abgeworfen werden. Der Japanische Fächerahorn oder Korallen-Ahorn *Acer palmatum* ›Sango-kaku‹ ♛ (früher ›Senkaki‹) ist noch leuchtender in der Färbung, denn seine jungen Zweige zeigen ein schimmerndes Korallenrot, und der Zimt-Ahorn *Acer griseum* ♛ hat als reifer Baum eine Rinde, die sich papierartig abschält, wodurch das darunterliegende, junge, zimtfarbene Rindengewebe zum Vorschein kommt. Diese Ahorne sind normalerweise nur kleine Bäume, und viele können zurückgeschnitten werden, um einen strauchartigen Wuchs zu fördern, wodurch mehr Stämme mit schöner, farbiger Rinde entstehen. Ahorne gedeihen am besten auf frischen, neutralen bis sauren Böden in lichten Situationen.

Der schönste Vertreter der Amerikanischen Streifenahorne *Acer pensylvanicum* ♛ ist der *Acer pensylvanicum* ›Erythrocladum‹, dessen junge Triebe sich in einem ungewöhnlichen Hummerrot zeigen und sich mit zunehmendem Alter orangerot mit weißen Streifen verfärben. Besonders spektakulär ist sein Erscheinungsbild im Winter. Allerdings han-

---

5 | Ermans Birke *Betula ermanii*
6 | Schlangenhaut-Ahorn *Acer grosseri* var. *hersii*
7 | Zimt-Ahorn *Acer griseum*
8 | Bastard-Erdbeerbaum *Arbutus* x *andrachnoides*
9 | Schnee-Eukalyptus *Eucalyptus pauciflora* ssp. *niphophila*

delt es sich um einen ziemlich empfindlichen Baum, der Schutz, etwa durch andere Bäume, braucht. Am wirkungsvollsten ist er als Strauchform und im Einzelstand.

Es gibt auch einige wenige immergrüne Bäume, die aufgrund ihrer schönen Rinde gezogen werden. Obwohl sie ihre Blätter im Winter nicht abwerfen, bleiben ihre Stämme und Äste durch das verhältnismäßig transparente Laubkleid sichtbar. Der hübsche kleine Bastard-Erdbeerbaum *Arbutus* x *andrachnoides* ♀ besitzt eine intensiv orangerote, abblätternde Rinde, und die ähnliche Lumamyrte *Luma apiculata* ♀ hat eine zimtbraune, sich plattig abschälende Rinde. Die darunter zum Vorschein kommende junge Rindenschicht ist cremeweiß. Die Chinesische Silberkiefer *Pinus bungeana* mit hellgrauen Stämmen und abblätternder Rinde kam schon vor vielen Jahren aus China zu uns, wird selten gepflanzt, ist jedoch pflegeleicht. Sie ist langsamwüchsig und erreicht als Baum eine mittlere Höhe, wobei sie ihre Äste oft schon an der Basis austreibt. Beim Abblättern der Rinde entsteht ein Flickenmuster aus Grau, Purpur und Grün. Der Schnee-Eukalyptus *Eucalyptus pauciflora* ssp. *niphophila* ♀ kommt aus dem Hochgebirge der Snowy Mountains in Australien und hat sich in Großbritannien, aber auch in Mitteleuropa als frosthart erwiesen (Fuß vorsorglich mit Mulch abdecken). Er wächst langsam zu einem kleinen Baum mit attraktivem, grün, grau und cremeweiß gescheckten Stamm heran.

Stämme

Eine der wichtigsten Komponenten einer interessanten Textur im winterlichen Garten sind die Stämme und Zweige jener sommergrünen Hartriegelformen, die gleichzeitig die leuchtendsten Farben zu bieten haben. Werden die Pflanzen regelmäßig zurückgeschnitten, um den Neuaustrieb anzuregen, zeigen sich junge gelbe, orange, intensiv rote oder purpurschwarze Stämme und Ruten. Ist genügend Platz vorhanden für eine größere Gruppenpflanzung, ist die Wirkung geradezu umwerfend – besonders wenn sie aus einer weißen Schneedecke aufragen.

Die unterschiedlichen Zuchtformen des Weißen Hartriegels *Cornus sericea* (früher *stolonifera*) und des Tatarischen Hartriegels *Cornus alba* bedienen praktisch die gesamte Farbskala. Die beste Form mit dunkelroten Ruten ist *Cornus alba* ›Sibirica‹ ♀. Und der Weißbunte Hartriegel *Cornus alba* ›Elegantissima‹ ♀ hat nicht nur eine schöne rote Rinde im Winter, sondern auch hübsche, weiß gerandete Blätter

Begleitpflanzen für winterliche Stammformen

Der Tatarische Hartriegel *Cornus alba* ›Sibirica‹ ♀ mit der Japan-Segge *Carex morrowii* ›Fisher's Form‹ (A), *Cornus sericea* ›Budd's Yellow‹ und die Tangutische Himbeere *Rubus cockburnianus* (B), *Cornus sericea* ›Flaviramea‹ ♀ mit dem Pfeifengras *Molinia caerulea* ›Variegata‹ (C), und *Cornus alba* ›Elegantissima‹ ♀ mit der Schnee-Heide *Erica carnea* ›Springwood White‹ ♀ (D).

im Sommer. Der Gelbbunte Hartriegel *Cornus alba* ›Spaethii‹ ♛ wiederum treibt gold gerandete Blätter aus. Der Schwarzholz-Hartriegel *Cornus alba* ›Kesselringii‹ ♛ hat dunkelpurpurfarbene Ruten (siehe Seite 205) und sollte vor einen hellen Hintergrund gepflanzt werden, um zur Geltung zu kommen – vielleicht also in die Nähe gepflasterter Flächen oder in feuchten Kies. Zahlreiche Hartriegel haben auch eine gelbe Rinde: *Cornus sericea* ›Budd's Yellow‹ ist aufgrund seiner sattgelben Ruten einen Versuch wert, während die Ruten des beliebten *Cornus sericea* ›Flaviramea‹ ♛ von einem grün überhauchten Gelb sind, und *Cornus sericea* ›White Gold‹ ♛ besitzt hellgelbe Ruten und cremeweiß gerandetes Sommerlaub. Diese Sträucher sind allesamt starkwüchsig und neigen dazu, auf den feuchten Substraten, die sie vorziehen, regelrechte Dickichte zu bilden. Aus diesem Grund sind sie nur schwer in eine gemischte Rabatte zu integrieren. Sie sollten daher in naturnah belassene Teile des Gartens gepflanzt werden, wo man sie aus der Ferne sehen kann und wo ihre farbigen Ruten im Gegenlicht der tiefstehenden Wintersonne gut zur Geltung kommen. Sie gedeihen zwar durchaus auch im Schatten, wenn das Substrat nicht zu trocken ist, doch in diesem Fall geht ein Teil der Farbwirkung verloren. Der buntlaubige Italienische Aronstab *Arum italicum* ssp. *italicum* ›Marmoratum‹ ♛ mit seinen zauberhaft marmorierten Blättern ist ein ebenso guter Begleiter für den Winter wie Schneeglöckchen, Winterlinge und die Falsche Alraunwurzel *Tellima*.

Eine verhältnismäßig neue Erscheinung ist der Rote Hartriegel *Cornus sanguinea* ›Midwinter Fire‹. Er ist der spektakulärste Darsteller in diesem winterlichen Schauspiel: Es beginnt im Spätherbst, wenn sich sein Laub in Apricot- und Pfirsichtönen verfärbt, bevor er es abwirft und damit seine gelben Ruten in der Strauchmitte entblößt, die schließlich eine orangerote und hummerrote Färbung an den Spitzen annehmen. Dieser vitale Strauch kann im Frühjahr radikal geschnitten werden, um den jungen Austrieb zu fördern und möglicherweise die Form eines rundlichen Busches zu erzielen, die seinen Namen

---

10 | Der Hartriegel *Cornus sericea* ›Cardinal‹ ist von einem Horst der Palmwedel-Segge *Carex comans* ›Bronze‹ und den getrockneten Halmen des China-Schilfs *Miscanthus sinensis* dahinter umgeben.

11 | Roter Hartriegel *Cornus sanguinea* ›Midwinter Fire‹ und *Cornus sericea* ›Flaviramea‹ in Kombination mit dem Neuseeländer Flachs *Phormium* ›Yellow Wave‹

12 | Blasenspiere *Physocarpus opulifolius* ›Dart's Gold‹

Schnittmaßnahmen zur Förderung bunter Triebe beim Hartriegel

Um die farbigen Ruten der Hartriegelformen vorteilhaft zur Geltung zu bringen, muss die Pflanze Anfang Frühjahr zurückgeschnitten werden. Das ist viel verlangt, wenn der Strauch noch so attraktiv aussieht, doch wenn diese Maßnahme verpasst wird, produziert er eine große Menge dünner neuer Triebe, und die schöne Färbung geht verloren. Die beste Vorgehensweise besteht darin, ungefähr die Hälfte der Triebe alljährlich bis zur Basis einzukürzen und die andere Hälfe zu belassen, damit diese das Sommerlaub austreiben kann, das bei vielen Formen gelb oder cremeweiß panaschiert ist. Diese Triebe wiederum können dann im folgenden Jahr zurückgeschnitten werden. Kontrolliert man die Pflanze auf diese Weise, behält sie das ganze Jahr über ein schönes Erscheinungsbild.

während des Winters angemessen verkörpert. Er ist eine Züchtung aus dem in Großbritannien heimischen Hartriegel und toleriert trockene Böden besser als die meisten Hartriegelformen, doch wenn er sich einmal in einem Garten gut eingeführt hat, wuchert er rasch. Er sollte also mit Bedacht gesetzt werden. Häufig wird er mit dem ähnlichen *Cornus sanguinea* ›Winter Beauty‹ verwechselt, der weniger wüchsig ist und im Sommer Blätter von einem dunkleren Grün besitzt. *Cornus sericea* ›Cardinal‹ (siehe Seite 209) ist ein guter Ersatz für die beiden anderen Sorten des *Cornus sanguinea*. Er bildet kräftige, aufrechte Ruten in einem orange getönten Gelb aus, das zur Spitze hin dunkelrot wird.

Eine Vielzahl von Weiden *Salix* bildet ebenfalls farbige Stämme und Äste im Winter aus, darunter zum Beispiel die leuchtend gelbe Bunte oder Dotter-Weide *Salix alba* var. *vitellina* ♛ und die strahlend orangescharlachrote *Salix alba* var. *vitellina* ›Brit-

14

13

Winterpflanzen im Sommer

Bildet die Tangutische Himbeere *Rubus cockburnianus* ›Goldenvale‹ ❦ ein Gewirr aus bogig überhängenden Zweigen im Winter, so präsentiert sie sich im Sommer mit einer Fülle an hellgelben Blättern. Der schwarze, grasähnliche Schlangenbart *Ophiopogon planiscapus* ›Nigrescens‹ ❦ ist das ganze Jahr über eine bewährte Begleitpflanze.

zensis‹ ❦ (siehe Seite 170). Diese kann wie Hartriegel geschnitten werden, um einen bunten Neuaustrieb anzuregen.

Die Blasenspiere *Physocarpus opulifolius* ›Dart's Gold‹ ❦ ist ein kompakter Strauch mit bogenförmig überhängenden Zweigen, die an reifen Exemplaren eine fein abblätternde, braune Rinde zeigen, welche abgeworfen wird wie der Bast bei Rehböcken im Herbst. Sie besitzt darüber hinaus wunderschönes Sommerlaub in einem sanften Goldton, das in der Sonne nicht verbrennt. Obwohl Blasenspieren angeblich feuchten Boden benötigen, scheint diese Form fast überall zu gedeihen.

Unter den Gehölzen für den winterlichen Garten gehört die Tangutische Himbeere *Rubus cockburnianus* zu den Pflanzen mit reinweißen Zweigen. Allerdings erfordert es einigen Mut, sie zu pflanzen, denn sie hat den zweifelhaften Ruf, ein »Stacheldrahtgemüse« zu sein. Die Hybride *Rubus cockburnianus* ›Goldenvale‹ ❦ besitzt leuchtend goldgelbes, farnartiges Laub im Sommer und fällt etwas niedriger aus als die Art, wobei ihre stachelbewehrten, bogenförmig überhängenden Zweige gelegentlich 1,2 Meter lang werden. Die purpurfarbenen jungen Zweige sind weiß bereift, eine Eigenschaft, die mit zunehmendem Alter verschwindet, sodass sie regelmäßig zurückgeschnitten werden müssen (was keine angenehme Aufgabe ist). Eine spektakuläre Kombination wäre eine Unterpflanzung der Tangutischen Himbeere mit Horsten des schwarzen, grasähnlichen Schlangenbarts *Ophiopogon planiscapus* ›Nigrescens‹ ❦ (siehe oben).

In kleineren Gärten ist die Tibet-Himbeere *Rubus thibetanus* ❦ empfehlenswerter. Sie besitzt eine aufrechtere Wuchsform mit braunen Zweigen, an denen sich dicht an dicht blauweiße Blüten zeigen. Außerdem bildet sie weniger Stacheln aus. Die farnähnlichen Blätter sind zart silbrig gefärbt. Ernest Wilson hat sie 1904 aus China eingeführt, und sie erscheint gelegentlich unter der Bezeichnung *Rubus thibetanus* ›Silver Fern‹.

Die Korkenzieher-Hasel *Corylus avellana* ›Contorta‹ ist ebenfalls eine interessante Form mit gedrehten, biegsamen Zweigen und goldgelben Kätzchen im Spätwinter und Anfang Frühjahr. Sie wächst gut auf jedem Boden, sowohl in der Sonne als auch im Schatten, und bildet einen großen Strauch – obwohl das einige Zeit dauern kann. Entfernen Sie alle geraden, aufrechten Zweige an der Basis der Pflanze. Diese sind normalerweise Wurzelausläufer und nehmen schnell überhand. Das sommerliche Laub ist gekräuselt und unansehnlich, also alles andere als attraktiv. Jedenfalls ist diese Hasel nicht für den Vordergrund einer Rabatte geeignet.

---

13 | Korkenzieher-Hasel *Corylus avellana* ›Contorta‹
14 | Zieht man die Korkenzieher-Hasel *Corylus avellana* ›Contorta‹ in einem Topf, begrenzt man ihr Wachstum und bringt ihre bizarr gedrehten Zweige und Kätzchen vorteilhaft zur Geltung.

Weitere Pflanzen mit attraktiven winterlichen Stämmen Japanische Weinbeere *Rubus phoenicolasius* • Silber-Weide *Salix alba* ›Dart's Snake‹ • Reif-Weide *Salix daphnoides* • Locken-Weide *Salix erythroflexuosum* • Amerikanische Heidelbeere *Vaccinium corymbosum*

Bewegung

Nicht jede Bewegung im winterlichen Garten ist wünschenswert. Wenn sich Bäume und Sträucher im Sturm biegen und kleine Pflanzen vom Wind verweht werden, dann bereitet das mehr Sorge als Vergnügen. Dennoch führen einige Gräser und ganz sicher viele Bambusformen durch ihre schwankenden Halme und das raschelnde Laub eine zusätzliche Dimension in die Gartenszene ein. Dasselbe gilt für die Trauerformen von Bäumen, in deren hängenden Ästen sich der Wind fängt, und für die Ruten lichter immergrüner Sträucher, die sich in der geringsten Brise sanft wiegen. Rauschendes, gurgelndes Wasser und Vögel, die von Ast zu Ast flattern, gestalten einen Garten in jeder Jahreszeit noch lebendiger.

1

2

Es gibt kaum einen graziöseren Baum als die Hänge-Birke Betula pendula. Hoch gewachsen, licht und elegant, ist sie zierlich und vital zugleich. Sie wächst im Laufe der Jahre zu einem mittelhohen Baum heran, der zwar Höhe, aber kaum Masse zeigt. Die filigrane Aststruktur, die kaum Angriffsfläche bietet, scheint sich selbst im schwersten Sturm mühelos und sanft zu bewegen. Betula pendula ›Tristis‹ ♥ bildet mit ihren zahlreichen, schlanken, überhängenden Zweigen, die sich im Wind wiegen, eine graziöse, schlanke Trauerform. Die Trauerform der Zitterpappel Populus tremula ›Pendula‹ ist ebenfalls empfehlenswert. Sie ist im Spätwinter besonders attraktiv, wenn sie über und über mit langen, im Wind pendelnden, purpurgrauen Kätzchen behängt ist.

Wird er natürlich gezogen, ist der Eukalyptus der Birke in Form und Charakter sehr ähnlich – mit dem Unterschied, dass sein Laub immergrün ist. Obwohl sich die Blattoberflächen matt zeigen, ist ihre blaugrüne Färbung stark lichtreflektierend, sodass der ganze Baum förmlich zu schillern scheint, wenn eine leichte Brise das Laub in der Wintersonne bewegt. Zieht man ihn als Strauch, wird er auf Stock gesetzt, das heißt, man schneidet ihn alle zwei Jahre bis zur Basis zurück. Damit erzielt man hohe, gerade Schösslinge mit jugendlichem Laub, das normalerweise schöner ausfällt als das einer älteren, natürlich gezogenen Pflanze. Diese Triebe sind schnellwüchsig, biegsam und geschmeidig. Eucalyptus gunnii ♥ gehört zu den Formen, die sich am besten auf diese Art ziehen lassen. Sein jugendliches Laub ist silbrig blau und rundlich und steht an geraden, etwa zwei Meter hohen Zweigen.

Die Schmalblättrige Steinlinde Phillyrea angustifolia aus der Familie der Olivengewächse ist ein mittelgroßer, locker aufgebauter, immergrüner Strauch, der viel mehr zur Bewegung beiträgt als die meisten anderen gerüstbildenden Sträucher. Seine Zweige hängen bogenförmig über und werden durch die üppigen Massen schmaler dunkelgrüner Blätter niedergedrückt. Die Breitblättrige Steinlinde Phillyrea latifolia ist ähnlich, hat jedoch breitere Blätter. Die Zweige beider Arten glitzern anmutig im Wind.

Hohe Gräser wie das China-Schilf Miscanthus und das Reitgras Calamagrostis zeigen eine besondere

> **Vögel und Wasser**
>
> Vögel bringen ebenfalls Bewegung in einen Garten: der einzelne Vogel, der über uns hinweggleitet, das aufgeregte Geflatter einer kleinen Schar, die von Baum zu Baum fliegt, und das geschäftige Treiben von Laufvögeln, die nach Würmern picken und hier und da auf der Suche nach Fressbarem verrottetes Laub aufwühlen. Ein Wasserbecken auf der Terrasse zieht badende Vögel an, die sich Flügel schlagend, planschend und pfeifend vergnügen.

1, 2 | Die filigranen Äste der Hänge-Birke Betula pendula (1) und die zarten, papierfeinen Blätter und fedrigen Rispen des China-Schilfs Miscanthus (2) bieten im winterlichen Garten kaum je ein statisches Bild.

Bambus

Bambus hat den Ruf, unkontrolliert zu wuchern, doch die meisten horstbildenden Bambusformen können problemlos in Zaum gehalten werden, und ihre immergrünen Blätter sind im Winter eine willkommene Abwechslung.

Der Bambus *Fargesia murielae* ›Simba‹ ♀ ist verhältnismäßig klein, erreicht bestenfalls eine Höhe von zwei Metern und formt graziös überhängende Horste aus hellgrün belaubten Halmen. Er ist eine der besten Bambusformen für kleinere Gärten und lässt sich problemlos auch in einem großen Container ziehen. Bambusformen mit intensiv gelben Halmen machen sich besonders gut, und wenn das Platzangebot groß genug ist, empfehle ich den hohen, goldgelben *Phyllostachys vivax* f. *aureocaulis* ♀. Es handelt sich hierbei um einen horstbildenden Bambus, der die spekta-

kuläre Höhe von ungefähr sechs Metern erreichen kann. Aus diesem Grund sollte man ihn in Einzelstellung in eine Kies- oder Kieselfläche pflanzen. Schneidet man die unteren, stark belaubten Seitenhalme auf ungefähr zwei Meter zurück, kommen seine goldgelben Halme gut zur Geltung.

Der schwarze Bambus *Phyllostachys nigra* ♀ erreicht lediglich eine Höhe von dreieinhalb Metern. Er zeigt glänzende, bogig überhängende, ebenholzfarbene Halme, die besonders im Sonnenlicht wirken. Auch er ist ein horstbildender Bambus, der geteilt werden kann, sobald er zu umfangreich wird. Die jungen Halme sind grün und erzielen ihre volle schwarze Farbe erst im reifen Alter.

Thamnocalamus crassinodus ›Kew Beauty‹ ist ein zauberhafter Bambus mit zierlichen Blättern, die sich charmant im Wind bewegen. Er wird bis zu vier Meter hoch, seine Wuchsform ist bogig überhängend, die Halme sind in der Jugend blütenweiß und nehmen mit zunehmendem Alter eine graublaue Färbung an.

Sasa veitchii (oben und links) besitzt purpurfarbene Halme und winterliches Laub in einem strohgelb gestreiften Grün. Es handelt sich um einen ausgesprochen attraktiven Bambus, der zu einem niedrigen, dichten Dickicht heranwächst und sich vor allem für naturnah belassene Gartenteile eignet.

All diese Bambusformen sind frosthart und immergrün und gedeihen unter fast allen Bedingungen – außer im Sumpf. Sie sind allesamt schnellwüchsig. Um ein schönes Exemplar zu erhalten, ist es ratsam, die älteren Halme aus der Mitte zu entfernen, um Licht und Luft in den Horst zu lassen, und sämtliche neuen Schösslinge zu kappen, die außerhalb des Horstes erscheinen.

Bewegtes Wasser

Fließendes Wasser ist zu jeder Jahreszeit ein belebendes Element in einem Garten. Im Winter trägt die kalte Winterluft das Rauschen und Gurgeln weit, das in seiner kühlen Klarheit an den zarten Duft der Winterblüten erinnert. Da die Winter in vielen Gegenden milder werden, ist es möglich, Wasserelemente das ganze Jahr über in Betrieb zu halten. In kälteren Regionen mag es nötig sein, Brunnen abzuschalten und Wasserbecken auszulassen, um Frostschäden zu vermeiden.

Anmut, wenn sie sich im Wind bewegen. Allerdings sind sie im Spätwinter leicht zerzaust und niederliegend und müssen dann zurückgeschnitten und entsorgt werden. Die Halme des China-Schilfs bleiben länger attraktiv, wenn die Spitzen abgeschnitten werden, sobald die Blätter mitten im Winter zu fallen beginnen. Dann bleiben Horste aus pergamentfarbenen Gräsern übrig, die noch immer das Licht einfangen und dem winterlichen Garten eine anmutige Struktur verleihen.

Einige der kleineren Gräser sind haltbarer: Die bogenförmig überhängenden rostbraunen Halme und blasseren Samenköpfe des Japanwaldgrases *Hakconechloa macra* richten sich im Wind auf, und die blassstrohgelben Blüten des entzückenden kleinen Zarten Federgrases *Stipa tenuissima* schimmern in der sanftesten Brise (siehe auch Seiten 43-45).

Geschmack

Kräuter und Gemüse frisch aus dem Garten zu holen ist eine der schlichten Freuden des Lebens. Werden sie zum richtigen Zeitpunkt geerntet, ist ihr Geschmack mit nichts von alledem zu vergleichen, das in den Supermärkten angeboten wird. Bei vielen Kräuterpflanzen tragen die Blätter das charakteristische Aroma in sich und regen unseren Geruchs- und Geschmackssinn an. Diese Pflanzen sind das ganze Jahr über strukturgebende Elemente in einem Garten, ob sie nun in Töpfen in Hausnähe oder im eigentlichen Garten gezogen werden.

Kräuter für den Winter

Im Sommer können Kräuter praktisch überall im Garten wachsen, sodass man auf einem kleinen Spaziergang Fenchel oder Schnittlauch ernten kann. Im Winter jedoch müssen Kräuter in Töpfen oder Beeten am Haus gezogen werden, da es kein Vergnügen ist, durch strömenden Regen oder Sturm zu hasten, um an Gewürzkräuter oder Gemüse zu gelangen.

Lorbeer *Laurus nobilis* ist eine sehr vielseitige, immergrüne Pflanze. Man kann ihn als hohen, gerüstbildenden Strauch oder als Formschnitt ziehen. Darüber hinaus ist er ebenso ideal als Topfkultur in Hausnähe im Winter, wo er einen durchlässigen Boden und Schutz vor kalten Winden zu schätzen weiß. Die aromatisch duftenden dunkelgrünen Blätter werden seit Jahrhunderten verwendet, um süße und salzige Gerichte zu würzen. Das Aroma des Lorbeers ist ausgesprochen kräftig,

Wintergemüse

Für die frühen Cottage-Gärtner war der Garten auch Gemüselieferant im Winter, wenn auch die Auswahl an Wintergemüse damals eher karg war. Winterkohl gehörte schon seit ewigen Zeiten zu den Unentwegten, und es gab immer Kräuter wie Thymian und Salbei, die für die Würze der Mahlzeiten von großer Bedeutung waren. Außerdem hatte man das Wurzelgemüse, das ausgegraben und in Mieten eingelagert werden konnte, und gewöhnlich gab es auch einen Lorbeerbaum – seine Blätter nutzte man ebenfalls als Gewürz sowie als immergrüne Abwechslung im Garten.

Heutzutage steht uns eine weitaus größere und attraktivere Auswahl an Wintergemüse zur Verfügung, möchten wir unser eigenes Gemüse anpflanzen – obwohl die meisten von uns sich leider doch auf die Angebote der Supermärkte verlassen, die in jeder Jahreszeit Produkte aus aller Welt feilbieten. In modernen Gärten ist Porree oder Winterlauch (rechts) ein gutes altbewährtes, frosthartes Gemüse, und eine Reihe Winterlauch kann uns den ganzen Winter über Mahlzeiten liefern. Die Sorte *Allium porrum* ›Toledo‹ ist ein besonderer Favorit mit langen Stängeln. Ein weiterer altgedienter Leckerbissen ist der purpurgetönte *Broccoli* ›Purple Sprouting‹, eine frostharte Kohlart, die jedes Winterwetter aushält und noch im Spätwinter über mehrere Wochen eine Folge wohlschmeckender Blütenköpfe produziert. Die Sorte ›Rudolf‹ ist äußerst vital, braucht jedoch einen Boden mit hohem organischen Anteil. Pastinaken *Pastinaca* können bei mildem Wetter ausgegraben werden. Hier ist die Sorte ›Gladiator‹ eine Empfehlung wert. Sie sollte noch im jungen Zustand geerntet werden, da sie dann einfach unvergleichlich köstlich schmeckt.

Es gibt mehrere Weißkohlarten, die es mit dem Winter aufnehmen, und schon die Sortennamen wie ›Tundra‹, ›Siberia‹ und ›Alaska‹ weisen auf ihre Wintertauglichkeit hin. Auch die Wirsingsorten sind mit ihren dunkelblaugrünen, gekräuselten Blättern und der ausgeprägten Nervatur schon rein äußerlich attraktiv. Bei der Sorte ›January King‹ sind die Blätter rosa überhaucht. Der Rosenkohl ›Revenge‹ reift extra zum Weihnachtsfest und kann bis in den Spätwinter hinein geerntet werden. Die Sorte ›Millennium‹ hat einen ausgezeichneten Geschmack.

Mit dem wachsenden Interesse nicht nur am Geschmack, sondern auch an den dekorativen Eigenschaften von Gemüse ist besonders der Grünkohl ›Nero di Toscana Precoce‹ für eine winterliche Ernte sehr beliebt geworden. Seine langen, gekräuselten dunkelgrünen Blätter muten im Garten beinahe

sodass selbst eine kleine Pflanze ausreichend Gewürz für viele Suppen, Eintöpfe und Marinaden liefert. Ich rate, Lorbeer mit der goldblättrigen Form des Wilden Majorans Origanum vulgare ›Aureum‹ ♆ und dem hübschen gold panaschierten Thymian Thymus ›Doone Valley‹ zu unterpflanzen. Damit haben Sie alle Zutaten für Ihr eigenes frisches »Bouquet garni« in einem Topf beisammen.

Petersilie Petroselinum crispum kann ebenfalls in einem großen Container neben der Küchentür, an einen leicht beschatteten oder sonnigen Platz gepflanzt werden. Damit ist sie jederzeit im Winter von der Küche aus erreichbar. Ältere Pflanzen verlieren irgendwann ihre Vitalität und müssen von

1 | Petersilie und Salbei sind wichtige Kräuter für ein sonniges Beet in Hausnähe.

schwarz an, und sein Geschmack ist kräftig und köstlich – eine ausgezeichnete Zutat für winterliche Eintöpfe. Der dekorative Mangold ›Bright Lights‹ bringt im Frühwinter mehr Farbe in Gemüsegärten oder Blumenbeete. Die langen, fleischigen Blattstängel sind entweder kirschrot, leuchtend orange oder neongelb und kontrastieren damit auffällig mit den grünen, spinatähnlichen Blättern.

Auch Pflück- und Schnittsalatsorten können im Winter im Freien ausgesät werden. Sie treiben schließlich im Frühling ihre frischen Blätter aus, die für die Küche geerntet werden können. Allerdings erscheint es mir doch ratsam, sie unter Glas zu schützen. Sowohl die Sorte ›Winter Density‹ als auch ›Wonder of Winter‹ sind hierfür geeignet.

Rhabarber Rheum rhabarbarum treibt man in speziell dafür ausgelegten Töpfen vor, um die saftigen Stängel schon sehr früh im Jahr zu ernten. Viele Jahre lang hat die Gärtnerei »Blooms of Bressingham« in Norfolk die Züchtung ›Grandad's Favourite‹ vertrieben, die der verstorbene Alan Bloom als den frühen Rhabarber mit dem besten Geschmack und der kräftigsten roten Farbe ausgewählt hatte. Leider ist die Sorte heute kaum noch erhältlich. Rheum x hybridum ›Timperley Early‹ ♆ und ›Victoria‹ sind leichter zu finden.

Zeit zu Zeit durch junge ersetzt werden. Allerdings ist es nicht nötig, Petersilie als Monokultur zu pflanzen: Ist der Topf groß genug, bildet Petersilie eine hübsche, gekräuselte Manschette um eine zarte, sommerblühende *Clematis*, wie zum Beispiel *Clematis florida* var. *sieboldiana*.

Thymian *Thymus vulgaris* ist eine gute Kräuterpflanze für den Winter und gedeiht in einem flachen Terrakottatopf in der prallen Sonne. Durch regelmäßigen Schnitt hält man die Pflanze jung und gut in Form. Die reingrüne Form wird im Allgemeinen in der Küche verwendet, doch auch einige der panaschierten Sorten sind ebenso wirksam und ausgesprochen attraktiv. *Thymus vulgaris* ›Silver Posie‹ mit silbrig gerandeten graugrünen Blättern und *Thymus* ›Doone Valley‹ mit dunkelgrünem, unregelmäßig gold eingesprenkeltem Laub sind Varietäten, die auch im nasskalten Winterwetter bestehen.

Rosmarin *Rosmarinus officinalis* andererseits sollte lieber in einer Rabatte gezogen werden. Er gedeiht bei gut durchlüfteten, sonnigen Bedingungen und toleriert daher einen trockenen Platz in Hausnähe. *Rosmarinus officinalis* ›Miss Jessopp's Upright‹ ♛ ist die Form, die man am häufigsten sieht. Sie hat eine hübsche, säulenähnliche Wuchsform, stark duftende und würzige Blätter.

Der purpurfarbene Salbei *Salvia officinalis* ›Purpurascens‹ ♛ ist ein wesentliches Element sonniger Rabatten, sodass es stets genügend Pflanzen auch für kulinarische Zwecke geben sollte. Die mattpurpurfarbenen Blätter wirken besonders attraktiv, wenn ihre Ränder frostbereift sind. Ein Schnitt im Frühjahr hält den Busch in Form. Es gibt auch goldbunte Salbeisorten. *Salvia officinalis* ›Icterina‹ ♛ wird gern gepflanzt und hat graugrüne, goldgerandete Blätter. Der frostempfindlichere *Salvia officinalis* ›Tricolor‹ mit rosa und elfenbeinweiß gesprenkelten Blättern wird am besten im Topf gezogen.

Wilden Majoran oder Oregano gibt es ebenfalls in unterschiedlichen Laubfarben. Sie variieren vom einfarbigen Grün des *Origanum vulgare* bis zur leuchtend goldenen Sorte *Origanum vulgare* ›Aureum‹ ♛ und der deutlich cremeweiß panaschierten Züchtung *Origanum vulgare* ›Polyphant‹. Ziehen Sie diese Majoransorten an einem sonnigen Platz, in einem Beet, einer Rabatte oder in Töpfen. Alle sollten unbedingt im Herbst bis zur Basis zurückgeschnitten werden.

---

2 | Echter Thymian *Thymus vulgaris* ›Silver Posie‹
3 | Gold-Majoran *Origanum vulgare* ›Aureum‹
4 | Lorbeer *Laurus nobilis*
5 | Weißbunter Majoran *Origanum vulgare* ›Polyphant‹
6 | Rosmarin *Rosmarinus officinalis*

Empfehlungen der Autorin:
Schöne Winterbilder

Nachfolgend erscheint eine Liste der Pflanzen, die sich im Garten der Autorin von White Windows in Longparish, Hampshire, als ausgesprochen zuverlässig erwiesen haben. Sie tragen sämtlich dazu bei, auch während der Wintermonate die Gartenszene bunter und interessanter zu gestalten. Die viel geliebten und gehüteten Schneeglöckchen, Christrosen, Winterlinge und Alpenveilchen verdienen aufgrund ihrer mutigen und großartigen Blüte während der harschen Jahreszeit die größte Bewunderung. Die immergrünen Sträucher und Stauden sind zu jeder Jahreszeit unersetzlich, sorgen jedoch besonders im Winter mit ihrem bunten, glänzenden Laub für Farbe im Garten.

Die Tibetanische Bergkirsche *Prunus serrula* ist im Winter ein zentraler Akzent im Garten von White Windows.

Unterpflanzung von Bäumen mit attraktiver Rinde

Die Tibetanische Bergkirsche *Prunus serrula* ♛ (siehe Seite 203): sommergrüne Zierkirsche mit weidenähnlichen Blättern und weißen Blüten im Frühjahr. Herrliche mahagonibraune, glänzende Rinde.

Himalaja-Birke *Betula utilis* var. *jacquemontii* ♛ (Seite 205): sommergrüner Baum, das ganze Jahr über mit weißer Rinde, im Winter besonders auffällig. Guter Blickfang.

Palmwedel-Segge *Carex comans* ›Bronze‹ (Seite 44): wintergrüne Segge mit schönen Blättern in einem blassen Bronzeton, der zur Spitze hin pergamentfarben verblasst. Ungeeignet für sehr trockene Substrate.

Winterling *Eranthis hyemalis* ♛ (Seite 88): Knollenpflanze mit leuchtend gelben Blüten, zeigt sich ab Wintermitte. Gedeiht prächtig in frischer Erde im Halbschatten. Zieht nach der Blüte ein.

x *Heucherella* ›Quicksilver‹ (Seite 84): immergrüne Staude mit dunkelweinroten, silber überhauchten und silbrig gerandeten Blättern. Gedeiht vorzugsweise im Schatten.

Italienischer Aronstab *Arum italicum* ssp. *italicum* ›Marmoratum‹ ♛ (Seite 131): mehrjährige Staude. Die marmorierten, pfeilförmigen Blätter erscheinen im Winter und halten bis zum Spätfrühling. Der Kolben trägt rote Beeren im Herbst.

Bunte Frühlings-Schneerose *Helleborus* x *hybridus* (weiß, cremefarben oder rosa) (Seite 99): halbwintergrüne Stauden mit nickenden Blüten im Spätwinter und Frühling.

Schneeglöckchen *Galanthus nivalis* ♛ (Seite 95): Zwiebelpflanze mit grün gemusterten weißen Blüten im Spätwinter. Zieht Schatten vor. Für eine erfolgreiche Blüte sollten sie nach der Blüte umgesetzt werden.

Für den Schatten oder Halbschatten

Stachelblättrige Duftblüte *Osmanthus heterophyllus* ›Variegatus‹ ♛ (Seite 70): kompakter immergrüner Strauch. Kleines, stechpalmenähnliches Laub in weiß gerandetem Dunkelgrün. Winzige, duftende Blüten im Herbst.

Bergenie *Bergenia* ›Bressingham Ruby‹ (Seite 77): wintergrüne Staude mit glänzenden grünen Blättern, dunkelmahagonibraun im Winter. Sattpurpurrote Blüten Anfang Frühjahr.

Skimmie *Skimmia japonica* ›Rubella‹ ♛ (Seite 69): immergrüner Strauch mit roten Knospen im Winter, die sich im Frühjahr zu duftenden cremerosa Blüten öffnen.

Elfenblume *Epimedium* x *rubrum* ♛ (Seite 79): wintergrüne Staude. Kupferfarbene junge Blätter, älteres Laub kupferrot im Winter. Winzige rote und gelbe Blüten im Frühjahr.

Falsche Alraunwurzel *Tellima grandiflora* Rubra-Gruppe (Seite 143): immergrüne Staude mit grünem Laub, das sich im Winter rot verfärbt. Kleine grünlich weiße Blüten im Frühsommer.

Schneeglöckchen *Galanthus* ›S. Arnott‹ ♛ (Seite 96): Zwiebelpflanze mit relativ großen, angenehm duftenden, weißen Blüten an schlanken Stängeln im Spätwinter. Schönes Laub.

Für den Schatten oder Halbschatten an Mauern und Zäunen

 Kaukasus-Efeu *Hedera colchica* ›Sulphur Heart‹ ♀ (Seite 137): immergrüne Kletterpflanze. Große, glänzende, dunkelgrüne Blätter, hellgrün und gold gemustert. Auch gut als Bodendecker.

 Hirschzungen-Farn *Asplenium scolopendrium* ♀ (Seite 123): wintergrüner Farn mit langen, zungenförmigen, leuchtend hellgrünen Farnwedeln in trichterartigen Rosetten.

 Fleischbeere *Sarcococca hookeriana* var. *digyna* ♀ (Seite 201): immergrüner Strauch mit schmalen Blättern an dunklen, aufrechten Zweigen. Zierliche, leicht rosa Blüten im Winter. Stark duftend.

 Zwerg-Narzisse *Narcissus* ›Tête-à-tête‹ ♀ (Seite 91): Zwiebelpflanze mit kurzen, gedrungenen Stängeln, an denen jeweils zwei oder drei gelbe Blüten im Spätwinter erscheinen. Pflegeleicht und zuverlässig.

 Spindelstrauch *Euonymus fortunei* ›Emerald 'n' Gold‹ ♀ (Seite 135): immergrüner Strauch mit schmalen, grün und golden panaschierten Blättern an lockeren, ausladenden Zweigen. Problemlos und leicht zu ziehen.

 Kriechender Günsel *Ajuga reptans* ›Atropurpurea‹ (Seite 143): immergrüne Staude mit gewellten und gekräuselten, glänzenden dunkelpurpurfarbenen Blättern. Saphirblaue Blütenkerzen im Frühjahr.

Winterlaub für sonnige Standorte

 Kohuhu *Pittosporum tenuifolium* ›Irene Paterson‹ ♀ (Seite 126): immergrüner Strauch mit kleinen, gewellten, blassgrünen und cremeweiß panaschierten Blättern an dunklen Zweigen. Langsamwüchsig.

 Zartes Federgras *Stipa tenuissima* (Seite 43): wintergrünes Gras mit haarfeinen Blättern in einem sanften, gold überhauchten Grün. Versamt sich großzügig auf leichten Böden.

 Das Strauchige Kreuzkraut *Brachyglottis* ›Sunshine‹ ♀ (Seite 146): immergrüner Strauch mit graugrünem, samtig behaartem Laub an grauen Zweigen. Frosthart. Für eine gute Winterbelaubung im Sommer zurückschneiden.

 Schlangenbart *Ophiopogon planiscapus* ›Nigrescens‹ ♀ (Seite 143): wintergrüne Staude mit frappierend schwarzen, pfriemendünnen Blättern. Bildet Horste aus kriechenden Rhizomen.

 Wolfsmilch *Euphorbia* BLACKBIRD (›Nothowlee‹) (Seite 185): immergrüne Staude mit rotschwarzen Blättern an fleischigen, aufrechten Stängeln. Limonengrüne Blüten Anfang Frühjahr.

 Vorfrühlings-Alpenveilchen *Cyclamen coum* ♀ (Seite 88): Knollenpflanze mit hübschen silbern und grün marmorierten Blättern. Zarte Blüten in Weiß bis Magenta ab Wintermitte. Zieht nach der Blüte ein.

Winterblüten und Laub für sonnige Standorte

Palisaden-Wolfsmilch *Euphorbia characias* SILVER SWAN (›Wilcott‹) (Seite 128): wintergrüne, aufrechte Staude mit weiß gestreiften, grünen Blättern und weißen und grünen Blüten im Frühjahr.

Australisches Feuergras *Uncinia rubra* (Seite 44): wintergrüne Segge, bildet niedrige, rundliche Horste aus glänzenden, spitz zulaufenden Blättern aus, die sich im Winter rötlich bronzefarben verfärben.

Kohuhu *Pittosporum tenuifolium* ›Tom Thumb‹ ♛ (Seite 141): kompakter immergrüner Zwergstrauch mit gewellten, glänzenden, grünen Blättern, die sich dunkel purpurn und weinrot verfärben.

Bergenie *Bergenia* ›Eric Smith‹ (Seite 78): wintergrüne Staude mit großen, ledrigen, glänzenden Blättern, die im Winter bronzerot werden. Dunkelpinkfarbene Blüten erscheinen Anfang des Frühjahrs.

Bunte Frühlings-Schneerose *Helleborus x hybridus* (weiß oder cremefarben) (Seite 99): horstbildende, halbwintergrüne Staude mit nickenden Blüten im Spätwinter und Anfang Frühling.

Purpurglöckchen *Heuchera* ›Plum Pudding‹ (Seite 83): wintergrüne Staude. Purpurweinrotes Laub mit silbrigem Überzug an langen Schäften. Kleine cremefarbene Blüten im Sommer.

Register*

A
Abelie *Abelia* x *grandiflora* 34
Abendländischer Lebensbaum *Thuja occidentalis*
 ›Rheingold‹ 73
Alexandrinischer Lorbeer *Danae racemosa* 67
Alpenveilchen 79, 182
Arizona-Zypresse *Cupressus arizonica* var.
 glabra ›Blue Ice‹ 73, 148
Art 29
Äste 23
Astelie *Astelia chathamica* 74, 185
Australisches Feuergras *Uncinia rubra* 44, 138

B
Balearen-Pfingstrose *Paeonia cambessedesii* 39
Bambus 214
Bambus *Pleioblastus auricomus* 135
Bastard-Erdbeerbaum *Arbutus* x *andrachnoides* 206
Bäume 34
Becherkätzchen *Garrya elliptica*
 ›James Roof‹ 112
Becherkätzchen *Garrya* x *issaquahensis*
 ›Glasnevin Wine‹ 174
Bergenie 19, 77
Bergenie *Bergenia* ›Bressingham Ruby« 79
Bergenie *Bergenia* ›Eric Smith‹ 79
Bergeniensterben 59
Berg-Kiefer *Pinus mugo* ›Winter Gold‹ 73
Berg-Kronwicke *Coronilla valentina* ssp.
 glauca ›Citrina‹ 176
Besenheide *Calluna vulgaris* ›Ariadne‹ 138
Birke 159
Blasenspiere *Physocarpus opulifolius*
 ›Dart's Gold‹ 209
Blaue Stechpalme *Ilex* x *meserveae*
 BLUE PRINCE 148
Blaues Pfeifengras *Molinia caerulea*
 ›Variegata‹ 44
Blauraute *Perovskia* 28
Blumenbeete 55
Blut-Johannisbeere *Ribes sanguineum* 47
Blut-Johannisbeere *Ribes sanguineum*
 WHITE ICICLE (›Ubric‹) 153
Bodendecker 72, 122, 140
Botanische Namen 31

Brandkraut *Phlomis* 25, 41
Brandkraut *Phlomis fruticosa* 165
Brandkraut *Phlomis italica* 144
Brandkraut *Phlomis tuberosa* ›Amazone‹ 42
Breitblatt *Grisellinia littoralis* 118
Buche 19
Buchenhecke 190
Buchsbaum *Buxus sempervirens* 64, 228
Buchsbaum *Buxus sempervirens*
 ›Elegantissima‹ 185
Buchsbaum *Buxus sempervirens*
 ›Suffruticosa‹ 64, 120
Buchstriebsterben 64
Bunte Frühlings-Schneerose *Helleborus* x
 hybridus 2, 97, 99
Bunte Weide *Salix alba* var. *vitellina*
 ›Britzensis‹ 170
Buntes Laub 130

C
China-Schilf *Miscanthus* 7, 195, 203, 213
China-Schilf *Miscanthus sinensis* 188, 209
China-Schilf *Miscanthus sinensis*
 ›Variegatus‹ 44
Chinesische Birke *Betula albosinensis*
 ›Bowling Green‹ 205
Chinesische Winterblüte *Chimonanthus praecox*
 ›Luteus‹ 192
Chinesischer Liguster *Ligustrum lucidum* 120
Christrose *Helleborus* 53, 97
Christrose *Helleborus niger* 31, 101, 180
Cornus sericea ›Flaviramea‹ 209

D
Davids Schneeball *Viburnum davidii* 69
Diamantgras *Calamagrostis brachytricha* 42
Drachenweide *Salix udensis* ›Sekka‹ 115
Duftblüte *Osmanthus* x *burkwoodii* 120
Duftender Seidelbast *Daphne odora*
 ›Aureomarginata‹ 192
Duftendes Laub 194
Duftsträucher 192

E
Echter Lorbeerbaum *Laurus nobilis* ›Aurea‹ 132
Echter Thymian *Thymus vulgaris*
 ›Silver Posie‹ 218
Edgeworthie *Edgeworthia chrysantha* 195
Edgeworthie *Edgeworthia chrysantha*
 ›Red Dragon‹ 195
Efeu 65, 66

---

* Das Register bezieht sich im Wesentlichen auf die in den Abbildungen dargestellten Pflanzen sowie auf allgemeine Begriffe der Kultivierung von Winterpflanzen.

Efeu *Hedera helix* ›Goldchild‹ 135
Efeublättriges Alpenveilchen *Cyclamen hederifolium* 88
Efeublättriges Alpenveilchen *Cyclamen hederifolium* ›Silver Cloud‹ 147
Eibe 72, 121
Elfenblume *Epimedium* x *rubrum* 79
Elfenblume *Epimedium* x *versicolor* ›Neosulphureum‹ 79
Elfen-Krokus *Crocus tommasinianus* 87, 91
Elfen-Krokus *Crocus tommasinianus* ›Ruby Giant‹ 92
Elfen-Krokus *Crocus tommasinianus* ›Whitewell Purple‹ 91
Erdbeerbaum *Arbutus* x *andrachnoides* 109
Ermans Birke *Betula ermanii* 206
Euonymus japonicus ›Chollipo‹ 162

F

Fächer-Zwerg-Mispel *Cotoneaster horizontalis* 174
Falsche Alraunwurzel *Tellima grandiflora* 84, 85
Farn 123
x *Fatshedera lizei* 176
Fetthenne 187
Fetthenne *Sedum* ›Herbstfreude‹ 33
Feuerdorn *Pyracantha* ›Orange Glow‹ 174
Fingerkraut 50
Fleischbeere *Sarcococca hookeriana* var. *digyna* 202
Fleischbeere *Sarcococca ruscifolia* 172
Fluss-Birke *Betula nigra* 168
Formale Gärten 14
Früchte 37, 41
Frucht-Zwerg-Mispel *Cotoneaster franchetii* 153
Frühblühende Schweifähre *Stachyurus praecox* 48
Frühlingsblüher 109
Frühlings-Christrose *Helleborus orientalis* 189
Frühlingsstern *Ipheion* ›Alberto Costillo‹ 92
Frühlingsstern *Ipheion uniflorum* ›Wisley Blue‹ 92
Fuchsrote Segge *Carex buchananii* 138
Fünfblättrige Zahnwurz *Cardamine quinquefolia* 48
Funkie *Hosta* 53

G

Galanthus 29
Gattung 29
Gebinde 23
Gefleckte Taubnessel *Lamium maculatum* ›White Nancy‹ 85, 129
Gehörnte Stechpalme *Ilex cornuta* 185
Geißblatt *Lonicera* x *purpusii* ›Winter Beauty‹ 201
Gelbfruchtige Stechpalme *Ilex aquifolium* ›Bacciflava‹ 62

Gelblicher Strauch-Ehrenpreis *Hebe ochracea* ›James Stirling‹ 132
Gemeine Eibe *Taxus baccata* 122
Gemeine Stechpalme *Ilex aquifolium* ›Ferox Argentea‹ 127
Gemüseartischocke *Cynara cardunculus* 144
Gestielter Ehrenpreis *Veronica peduncularis* ›Georgia Blue‹ 48
Gewöhnliche Sternhyazinthe *Chionodoxa luciliae* 92
Glanzmispel *Photinia* x *fraseri* ›Red Robin‹ 162
Goldene Zwerg-Stechpalme *Ilex crenata* ›Golden Gem‹ 62, 132
Goldkolben *Ligularia dentata* ›Britt-Marie Crawford‹ 53
Gold-Majoran *Origanum vulgare* ›Aureum‹ 218
Goldorange *Aucuba japonica* ›Crotonifolia‹ 162
Gräser 19, 43, 49, 148, 159, 182
Graue Wolfsmilch *Euphorbia myrsinites* 81
Großblättrige Stechpalme *Ilex* x *altaclerensis* ›Golden King‹ 136
Großblütige Falsche Alraunwurzel *Tellima grandiflora* 117
Großblütige Tellima *Tellima grandiflora* 143
Große Hainsimse *Luzula sylvatica* ›Aurea‹ 134

H

Hainbuche *Carpinus betulus* 138
Hänge-Birke *Betula pendula* 167, 213
Hartriegel *Cornus* 28, 210
Hartriegel *Cornus sericea* ›Cardinal‹ 209
Haselwurz *Asarum europaeum* 79
Hecken-Nieswurz *Helleborus dumetorum* 102
Heidekraut 14, 102, 111, 161
Heidepflanzungen 112
Heiligenkraut *Santolina chamaecyparissus* 167
Heucherella 84
Himalaja-Birke 51, 205
Himalaja-Birke *Betula utilis* var. *jacquemontii* 50, 205
Hyazinthen 95
Hybriden 30

I

Igel-Stechpalme *Ilex aquifolium* ›Ferox‹ 62
Immergrün *Vinca minor* ›Illumination‹ 136
Immergrüne Bodendecker 122
Immergrüne Gehölze 49, 118
Immergrüne Magnolie *Magnolia grandiflora* 154
Immergrüne Stauden 182
Immergrüner Feuerdorn *Pyracantha* ›Orange Glow‹ 37
Immergrüner Spindelstrauch *Euonymus fortunei* ›Emerald Gaiety‹ 125

Italienische Strohblume *Helichrysum italicum*
›Korma‹ 144
Italienischer Aronstab 85
Italienischer Aronstab *Arum italicum* ssp. *Italicum*
›Marmoratum‹ 39, 107, 117, 131

J
Japanische Aprikose *Prunus mume*
›Beni-chidori‹ 107
Japanische Goldorange *Aucuba japonica*
›Pepperpot‹ 136
Japanische Mahonie *Mahonia japonica* 201
Japanische Pachysandra *Pachysandra terminalis* 172
Japanische Sicheltanne *Cryptomeria japonica* 73
Japanischer Spierstrauch *Spiraea japonica*
›Goldflame‹ 47
Japanischer Weißglockenstrauch *Pieris japonica*
›Christmas Cheer‹ 115
Japanischer Weißglockenstrauch *Pieris japonica*
›Little Heath‹ 127, 159
Japanwaldgras *Hakonechloa macra*
›Aureola‹ 138
Jesso-Seidelbast *Daphne jezoensis* 192

K
Kamelie *Camellia* ›Cornish Snow‹ 156
Kamelie *Camellia japonica* ›Nobilissima‹ 13
Kamelie *Camellia sasanqua* ›Crimson King‹ 156
Kamelie *Camellia* x *williamsii* ›Saint Ewe‹ 155
Kanarischer Efeu *Hedera canariensis*
›Gloire de Marengo‹ 127
Karamell-Beere *Leycesteria formosa* 153
Karnevals-Primel *Primula vulgaris* ssp.
sibthorpii 105
Kaukasus-Pfingstrose *Paeonia mlokose-witschii* 48
Kaukasus-Vergissmeinnicht *Brunnera* 53
Keulenlilie 76
Keulenlilie *Cordyline australis* 74
Keulenlilie *Cordyline australis* ›Torbay Dazzler‹ 74
Keulenlilie *Cordyline australis* ›Torbay Red‹ 74
Kirschlorbeer *Prunus laurocerasus*
›Otto Luyken‹ 118, 167
Kirschlorbeer *Prunus laurocerasus* ETNA
(›Anbri‹) 118
Kissen-Primel *Primula vulgaris* 48
Klebsame *Pittosporum* ›Garnettii‹ 127
Kleines Immergrün *Vinca minor*
›Illumination‹ 8, 70
Kletternder Spindelstrauch *Euonymus fortunei*
›Emerald 'n' Gold‹ 49, 50
Kletterpflanzen 178
Kohuhu *Pittosporum tenuifolium*
›Irene Paterson‹ 127
Kohuhu *Pittosporum tenuifolium*
›Tom Thumb‹ 143
Kohuhu *Pittosporum tenuifolium*
›Warnham Gold‹ 134
Kolchischer Efeu *Hedera colchica*
›Sulphur Heart‹ 176
Kompost 25
Koniferen 72, 121, 134, 140
Korkenzieher-Hasel *Corylus avellana*
›Contorta‹ 23, 211
Kornelkirsche *Cornus mas* 109
Korsische Nieswurz *Helleborus argutifolius* 61, 79, 100
Kränze 23
Kräuter 216
Kretische Schwertlilie *Iris unguicularis* 164
Kretische Schwertlilien-Hybride *Iris unguicularis*
›Mary Barnard‹ 103
Kretische Schwertlilien-Hybride *Iris unguicularis*
›Walter Butt‹ 103
Kriechender Günsel *Ajuga reptans*
›Atropurpurea‹ 143, 180
Krokus 92
Krokus *Crocus sieberi* ›Albus‹ 91

L
Laub 24
Lavendel *Lavandula* x *chaytorae* ›Sawyers‹ 167
Lichtnelke *Lychnis* 50
Locken-Weide *Salix* ›Erythroflexuosa‹ 168
Lorbeer *Laurus nobilis* 218
Lorbeerblättrige Johannisbeere
Ribes laurifolium 153
Lorbeer-Schneeball *Viburnum tinus* 112
Lorbeer-Schneeball *Viburnum tinus*
›Gwenllian‹ 112
Lorbeer-Seidelbast *Daphne laureola* 172
Lungenkraut *Pulmonaria rubra* var.
albocorollata 105

M
Mahagoni-Kirsche *Prunus serrula* 203
Mahonie 68
Mahonie *Mahonia aquifolium*
›Atropurpurea‹ 143
Mahonie *Mahonia* x *media* ›Charity‹ 172
Mahonie *Mahonia* x *media* ›Winter Sun‹ 201, 228
Majoran *Origanum vulgare* ›Polyphant‹ 85
Mandelblättrige Wolfsmilch *Euphorbia amygdaloides* ›Purpurea‹ 81
März-Kirsche *Prunus incisa* ›Praecox‹ 2, 109
Mäusedorn *Ruscus aculeatus* 67
Milch-Fleckdistel *Galactites tomentosa* 131
Mistel *Viscum album* 22
Mistelzweige 22

Morgenländischer Lebensbaum *Platycladus orientalis* ›Aurea Nana‹ 132
Moschusrose *Rosa* ›Felicia‹ 59
Mulchen 25
Muschel-Scheinzypresse *Chamaecyparis obtusa* ›Nana Gracilis‹ 122

N
Nadelbäume 14
Namensänderungen 30
Nelke *Dianthus* 164
Nelkenlaub 79
Netzblatt-Schwertlilie *Iris reticulata* 91
Neuseeländer Flachs *Phormium* ›Bronze Baby‹ 74
Neuseeländer Flachs *Phormium* ›Yellow Wave‹ 209
Neuseeländer Flachs *Phormium tenax* ›Variegatum‹ 74
Neuseeland-Iris *Libertia peregrinans* 167
Neuseeland-Segge *Carex comans* ›Bronze‹ 44
Neuseeland-Windgras *Anemanthele lessoniana* 44
Nieswurz-Hybride *Helleborus* x *ericsmithii* 103

O
Ölweiden 137
Orangenblüte *Choisya* GOLDFINGERS (›Limo‹) 132
Orangenblüte *Choisya ternata* 118
Orangenblüte *Choisya ternata* SUNDANCE (›Lich‹) 132
Orientalische Christrose 91

P
Palisaden-Wolfsmilch *Euphorbia characias* 81
Palisaden-Wolfsmilch *Euphorbia characias* SILVER SWAN (›Wilcott‹) 81, 127
Palmwedel-Segge *Carex comans* ›Bronze‹ 203, 209
Panaschierte Blattpflanzen 128
Panaschierte Stauden 129
Panaschierte Sträucher 125
Panaschierter Kirschlorbeer *Prunus laurocerasus* ›Castlewellan‹ 127
Panaschiertes Laub 127
Persischer Blaustern *Scilla mischtschenkoana* 92
Persischer Efeu *Hedera colchica* ›Dentata Variegata‹ 136
Petersilie 217
Pflanzarbeiten 25
Pflanzenetiketten 27
Poeten-Efeu *Hedera helix* f. *poetarum* ›Poetica Arborea‹ 65

Portugiesische Lorbeer-Kirsche *Prunus lusitanica* 67
Portugiesische Lorbeer-Kirsche *Prunus lusitanica* ›Variegata‹ 67
Pracht-Fetthenne *Sedum spectabile* 167
Purpurglöckchen *Heuchera* 8, 82, 185
Purpurglöckchen *Heuchera* ›Marmalade‹ 53
Pyramiden-Stechpalme *Ilex aquifolium* ›Pyramidalis‹ 62

R
Rabatte 26
Rasen 20
Rasenschmiele *Deschampsia cespitosa* ›Bronzeschleier‹ 170
Rhododendron 156
Rhododendron ›Nobleanum Venustum‹ 156
Rhododendron ›Olive‹ 159
Rinde 203
Rispen-Hortensie *Hydrangea paniculata* 34
Rosen 34
Rosmarin *Rosmarinus officinalis* 218
Rosmarinweide *Itea virginica* ›Henry's Garnet‹ 160
Rotblütiges Lungenkraut *Pulmonaria rubra* 105
Roter Fingerhut *Digitalis purpurea* 171
Roter Hartriegel *Cornus sanguinea* ›Midwinter Fire‹ 209
Ruhezeit 28
Ruten 23

S
Salbei 217
Sal-Weide *Salix caprea* 47
Salz-Melde *Atriplex halimus* 165
Samenstände 41
Säubern 25
Säulen-Eibe *Taxus baccata* ›Fastigiata‹ 71
Säulen-Eibe *Taxus baccata* ›Standishii‹ 73
Scharbockskraut *Ranunculus ficaria* ›Brazen Hussy‹ 92
Schaumblüte *Tiarella* 84
Scheinbeere *Gaultheria mucronata* ›Bell's Seedling‹ 160
Scheinlorbeer *Daphniphyllum himalaense* ssp. *macropodum* 162
Schillings Wolfsmilch *Euphorbia schillingii* 48
Schlangenbart *Ophiopogon planiscapus* ›Nigrescens‹ 79, 143, 182
Schlangenhaut-Ahorn *Acer grosseri* var. *hersii* 206
Schlitzblättrige Grau-Erle *Alnus incana* ›Aurea‹ 168
Schneeball 202

Schneeball *Viburnum* x *burkwoodii* ›Anne Russell‹ 176
Schneeball *Viburnum* x *globosum* ›Jermyns Globe‹ 51
Schneebeeren-Hybride *Symphoricarpos* x *doorenbosii* ›Magic Berry‹ 39
Schnee-Eukalyptus *Eucalyptus pauciflora* ssp. *niphophila* 206
Schneeforsythie *Abeliophyllum distichum* 192
Schneeglöckchen *Galanthus* 16, 17, 31, 79, 85, 88, 94, 101, 125, 143, 151, 180, 228
Schneeglöckchen *Galanthus nivalis* 180
Schneeglöckchen-Hybride *Galanthus* ›S. Arnott‹ 102
Schnee-Heide *Erica carnea* ›Foxhollow‹ 132
Schnee-Steineibe *Podocarpus nivalis* ›Bronze‹ 73
Schnittblumen 22
Schönfrucht *Callicarpa bodinieri* var. *giraldii* ›Profusion‹ 39
Schuppen-Wacholder *Juniperus squamata* ›Blue Carpet‹ 147
Schuppen-Wacholder *Juniperus squamata* ›Blue Star‹ 147
Schwarzährige Weide *Salix gracilistyla* ›Melanostachys‹ 115
Schwarzholz-Hartriegel *Cornus alba* ›Kesselringii‹ 205
Segge *Carex* 185
Segge *Carex conica* ›Snowline‹ 131
Seggen 43
Seggen-Schnitt 140
Seidelbast *Daphne bholua* 192
Seidelbast *Daphne bholua* ›Jacqueline Postill‹ 192
Seidelbast *Daphne mezereum* 162
Seidenhaar-Königskerze *Verbascum bombyciferum* 147
Silber-Akazie *Acacia dealbata* 110
Silberblatt *Lunaria annua* 42
Skimmie *Skimmia japonica* ›Nymans‹ 70
Skimmie *Skimmia japonica* ›Rubella‹ 69
Skimmie *Skimmia* x *confusa* ›Kew Green‹ 70
Sommerflieder *Buddleja* 28
Sonnenröschen *Helianthemum* ›The Bride‹ 144
Sorten 30
Spierstrauch *Spiraea* 53
Spindelstrauch *Euonymus fortunei* ›Emerald 'n' Gold‹ 136
Spindelstrauch *Euonymus fortunei* ›Silver Queen‹ 162
Stachelblättrige Duftblüte *Osmanthus heterophyllus* ›Variegatus‹ 70
Stachelspitziger Rhododendron *Rhododendron mucronulatum* ›Cornell Pink‹ 156

Stämme 207
Stammformen 208
Staudenvermehrung 25
Stechende Ölweide *Elaeagnus pungens* ›Frederici‹ 136
Stechende Ölweide *Elaeagnus pungens* ›Maculata‹ 136
Stechfichte *Picea pungens* ›Koster‹ 148
Stech-Hülse *Ilex crenata* ›Convexa‹ 62
Stechpalme 66, 121
Stechpalme *Ilex aquifolium* ›J. C. van Tol‹ 37
Stechpalme *Ilex aquifolium* ›Madame Briot‹ 62
Stechpalme *Ilex* x *altaclerensis* ›Camelliifolia‹ 118
Stechpalmensorten 62
Stern-Magnolie *Magnolia stellata* 47, 154
Sterns Nieswurz *Helleborus* x *sternii* 102
Stiefmütterchen 182
Stinkende Nieswurz *Helleborus foetidus* 102
Stinkende Schwertlilie *Iris foetidissima* 39, 164
Stinkende Schwertlilie *Iris foetidissima* ›Variegata‹ 85
Sträucher 34
Strauch-Heckenkirsche *Lonicera nitida* ›Baggesen's Gold‹ 132
Strauchiges Kreuzkraut *Brachyglottis* ›Sunshine‹ 144
Strauchiges Kreuzkraut *Brachyglottis* ›Walberton's Silver Dormouse‹ 144
Strauchveronika 121
Strauchveronika *Hebe albicans* 144
Strauchveronika *Hebe rakaiensis* 120
Strauchveronika *Hebe* ›Red Edge‹ 143

T
Taglilien *Hemerocallis* 97
Tatarischer Hartriegel *Cornus alba* ›Kesselringii‹ 143
Tatarischer Hartriegel *Cornus alba* ›Sibirica‹ 153
Teiche 26, 27
Thymian 180
Tibetanische Bergkirsche *Prunus serrula* 203, 219
Traubenheide *Leucothoe fontanesiana* ›Rainbow‹ 159
Traubenheide *Leucothoe* LOVITA (›Zebonard‹) 143, 228
Traubenhyazinthe 21
Trauer-Weide *Salix babylonica* var. *pekinensis* ›Tortuosa‹ 168
Trompeten-Narzisse *Narcissus* ›Rijnveld's Early Sensation‹ 91
Trompeten-Narzisse *Narcissus* ›Tête-à-tête‹ 91

U
Umgraben 25

V

Veilchen 182
Virginische Rose *Rosa virginiana* 36, 167
Vögel 40, 213
Vogelbeere *Sorbus* ›Joseph Rock‹ 39
Vordergarten 56
Vorfrühlings-Alpenveilchen *Cyclamen coum* 17, 88
Vorfrühlings-Rhododendron *Rhododendron* ›Praecox‹ 4, 115

W

Waldboden 173
Walddickblatt *Chiastophyllum oppositifolium* ›Jim's Pride‹ 129
Wasser 213, 215
Weidenzweige 168
Weinraute *Ruta graveolens* ›Jackman's Blue‹ 148
Weißbunter Buchsbaum *Buxus sempervirens* ›Elegantissima‹ 64
Weißbunter Majoran *Origanum vulgare* ›Polyphant‹ 218
Weiße Pestwurz *Petasites albus* 168
Weißer Hartriegel *Cornus sericea* ›Flaviramea‹ 4
Wildapfel *Malus transitoria* 37
Winterblühende Bäume 107
Winterblühende Sträucher 54, 110
Wintergemüse 216
Wintergrüne Stauden 131
Wintergrüner Dahurischer Rhododendron *Rhododendron dauricum* 156
Winter-Jasmin *Jasminum nudiflorum* 110, 174
Winter-Kirsche *Prunus* x *subhirtella* ›Autumnalis‹ 109
Winterling *Eranthis* 79, 151, 180
Winterling *Eranthis hyemalis* 88
Winterling *Eranthis hyemalis* ›Guinea Gold‹ 88
Winternässe 144
Winterrinde *Drimys winteri* 176
Winter-Schneeball *Viburnum* x *bodnantense* ›Charles Lamont‹ 202
Winter-Schneeball *Viburnum* x *bodnantense* ›Dawn‹ 202
Winterschnitt 27
Winterschutz 26
Winterstaudenpflanzung 53
Wintersträucher 49
Wohlriechendes Veilchen *Viola odorata* 103, 105
Wolfsmilch 81
Wolfsmilch *Euphorbia* BLACKBIRD 182
Wolfsmilch *Euphorbia characias* ssp. *wulfenii* 148
Wolfsmilch *Euphorbia* x *martini* 81, 228
Wollziest *Stachys byzantina* 167

Z

Zartes Federgras *Stipa tenuissima* 44
Zaubernuss *Hamamelis* 59, 191, 196
Zaubernuss *Hamamelis* x *intermedia* ›Aphrodite‹ 195
Zierquitte 179
Zierquitte *Chaenomeles* x *superba* ›Pink Lady‹ 176
Zimmeraralie *Fatsia japonica* 118
Zimt-Ahorn *Acer griseum* 206
Zweige 23
Zwergkoniferen 102
Zwerg-Mispel *Cotoneaster* 41, 153
Zwerg-Mispel *Cotoneaster lacteus* 37
Zwerg-Palme *Chamaerops humilis* var. *argentea* 74, 185
Zwerg-Schwertlilie *Iris* ›Harmony‹ 91
Zwerg-Schwertlilie 91
Zwiebelpflanzen 53, 88, 122

Traubenheide *Leucothoe* LOVITA (›Zebonard‹) (Seite 229 oben)

Buchsbaum *Buxus sempervirens* ›Suffruticosa‹ (Seite 229 unten)

Mahonie *Mahonia* x *media* ›Winter Sun‹ (Seite 230 oben links)

Schneeglöckchen *Galanthus* (Seite 230 oben rechts)

Wolfsmilch *Euphorbia* x *martini* (Seite 230 unten)

Danksagung

Der Verlag dankt allen Mitgliedern des Teams, das dieses Buch gestaltet hat. Sie haben viel Mühe und Arbeit in dieses Projekt investiert, damit es dem Andenken von Jane Sterndale-Bennett gerecht wird. Wir danken besonders Andy McIndoe für sein großes Engagement. Sue Gordon, Robin Whitecross und Lesley Riley arbeiteten wie immer mit großer Hingabe und weit mehr als es ihre Pflicht gewesen wäre.
Weiterhin zu danken ist Barry Sterndale-Bennett, Jennifer Harmer und Sue Ward für ihre Hilfe während der letzten Phase der Produktion der Originalausgabe.

Fotonachweis

Der Verlag dankt allen für die Erlaubnis, ihre Gärten abzubilden.

Alle Fotos von Jane-Sterndale-Bennett, Andrew McIndoe und John Hillier, außer:
Pip Bensley: S. 67/C; Adrian Bloom/Bloom Pictures: S. 14; Duncan and Davies: S. 157/2; Flora Pix: S. 37/6, 38/12, 42/19, 103/8, 104/C, 126/4, 128/B, 136/6, 136/7, 136/8, 137 l.o., 139/3, 140/A, 163/2, 172/2, 175/2, 193/3, 193/4, 196/E, 197/H, 198/D, 207/8, 208/C, 208/D, 213; Sue Gordon: S. 23/2, 167/8; Kevin Hobbs: S. 9/2, 15, 17/4, 77, 80/10, 82/A, 82/E, 82/F, 83/C, 89/2, 93/18, 93/19, 102/5, 109/A, 109/D, 131/D, 156/B, 164/8, 164/9, 166/4, 166/6; The Big Grass Company: S. 170/7; New Leaf Plants: S. 178/C; Clive Nichols: S. 58/2; Stephen Record: S. 17/3.

Copyright © Jane Sterndale-Bennett, David & Charles 2006
Die englische Originalausgabe mit dem Titel »The Winter Garden« erschien 2006 bei David & Charles, Brunel House, Newton Abbot, Devon, TQ12 4PU

Bibliografische Information der Deutschen Nationalbibliothek
Die Deutsche Nationalbibliothek verzeichnet diese Publikation in der Deutschen Nationalbibliografie; detaillierte bibliografische Daten sind im Internet über http://dnb.d-nb.de abrufbar.

1. Auflage
ISBN 978-3-7688-2502-3
Die Rechte für die deutsche Ausgabe liegen beim Verlag Delius, Klasing & Co. KG, Bielefeld

Aus dem Englischen von Christine und Markus Mössel
Umschlaggestaltung und Layout: Gabriele Engel
Printed in Singapore 2008

Alle Rechte vorbehalten! Ohne ausdrückliche Erlaubnis des Verlages darf das Werk, auch nicht Teile daraus, weder reproduziert, übertragen noch kopiert werden, wie z. B. manuell oder mithilfe elektronischer und mechanischer Systeme inklusive Fotokopieren, Bandaufzeichnung und Datenspeicherung.

Delius Klasing Verlag
Siekerwall 21
D - 33602 Bielefeld
Tel.: 0521/559-0
Fax: 0521/559-115
E-Mail: info@delius-klasing.de
www.delius-klasing.de

Im Garten

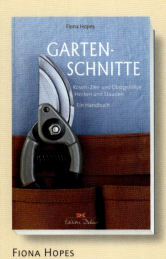

Fiona Hopes
Gartenschnitte
Rosen, Zier- und Obstgehölze, Hecken
und Stauden – Ein Handbuch
ISBN 978-3-7688-1632-8

Olivier de Vleeschouwer
Rosen
Ein Handbuch
ISBN 978-3-7688-1640-3

Olivier de Vleeschouwer
Zauberhafte Blumenzwiebeln
ISBN 978-3-7688-1728-8

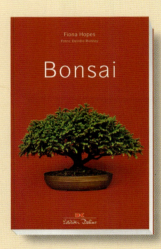

Fiona Hopes
Bonsai
ISBN 978-3-7688-1872-8

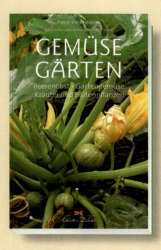

Pierre-Yves Nédélec
Gemüsegärten
Beerenobst, Gartengemüse,
Kräuter und Blütenpflanzen
ISBN 978-3-7688-1873-5

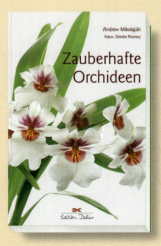

Andrew Mikolajski
Zauberhafte Orchideen
ISBN 978-3-7688-1955-8

Erhältlich im Buch- und Fachhandel
oder unter www.delius-klasing.de